Affinity Designer

Praxiswissen für Einsteiger

Winfried Seimert

Affinity Designer
Praxiswissen für Einsteiger

Bibliografische Information der Deutschen Nationalbibliothek
Die Deutsche Nationalbibliothek verzeichnet diese Publikation in der Deutschen
Nationalbibliografie; detaillierte bibliografische Daten sind im Internet über
<http://dnb.d-nb.de> abrufbar.

Bei der Herstellung des Werkes haben wir uns zukunftsbewusst für umweltverträgliche
und wiederverwertbare Materialien entschieden.
Der Inhalt ist auf elementar chlorfreiem Papier gedruckt.

ISBN 978-3-95845-742-3
1. Auflage 2018

http://www.mitp.de
E-Mail: mitp-verlag@sigloch.de
Telefon: +49 7953 / 7189 - 079
Telefax: +49 7953 / 7189 - 082

Lektorat: Sabine Janatschek
Sprachkorrektorat: Petra Kleinwegen
Covergestaltung: Christian Kalkert, www.kalkert.de
Satz: Petra Kleinwegen
Druck: Medienhaus Plump, Rheinbreitbach
Bildnachweis Cover: iStock.com/Floortje

Inhalt

Kapitel 1

Sollte man kennen: Basiswissen Affinity Designer

Mit dem *Affinity Designer* steht Ihnen ein professionelles vektororientiertes Zeichen-programm zur Seite, das Ihnen vielfältige Gestaltungsmöglichkeiten bietet. Das Programm hat sich in den letzten Jahren zu einer veritablen Konkurrenz zu Adobes Illustrator entwickelt. Nicht nur, dass er über einen ähnlichen Funktionsumfang verfügt, er ist zudem auch sehr preiswert. Der Hersteller Serif verlangt keine Abo-Zahlungen, sondern man kann wie gewohnt die Software-Lizenz kaufen und bekommt zudem gegenwärtig alle Updates und Weiterentwicklungen umsonst angeboten. Wie Sie rasch bemerken werden, ist es ein sehr leistungsstarkes Werkzeug, das Ihnen effizient ermöglicht, hochwertige Zeichnungen für Druck, Web und andere Medien zu erstellen.

Als erster Teil eines Pakets für Grafik-, Bildbearbeitung und Publishing erschien das vektorbasierte Grafik- und Zeichenprogramm im Oktober 2014. Im Juli 2015 folgte Affinity *Photo*, welches das Gegenstück zu Adobes Photoshop ist, und für Mitte 2018 ist ein weiteres Programm mit dem Namen Affinity *Publisher* angekündigt, das ein Pendant für Adobes InDesign werden soll.

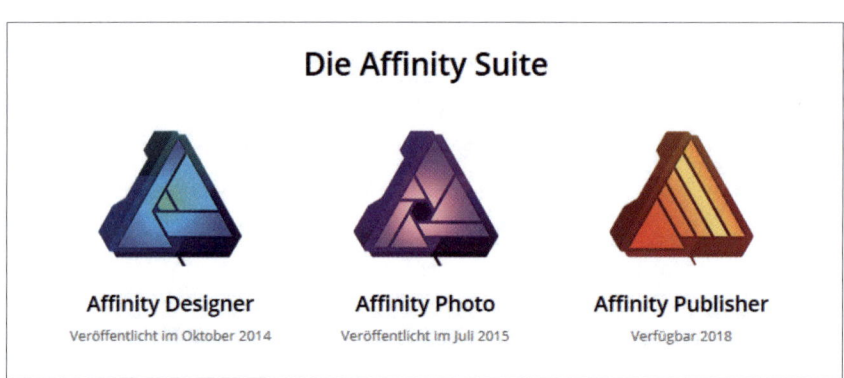

Abb. 1.1: Affinity Photo ist eines von Dreien (Quelle: Serif-Homepage)

1.1   Einleitung

Die Bildbearbeitung des englischen Herstellers Serif möchte dem professionellen An-wender eine Alternative zu Adobe Illustrator in die Hand geben.

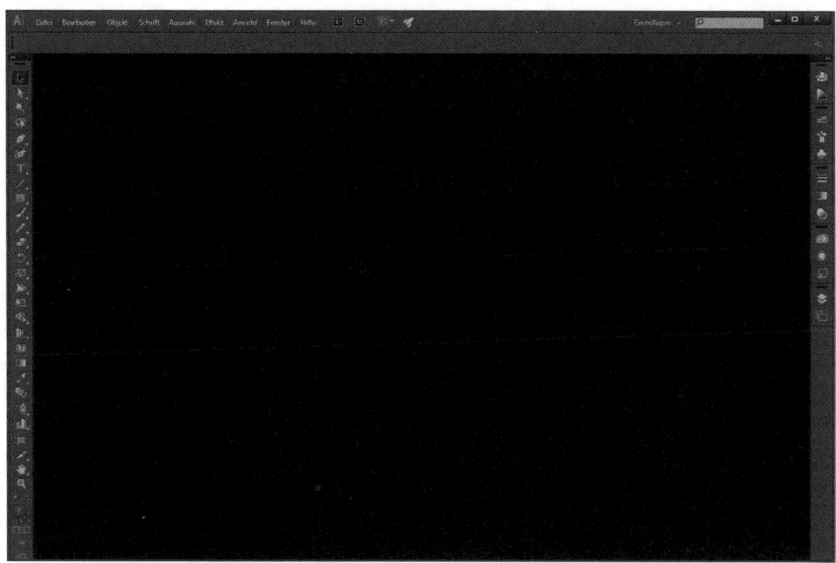

Abb. 1.2: Der Platzhirsch Illustrator CC

Und in der Tat, das Grafikbearbeitungsprogramm Affinity Designer, das in diesem Buch behandelt wird, hat sich schnell zu einer ernstzunehmenden Konkurrenz zum Platzhirsch Adobe Illustrator entwickelt. Was viele besonders freut: der Hersteller Serif verlangt keine monatliche Abo-Zahlungen, sondern lediglich einmalig um die fünfzig Euro pro Programm. Dabei verfügt Affinity Designer, im Folgenden oft einfach nur *Designer* genannt, über einen ähnlichen Funktionsumfang wie der Klassiker der Grafikbearbeitung und steht ihm in Vielem nicht nach. Man merkt schnell, dass das Hauptziel der Entwickler ein weitgehend nicht-destruktiver Workflow und der zweite Schwerpunkt auf Arbeitskomfort und Geschwindigkeit war. Wenn Sie schon mal mit Adobes Illustrator gearbeitet haben, werden Sie sehen, dass sich Affinity Designer sehr viele Grundfunktionen mit dem Klassiker teilt.

Für wen ist das Buch?

Mit den umfangreichen Werkzeugen und Optionen können Sie eine breite Palette an Arbeiten vornehmen. Der Schwerpunkt dieses Buches wurde auf grundlegende Arbeitsweisen gelegt, die im Alltag wohl am häufigsten eingesetzt werden. Die Möglichkeiten des Programms sind jedoch gewaltig und dementsprechend galt es, eine praxisbezogene Auswahl zu treffen. Das Buch, das Sie gerade in Ihren Händen halten, ist nicht für passionierte Grafikprofis geschrieben. Es ist auch nicht so konzipiert, dass es Ihnen alle Fragen zu Affinity Designer beantworten kann, sondern es möchte

Ihnen so viel grundlegendes, strukturelles Wissen an die Hand geben, dass sich viele Probleme erschließen lassen. Darüber hinaus soll es Ihnen Mut machen, sich mit den nicht selten komplexen Bereichen des gestalterischen Arbeitens wie Zeichnen, Illustrieren oder gar Layouten zu beschäftigen. Gerade wenn Sie »nichts mit händischem Zeichnen am Hut« haben, werden Sie sehen, wie man mit ein wenig Übung zu ansehnlichen Ergebnissen kommt.

Um Ihnen die Vorteile des Programms zu demonstrieren und die Funktionsweise von Vektorgrafiken näherzubringen, ist dieses Buch zudem größtenteils wie ein Seminar aufgebaut. Dabei werden die meisten praxisrelevanten Programmfunktionen – und das sind gewiss nicht wenige – erläutert. Deshalb kann man dieses Buch von vorne bis hinten durchlesen oder – und das wurde beim Schreiben berücksichtigt – nur kapitelweise. Dabei werden Sie zunächst mit dem Handwerkzeug, der grundlegenden Arbeitsweise und den Funktionen des Programms vertraut gemacht. Es hilft Ihnen meiner langjährigen Erfahrung als Trainer und Dozent nach nicht so viel, wenn Sie nur die Schritte eines Workshops nacharbeiten. Gerade, wenn Sie sich ein wenig Hintergrundwissen, gemischt mit einigen Praxisanteilen, verschafft haben, werden Sie vieles besser verstehen. Dementsprechend unterliegen die einzelnen Kapitel zwar einer chronologischen Reihenfolge, sind aber jeweils in sich abgeschlossen.

Das Buch ist nicht so konzipiert, dass es alles zeigt, sondern möchte Ihnen so viel grundlegendes, strukturelles Wissen an die Hand geben, dass sich viele Probleme erschließen lassen. Was dieses Buch nicht kann, ist, eine umfassende Erläuterung zu allen Optionen des Programms zu geben, da der zur Verfügung stehende Platz begrenzt ist. Ich habe deshalb versucht, eine Auswahl der meiner Erfahrungen nach häufigsten praxisrelevanten Arbeiten und Problemen darzustellen. Das führt natürlich dazu, dass der ein oder andere Aspekt vielleicht kürzer ausfällt, als Sie sich das beim Durcharbeiten vielleicht wünschen. Im Allgemeinen sollten Sie aber nach dem Durchlesen über ein fundiertes Wissen verfügen, das Sie zu weiteren Schritten bemächtigt.

Gibt es Beispieldateien?

Dem Buch wurde keine CD beigelegt und damit wurde auch ein bisschen auf Bequemlichkeit verzichtet. Aus vielen Schulungen weiß ich, dass der überwiegende Teil der Teilnehmer – wie sie mir zum Schluss oft bestätigen – am meisten lernt, wenn sie etwas selbstständig anfertigen »müssen«. Eine fertige Beispieldatei, in der Sie lediglich nachschauen, wie etwas gemacht wurde, ist auch etwas anderes, als wenn Sie etwas von Grund auf selbst erstellen bzw. bearbeiten.

Betriebssystem?

Das Softwareunternehmen Serif entwickelte 2014 das Programm zunächst für die Computer-Produktlinie von Apple. 2016 kam dann die Version für Windows hinzu und bietet seitdem sowohl unter Windows wie macOS die gleichen Funktionen. In diesem Buch finden Sie Abbildungen der Ende 2017 für alle Betriebssysteme erschienenen Version 1.6, die hauptsächlich einige Korrekturen unter der Haube brachte.

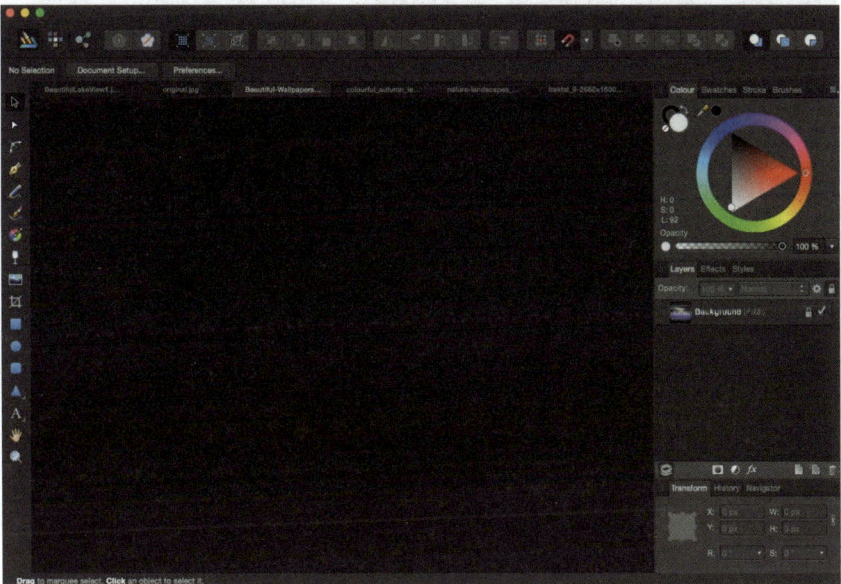

Abb. 1.3: Affinity Designer auf einem Mac

Hinweis

Es gibt noch eine Version für das iPad, die sich ein wenig im Aufbau von den beiden anderen Plattformen unterscheidet. Diese Version wird in diesem Buch nicht behandelt.

Das Buch wurde mit der Windows-Version auf einem Windows-10-Rechner erstellt und demzufolgefinden Sie entsprechende Abbildungen von einem Windows-PC-System. Sollten Sie mit einem Macintosh arbeiten, so unterscheiden sich die gezeigten Abbildungen im Wesentlichen durch das Apple-typische Aussehen. Die Menüs befinden sich in der Mac-Menüleiste und die Fenster zeigen sich in der Mac-typischen Darstellung. Bei der Bedienung müssen Sie als Apple-Anwender lediglich darauf achten, statt der nicht existierenden `Strg`-Taste die `Apfel`-Taste (und nicht die `Ctrl`-Taste) und für die `Alt`- im Regelfall die `Wahl`-Taste zu verwenden.

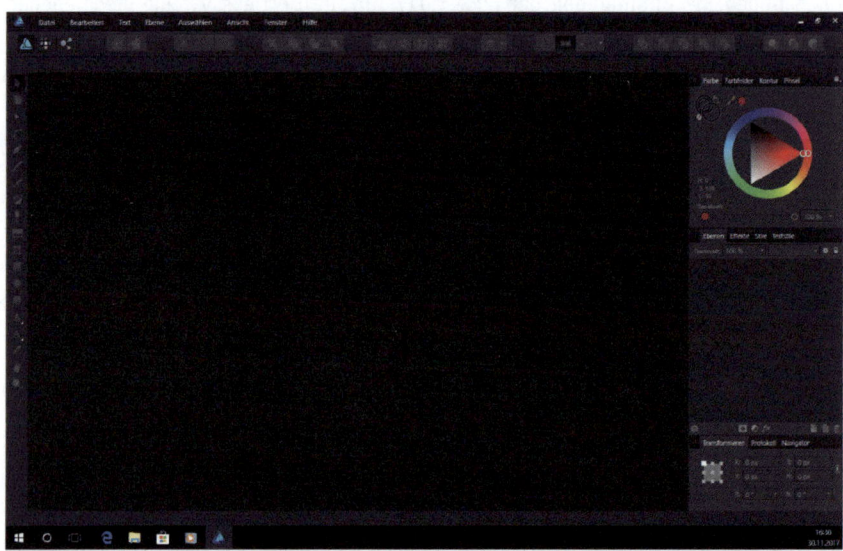

Abb. 1.4: ... und auf einem Windows-10-PC

Systemanforderungen

Um mit Affinity Designer arbeiten zu können, genügt erfreulicherweise ein Rechner mit normaler Arbeitsleistung.

Serif selbst schlägt für ein Microsoft-Windows-System folgende Konfiguration vor:

- Windows-PC mit Windows 10, 8 oder 7 mit Maus oder äquivalentem Eingabegerät
- zu DirectX 10 kompatible Grafikkarte oder höher
- Beim Arbeitsspeicher reichen 2 GB RAM aus, wobei 4 GB RAM empfohlen werden.
- Bei der Festplatte sollten 670 MB verfügbar sein und es gilt zu bedenken, dass während der Installation zusätzlicher Speicherplatz benötigt wird.
- Beim Display ist eine Größe von 1280 x 768 oder höher empfehlenswert.

Verwenden Sie OS X/macOS, dann gelten folgende Abweichungen:

- Intel 64-Bit Core 2 Duo oder besser (aus 2007)
- Als OS X sollte Mac OS X 10.7.5, 10.8, 10.9, 10.10 oder 10.11 Lion, Mountain Lion, Mavericks, Yosemite und El Capitan vorhanden sein, bei macOS mindestens 10.12 Sierra.
- Für das Programm selber werden 1.07 GB verfügbare Festplattenkapazität benötigt, wobei auch hier während der Installation zusätzlicher Speicherplatz erforderlich ist.

Wenn diese Voraussetzungen gegeben sind, kann es mit der Installation losgehen. Diese ist rasch erledigt und gleicht im Wesentlichen der Installation anderer Programme. Die Installation von Affinity Designer ist absolut problemlos und einfach zu erledigen. Sie werden durch die einzelnen Schritte geführt und müssen im Regelfall nur auf die Schaltfläche WEITER klicken.

Im Prinzip müssen Sie nur Ihre (Bestell-)E-Mail-Adresse und den Produktschlüssel eingeben und schon kann es losgehen. Ein Onlinekonto oder eine entsprechende Anmeldung ist nicht nötig.

Up to date?

An Affinity Designer wird ständig gearbeitet und ab und an gibt es eine neue Version. Besitzer beider Versionen können das Update natürlich gratis herunterladen.

Windows-Nutzer werden automatisch durch ein Hinweisfenster zu einem Update aufgefordert, wenn sie das Programm das nächste Mal öffnen.

Abb. 1.5: Es gibt was Neues!

Mac-Freunde finden die aktuellste Version im Store.

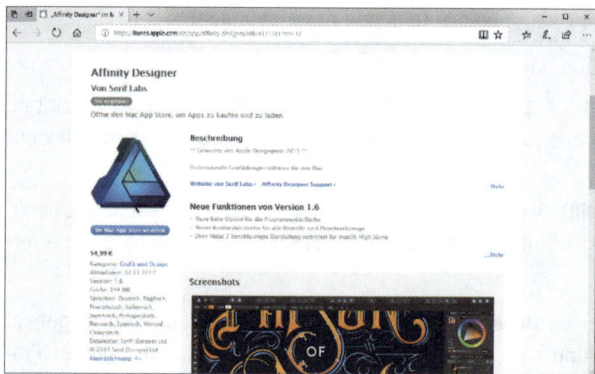

Abb. 1.6: Die neueste Version immer im Store

Laden Sie sich die neueste Version herunter und halten Sie für das Updaten schon mal Ihre Bestell-E-Mail-Adresse und Ihren Produktschlüssel parat.

Testversion

Oh, Sie haben Affinity Designer noch nicht auf Ihrem Rechner? Dann könnten Sie trotzdem bald loslegen und sich das Programm in Ruhe anschauen, wenn Sie sich nämlich von der Serif-Homepage (*https://affinity.serif.com/de/designer/*) die kostenlose Testversion herunterladen und installieren.

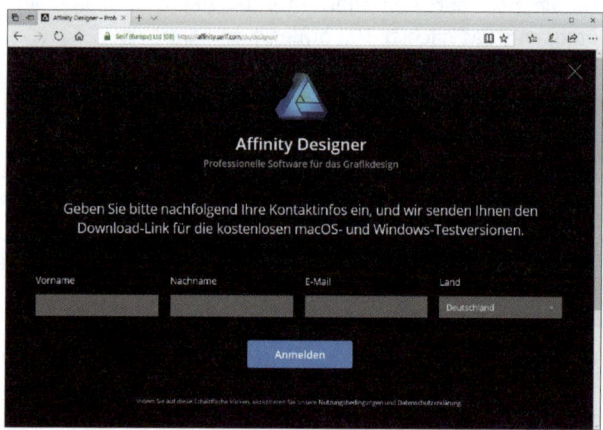

Abb. 1.7: Die Testversion von Designer herunterladen

Steht alles bereit? Dann könnte es jetzt losgehen!

1.2   Erste Schritte mit Affinity Designer

Sie verfügen über das Programm und möchten gleich loslegen? Prima! Dann sollten Sie sich zunächst mit dem grundlegenden Aufbau und der Arbeitsweise vertraut machen und das Programm ein bisschen näher kennen lernen.

Starten und Beenden

Das Starten und Beenden unterscheidet sich je nach verwendetem Betriebssystem ein wenig.

Verfügen Sie über Windows 10, dann wurde bei der Installation eine entsprechende Kachel im Start-Bildschirm angelegt.

Abb. 1.8: Einfach auf die Kachel klicken

Arbeiten Sie mit einem Mac, schauen Sie, ob sich das Programmsymbol im Dock befindet. Falls nicht, dann finden Sie es in der Auflistung der Programme im Finder und können es einfach dorthin ziehen.

In beiden Fällen genügt dann ein Klick auf die Kachel bzw. das Icon und schon kann es losgehen.

Der Startvorgang beginnt. Es wird ein Informationsfenster eingeblendet, das Sie darüber informiert, dass jetzt verschiedene Dienste, Bedienfelder und Zusatzmodule geladen werden. Dieser Vorgang dauert beim ersten Mal etwas länger, da hierbei die entsprechenden Einstellungen des Programms vorgenommen werden.

Beenden können Sie das Programm wie gewohnt über die SCHLIESSEN-Schaltfläche am rechten Rand (bzw. beim Mac auf der linken Seite) der Titelleiste, durch Aufruf der Menüfolge DATEI / BEENDEN oder schneller mit Alt + F4 (bzw. beim Mac mit Cmd + Q).

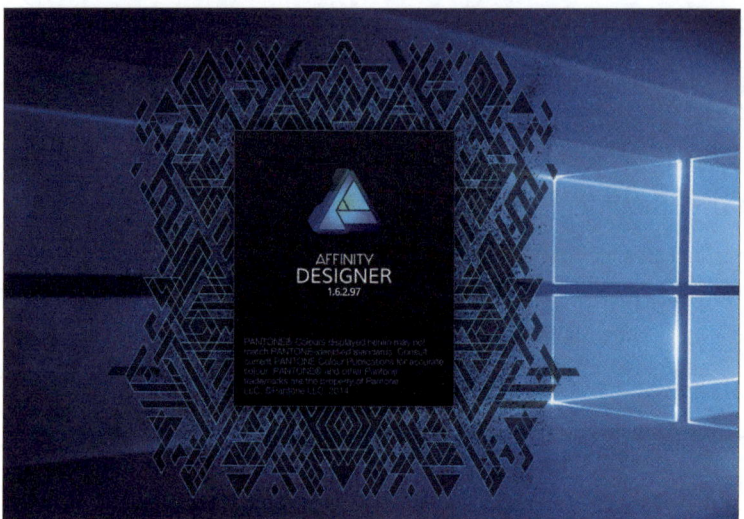

Abb. 1.9: Gleich geht es los!

Arbeitsbereiche

In diesem Buch wird fast durchgängig der Arbeitsbereich DRAW PERSONA abgebildet. Affinity Designer bietet Ihnen aber noch weitere PERSONAS an, deren Aufbau und Bedeutung Sie im Folgenden näher kennen lernen werden.

Links oben an zentraler Stelle finden Sie die Schaltflächen, mit denen Sie rasch die PERSONA wechseln können.

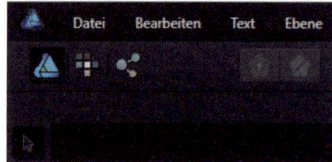

Abb. 1.10: An zentraler Stelle die Gruppe PERSONA

Konkret können Sie zwischen folgenden Personas wechseln:

- DRAW PERSONA: Das ist der wahrscheinlich wichtigste Arbeitsbereich, der fast die gesamte Grafikbearbeitung abdeckt und mit dem Sie vermutlich die meiste Zeit verbringen. Diese Persona verwenden Sie nämlich hauptsächlich zum Zeichnen von Vektorgrafiken wie Linien oder Formen.

- PIXEL PERSONA: Dieser Arbeitsbereich stellt die Werkzeuge für das Bearbeiten von Pixelbildern zur Verfügung. Er bietet Möglichkeiten, die normalerweise dem Schwesterprogramm Affinity Photo zuzuordnen sind.

- EXPORT PERSONA: In diesem Arbeitsbereich findet man verschiedene Optionen für den Export des fertigen Bildes. Grafiken werden im eigenen Format *.afdesign gespeichert. Damit diese auch in anderen Programmen genutzt werden können, finden Sie in diesem Arbeitsbereich alle Werkzeuge für das Exportieren in die verschiedenen Formate sowie die Optionen für den Druck.

Je nach gewählter Persona finden Sie unterschiedliche Menüs, Symbole oder Werkzeuge vor.

Arbeitsbereich Draw Persona

Nach einer Weile erscheint die Affinity-Designer-typische Benutzeroberfläche, der so genannte *Arbeitsbildschirm*. Auf diesem befinden sich alle wichtigen Elemente, die Ihnen in Zukunft immer wieder begegnen werden. Haben Sie bereits einmal mit Adobes Illustrator gearbeitet, wird Ihnen die Benutzeroberfläche von Affinity Designer vertraut, aber doch irgendwie anders vorkommen.

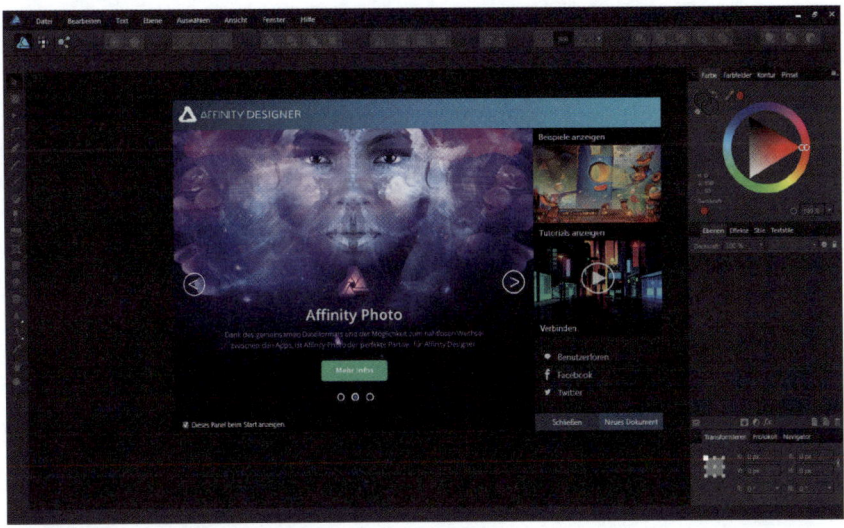

Abb. 1.11: Der Arbeitsbildschirm von Affinity Designer

Anpassen der Oberfläche

Hinweis

Standardmäßig verwendet Affinity Designer wegen des Kontrastes eine sehr dunkle Programmoberfläche. Wenn Sie mögen, können Sie diese aber auf Ihre Bedürfnisse anpassen.

Ist Ihnen die Darstellungsform der Benutzeroberfläche unangenehm, nicht genehm oder störend, dann können Sie das im Dialogfenster EINSTELLUNGEN ändern. Dazu benötigen Sie das gleichnamige Dialogfenster, das Sie über die Menüfolge BEARBEITEN / EINSTELLUNGEN auf den Schirm rufen.

Tipp

Rasch kommen Sie in dieses zentrale Einstellungsfenster mit der Tastenkombination Strg + .

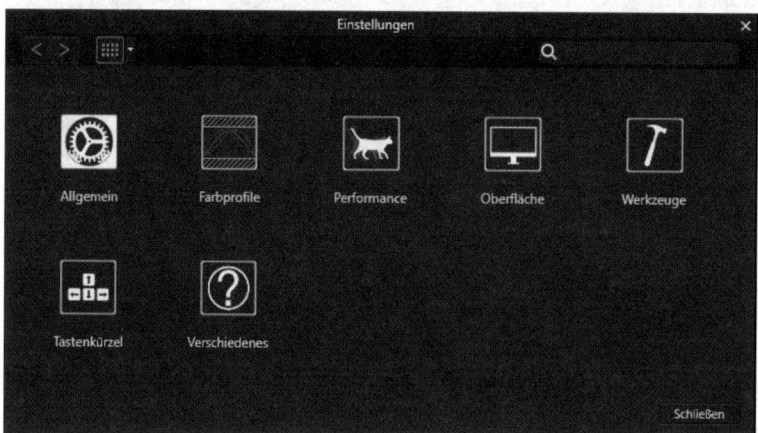

Abb. 1.12: Das zentrale Dialogfenster EINSTELLUNGEN

Klicken Sie hier auf die Schaltfläche OBERFLÄCHE.

Im folgenden gleichnamigen Dialogfenster können Sie über drei Schieberegler die gewünschten Änderungen vornehmen.

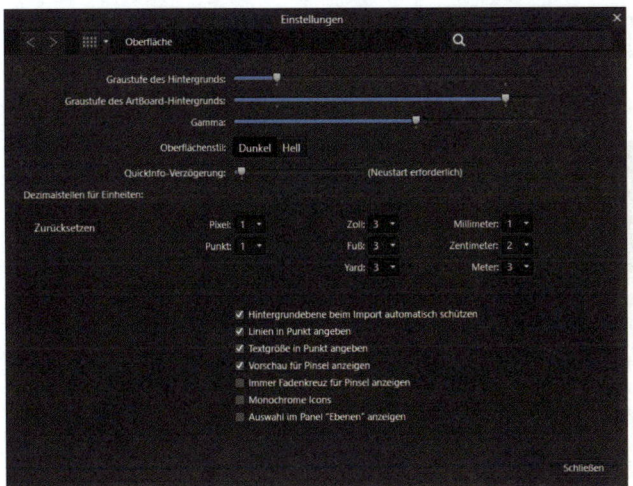

Abb. 1.13: Passen Sie die Benutzeroberfläche Ihren Wünschen an.

Über den ersten Regler GRAUSTUFE DES HINTERGRUNDS legen Sie die Farbe des Hintergrundes fest.

Der zweite Regler legt die Farbe des so genannten *ArtBoards* fest. Hierbei handelt es sich um eine zusätzliche Strukturierungsansicht von Affinity Designer, die Anwendung findet, wenn Sie mehr als ein »Dokument« innerhalb einer Datei verwenden.

Mit dem Regler GAMMA können Sie den Kontrast, also die Differenz zwischen der Wiedergabe der weißen und schwarzen Elemente der Arbeitsoberfläche regeln. Das Ziehen nach links bewirkt ein Abdunkeln der Oberfläche, ein Ziehen nach links bewirkt das Gegenteil.

Möchten Sie die gesamte Oberfläche entweder im klassischen Schwarz (DUNKEL) oder im soften Grau (HELL) erscheinen lassen, klicken Sie auf die entsprechende Schaltfläche OBERFLÄCHENSTIL.

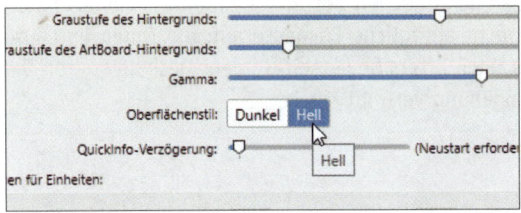

Abb. 1.14: Die Darstellung der Oberfläche auf HELL umstellen

Der Regler QUICKINFO-VERZÖGERUNG bewirkt das Anzeigeverhalten der kleinen Erklärungsanzeigen (den *QuickInfos*), die man beim Verweilen auf einer Schaltfläche oder einem Objekt angezeigt bekommt.

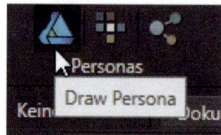

Abb. 1.15: Gerade am Anfang hilfreich: die QuickInfos

Befindet sich der Regler ganz links, erscheinen diese sofort. Je länger Sie Affinity Designer verwenden, desto mehr werden diese Erklärungen vielleicht stören, so dass Sie durch Ziehen nach rechts das Ansprechverhalten verzögern bzw. ganz ausschalten (wenn der Regler ganz rechts steht) können.

Fenster Willkommen

Mittig auf dem Bildschirm befindet sich das Fenster WILLKOMMEN. Möchten Sie dieses beim weiteren Arbeiten entbehren, dann deaktivieren Sie das Kontrollkästchen DIESES PANEL BEIM START ANZEIGEN. Möchten Sie es zu einem späteren Zeitpunkt wieder betrachten, dann rufen Sie es einfach über die Menüfolge HILFE / WILLKOMMEN auf.

Neben allgemeinen Informationen, die fortlaufend durchgeblendet werden, können Sie sich über die Schaltflächen auf der rechten Seite auf Beispieldateien (BEISPIELE ANZEIGEN) oder Tutorials (TUTORIALS ANZEIGEN) des Herstellers Serif zugreifen. Weitere Informationen können Sie über die sich darunter befindlichen Schaltflächen aus den einschlägigen sozialen Netzwerken holen.

Über die beiden Schaltflächen SCHLIESSEN bzw. NEUES DOKUMENT am rechten unteren Rand können Sie schließlich dieses Fenster direkt schließen oder es durch das Anlegen eines neuen Dokuments schließen lassen.

Klicken Sie an dieser Stelle einmal auf die Schaltfläche SCHLIESSEN und betrachten Sie sich den Bildschirm genauer: Neben den üblichen Bestandteilen eines Fensters fallen Ihnen sicherlich sofort ein paar nicht alltägliche Elemente auf, die Ihnen im Laufe Ihrer Arbeit mit Affinity Designer noch öfters begegnen werden. Deshalb sollten Sie sich zunächst mit Ihrer Arbeitsumgebung vertraut machen.

Menüleiste

Die *Menüleiste* ermöglicht – wie bei allen anderen Programmen auch – den Zugriff auf alle Optionen, die Ihnen dieses Programm so bietet.

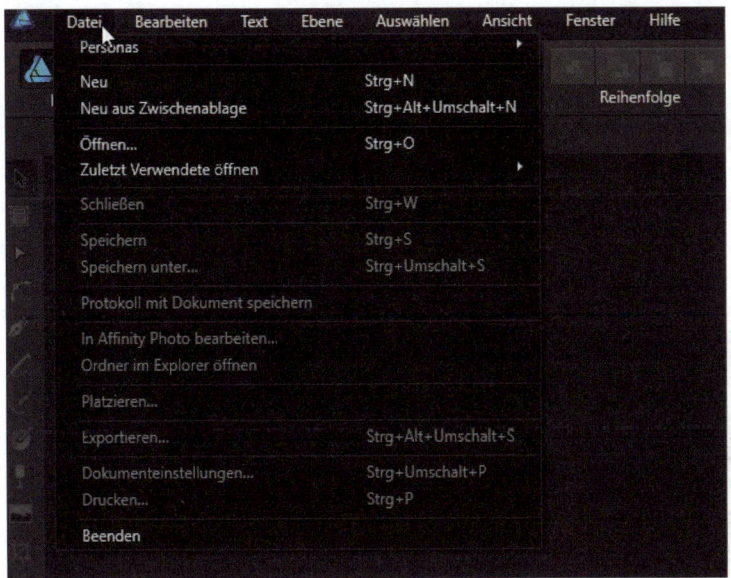

Abb. 1.16: Die Menüleiste

Diese enthält geordnet nach Überbegriffen alle Befehle des Programms.

Symbolleiste

Direkt darunter befindet sich die *Symbolleiste*.

Abb. 1.17: Die Symbolleiste von Affinity Designer

Diese kann auf vielfältige Art und Weise angepasst werden und sieht je nach aktueller Verwendung anders auf. Gerade wenn man neu in dem Programm ist oder an einem fremden Rechner arbeitet, kann das ein wenig verwirrend sein. Deshalb sollten Sie sich zunächst einmal die entsprechenden Konfigurationsmöglichkeiten ansehen. Diese erhalten Sie durch Aufruf des Menüpunktes Ansicht / Symbolleiste anpassen.

In dem erscheinenden Dialogfenster Symbolleiste konfigurieren können Sie sich nun über das Listenfeld Anzeigen am unteren linken Rand die entsprechenden erläuternden Bezeichnungen (*Icon und Text*) anzeigen lassen.

Tipp

Schneller rufen Sie das Dialogfenster und die Optionen für die Bezeichnungen auf, indem Sie mit der rechten Maustaste auf eine freie Stelle der Arbeitsfläche klicken und die entsprechenden Kontextmenüeinträge auswählen.

Auch wenn diese Darstellungsweise am Anfang etwas mehr Platz beansprucht, werden Sie gewiss rasch mit den Begrifflichkeiten vertraut werden und effizienter zu Werke gehen.

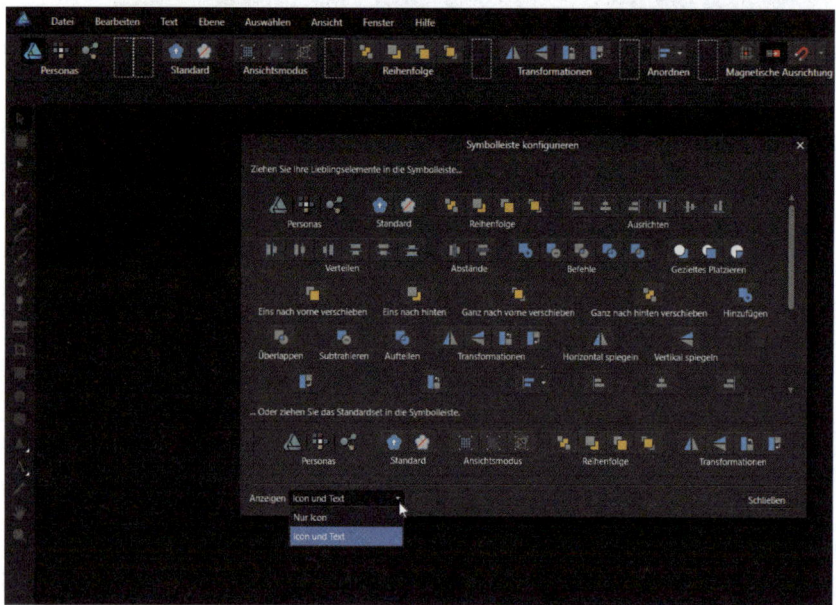

Abb. 1.18: Die Symbolleiste anpassen

Möchten Sie weitere Schaltflächen hinzufügen, dann ziehen Sie diese einfach mit gedrückter Maustaste an die gewünschte Stelle.

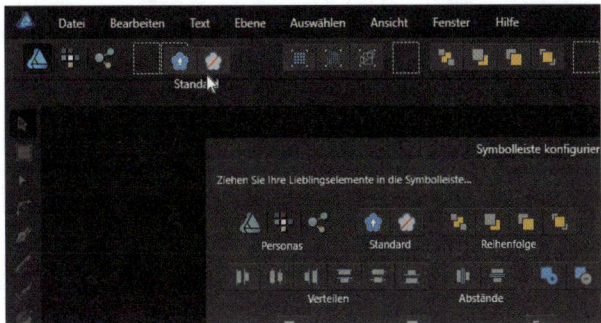

Abb. 1.19: Die Symbolleiste nach eigenen Vorstellungen anpassen

Selten oder nicht mehr benötigte Schaltflächen entfernen Sie, indem Sie diese einfach mit gedrückter Maustaste aus der Symbolleiste ziehen.

Nach Abschluss Ihrer Arbeiten schließen Sie das Dialogfenster durch einen Klick auf die Schaltfläche SCHLIESSEN, den SCHLIESSEN-Button oben rechts oder durch die allgemein übliche Betätigung von Esc .

Wie Sie nach Einblenden der Erläuterungen gesehen haben, befinden sich auf der Symbolleiste eine Reihe von Gruppen.

Eine Besonderheit von Affinity Designer sind die drei Schaltflächen der ersten Gruppe PERSONAS, mit denen Sie – wie Sie weiter oben gesehen haben – auf die entsprechenden Arbeitsbereiche wechseln können.

Die nächste Gruppe STANDARD enthält die Schaltflächen für die Synchronisierung der Standardwerte. Besonders die zweite Schaltfläche AUF STANDARDWERTE ZURÜCKSETZEN werden Sie bald zu schätzen wissen, denn bei einem Klick darauf werden die Attribute eines ausgewählten Objekts auf die Standardeinstellungen zurückgesetzt.

Abb. 1.20: Die Standards regeln

Die Schaltflächen der Gruppe ANSICHTSMODUS ermöglichen das angepasste Zugreifen auf verschiedene Ansichtsmodi und Darstellungsoptionen. Während der PIXEL-ANSICHTSMODUS einen speziellen Ansichtsmodus aktiviert, in dem Vektordesigns als einzelne Pixel dargestellt werden, bietet die Option DRAHTGITTER-ANSICHTSMODUS eine Darstellung der Objekte, in der Designs nur als Pfade dargestellt werden.

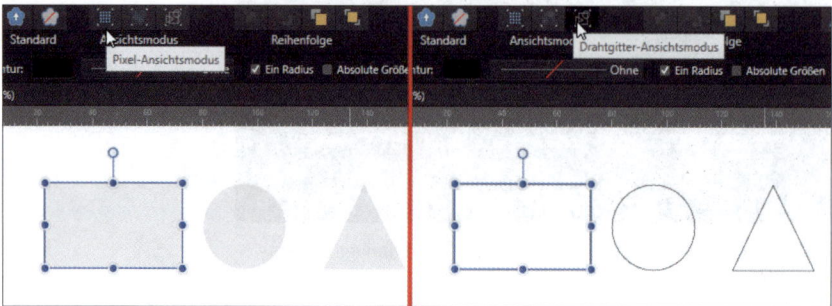

Abb. 1.21: Die verschiedenen Ansichtsmodi und deren Auswirkungen

Die Schaltflächen der Gruppe REIHENFOLGE kommen beim Arbeiten mit Ebenen zum Einsatz.

Möchten Sie Objekte anders bzw. zueinander anordnen, dann werden Sie die Schaltflächen der Gruppe TRANSFORMATION und der Gruppe ANORDNEN verwenden.

Mit den Schaltflächen der Gruppe MAGNETISCHE AUSRICHTUNG können Sie auf die präzise Ausrichtung der Objekte Einfluss nehmen.

Über die Gruppe BEFEHLE können Sie durch Anklicken der gleichnamigen Schaltfläche neue Objekte kreieren.

Und schließlich nehmen Sie mit den Schaltflächen der Gruppe GEZIELTES PLATZIEREN Einfluss darauf, wo neu erstellte Objekte eingefügt werden.

Kontextleiste

Die Informationen der *Kontextleiste* erscheinen in Abhängigkeit des gewählten Objekts oder Werkzeuges. Das ist etwa der Fall, wenn Sie beispielsweise eine Grafik geöffnet oder eine neue Datei angelegt haben und das Werkzeug VERSCHIEBEN aktiviert ist.

Abb. 1.22: Die Kontextleiste bei einer geöffneten Grafikdatei

Da diese Leiste ständig eingeblendet ist, erhalten Sie die Information, dass gegenwärtig keine Auswahl getroffen wurde, und können über die Schaltflächen Zugriff auf die DOKUMENTEINSTELLUNGEN und die allgemeinen EINSTELLUNGEN nehmen.

Je nach markiertem Objekt verändert sich die Kontextleiste und gibt entsprechende Einstellungsmöglichkeiten frei. Die Kontextleiste ist deshalb meist der erste Anlaufpunkt zum Ändern markierter Objekte.

Abb. 1.23: Die Kontextleiste bei einem markierten Rechteck

Werkzeugleiste

Auf der linken Seite finden Sie die *Werkzeugleiste*, die alle Werkzeuge enthält, die Sie zur Bildbearbeitung benötigen.

Hinweis

Verzweifeln Sie nicht angesichts der Menge der Werkzeuge und der Gesamtmöglichkeiten des Programms. In diesem Buch lernen Sie die wichtigsten und deren Arbeitsweise kennen. Alles andere erschließt sich im Laufe der Zeit.

Je nachdem, welche Aktion Sie durchführen möchten, müssen Sie vorher das benötigte Werkzeug in dieser Leiste auswählen. Einige Werkzeuge dienen zum Auswählen, Bearbeiten und Anzeigen von Grafiken, während andere zum Malen und Zeichnen oder zur Texteingabe vorgesehen sind. Dabei ist den verschiedenen Werkzeugen jeweils ein Symbol zugeordnet.

Damit Sie den Überblick über all diese Schaltflächen behalten, hat Ihnen Affinity Designer eine kleine Hilfe, die Sie bereits schon kennen gelernt haben, die *QuickInfo*, Seite gestellt. Schieben Sie den Mauszeiger über eine der Schaltflächen und warten Sie zwei Sekunden. An dieser Stelle erscheint dann die QuickInfo, der Sie die Bezeichnung des Werkzeugs und seine Funktion entnehmen können.

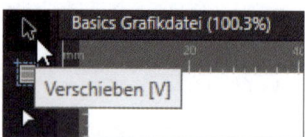

Abb. 1.24: Nutzen Sie die hilfreichen Werkzeug-Tipps

Wie Sie noch sehen werden, ist das wichtigste Werkzeug das Werkzeug Verschieben. Dieses muss immer aktiviert werden, wenn Sie Grafik- oder Textobjekte markieren, also auswählen möchten. Insgesamt dient es zur Durchführung allgemeiner Gestaltungsaufgaben wie dem Bewegen oder der Größenänderung von Objekten.

Die Werkzeuge selbst aktivieren Sie durch einfachen Mausklick. Ein ausgewähltes Werkzeug erkennen Sie daran, dass es eingedrückt dargestellt wird.

Tipp

Wie Sie der QuickInfo entnehmen können, befindet sich hinter der Bezeichnung ein Buchstabe in Klammern. Es handelt sich dabei um die betreffende Taste, mit der Sie das Werkzeug direkt auswählen können. Im Arbeitsalltag ist diese Vorgehensweise oft der schnellere Weg.

Sicherlich sind Ihnen auch schon die kleinen Dreiecke am rechten unteren Rand einiger Hilfsmittelsymbole aufgefallen. Wenn Sie ein solches Symbol anklicken, öffnet sich ein sogenanntes *Flyout-Menü*, das weitere Hilfsmittel enthält, die aus Platzmangel nicht angezeigt werden können.

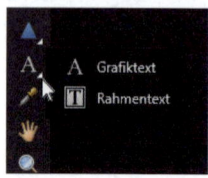

Abb. 1.25: Ein geöffnetes Flyout-Menü

Haben Sie ein Hilfsmittel aus einem Flyout ausgewählt, dann wird dieses im weiteren Ablauf als erstes Symbol angezeigt. Gerade am Anfang kann es etwas verwirren, wo jetzt dieses oder jenes Hilfsmittel »abgeblieben« ist. Zudem werden Sie einige dieser Hilfsmittel im Verlauf des Buches einsetzen und so ist es durchaus hilfreich, wenn Sie sich einmal mit ihnen vertraut machen.

Die Werkzeugleiste von Affinity Designer bietet Ihnen im Arbeitsbereich Draw Persona folgende Optionen:

Symbol	(Vorderes) Werkzeug	Einsatzbereich	Inhalt des Flyoutmenüs
	Verschieben	Auswahl, Objekt oder Ebene verschieben	
	ArtBoard-Werkzeug	Hinzufügen, Verschieben und Kkalieren von ArtBoards in einem Dokument	
	Knoten-Werkzeug	Bearbeiten bestehender Kurven und Formen	
	Ecke	Abrunden spitzer Ecken an geometrischen Formen	
	Zeichenstift	Erstellen von Vektorformen und deren Bearbeitung	
	Bleistift	Zeichnen von Pfaden, Linien und Formen	
	Vektorpinsel	Malen von Vektorstrichen	
	Füllung	Bereich mit einer Farbe oder einem Farbverlauf versehen	
	Transparenz	Festlegen und Anpassen von Transparenzverläufen für Vektor- und Textobjekte	
	Bild platzieren	Einfügen von (Pixel-)Bildern in die Seite	
	Vektor-zuschnitt	Unerwünschte Teile eines ausgewählten Objekts oder einer Objektgruppe entfernen	

Symbol	(Vorderes) Werkzeug	Einsatzbereich	Inhalt des Flyoutmenüs
■	Rechteck	Erstellen eines Rechtecks	
●	Ellipse	Erstellen einer Ellipse	
�	Abgerundetes Rechteck	Erstellen eines abgerundeten Rechtecks	
▲	Dreieck	Erstellen weiterer Vektorformen	 ▲ Dreieck ◆ Raute ▰ Trapez ⬠ Polygon ★ Stern ✳ Doppelstern ✸ Quadratischer Stern ↔ Pfeil ⬤ Ring ◖ Torte ◗ Segment (Sichel ✿ Zahnrad ☁ Wolke 💬 Rechteckige Sprechblase 🗨 Elliptische Sprechblase 💧 Träne ♥ Herz
A	Grafiktext	Texte anlegen, gestalten und bearbeiten	
✒	Farbpipette	Aufnahme von Farbinformationen aus der Grafik	
✋	Ansichtswerkzeug	Ansicht schwenken	

Symbol	(Vorderes) Werkzeug	Einsatzbereich	Inhalt des Flyoutmenüs
🔍	Zoomwerkzeug	Vergrößerungsfaktor im Bildfenster ändern	

Tab. 1.1: Werkzeugleiste DRAW PERSONA

Die Darstellung und der Inhalt der Werkzeugleiste können je nach Verwendungszweck personalisiert werden und somit abweichen.

Beispielsweise kann man die Werkzeugleiste frei über die Arbeitsoberfläche bewegen. Dazu müssen Sie lediglich einen Doppelklick auf eine freie Stelle der Leiste tätigen oder die Menüfolge ANSICHT / WERKZEUGE DOCKEN aufrufen.

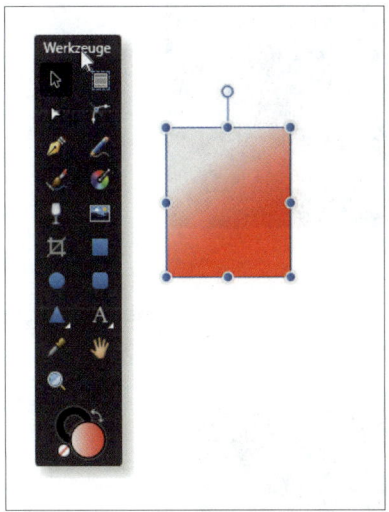

Abb. 1.26: Die freischwebende Werkzeugleiste

Über die Titelleiste können Sie diese nun mit gedrückter Maustaste bewegen.

In diesem Zustand werden Ihnen am unteren Rand der Leiste noch weitere Schaltflächen eingeblendet. Mit den beiden großen Schaltflächen können Sie zum einen die Vordergrund- und zum anderen die Hintergrundfarbe einstellen. Ein Klick auf den kleinen Kreis entfernt die ausgewählte Farbe, während ein Klick auf den Doppelpfeil zum Austausch derselben führt.

> **Tipp**
>
> Die Leiste können Sie durch einen erneuten Doppelklick oder durch Anwahl der Menüfolge Ansicht / Werkzeuge wieder an die ursprüngliche Stelle bewegen.

Wie auch die Symbolleiste kann die Werkzeugleiste ebenfalls an Ihre Bedürfnisse angepasst werden. In diesem Fall rufen Sie die Menüfolge Ansicht / Werkzeuge anpassen auf.

Sie erhalten eine Übersicht über die einzelnen Werkzeuge und können diese nun durch einfaches Ziehen an die gewünschte Stelle platzieren oder auf die gleiche Art und Weise entfernen.

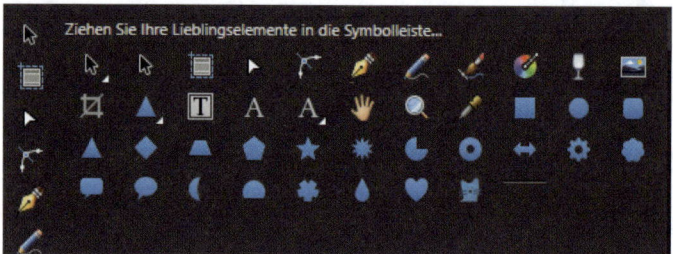

Abb. 1.27: Diese Werkzeuge können Sie verwenden.

Interessant ist, dass Sie die Anzahl Spalten über das Listenfeld Spaltenanzahl am unteren Rand einstellen können.

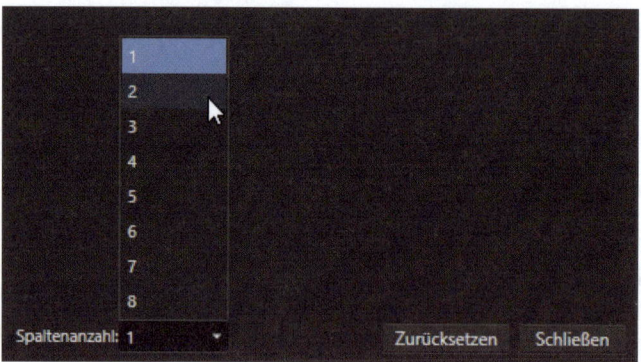

Abb. 1.28: Die Anzahl der Spalten der Werkzeugleiste anpassen

Gerade wenn Sie einen kleineren Monitor Ihr Eigen nennen oder es von Adobes Illustrator her gewöhnt sind, werden Sie es zu schätzen wissen, die Werkzeuge in zwei Reihen anzeigen zu lassen.

Haben Sie des Guten zu viel getan und möchten die ursprüngliche Darstellungsform wiederhaben, dann hilft Ihnen ein Klick auf die Schaltfläche ZURÜCKSETZEN weiter. Dadurch werden die Standardvorgaben – mit Ausnahme der Spaltenanzahl – wiederhergestellt. Mit einem Klick auf die Schaltfläche SCHLIESSEN beenden Sie diese Aktion.

Panel-Studio

Auf der rechten Seite finden Sie den *Studio*-Bereich, der eine Reihe so genannte *Panels* enthält. In diesen kleinen Fenstern, die eine mehr oder minder große Anzahl von Symbolen und Einstellmöglichkeiten aufweisen, sind Funktionen zu der jeweiligen Thematik zusammengefasst, deren Befehle per Mausklick ausgeführt werden können. Einige Anwendungen lassen sich sogar nur über diese Fenster verwirklichen. Wenn Sie einem Objekt bestimmte Eigenschaften zuweisen möchten, können Sie das im Regelfall über die Kontextleiste tun. Allerdings bieten die Panels oftmals mehr Optionen und sie sind im Gegensatz zu den einfachen Dialogfenstern auch dann noch sichtbar, wenn Sie bestimmte Einstellungen vorgenommen haben.

Abb. 1.29: Die Panels am rechten Rand

Zugriff auf alle verfügbaren Panel erhalten Sie durch Aufruf der Menüfolge Ansicht / Studio. Dort finden Sie bereits angezeigte Panels mit einem Haken versehen.

Die Breite des Studiobereichs können Sie über die Maus anpassen. Bewegen Sie dazu den Mauszeiger auf den Rand und ziehen die Maus, sobald sie die Form eines Doppelpfeils annimmt, in die gewünschte Richtung.

Abb. 1.30: Die Breite des Studios anpassen

Die einzelnen Panels können Sie frei bewegen. Dazu klicken Sie auf die Registerkarte mit der jeweiligen Bezeichnung und ziehen das Panel bei gedrückter linker Maustaste an die neue Position. Wenn Sie die Maus loslassen, ist das Panel freigestellt und kann an jede beliebige Stelle verschoben werden.

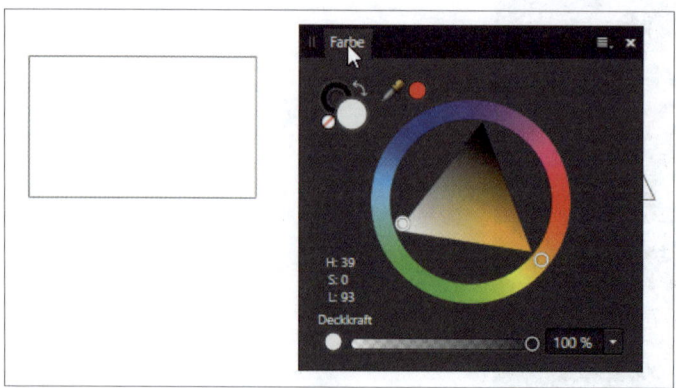

Abb. 1.31: Ein verschobenes Panel

Da die Panels oftmals einigen Platz einnehmen, kann man sie rasch ein- und wieder ausblenden. Führen Sie dazu einen Doppelklick auf die Registerkarte des Panels aus.

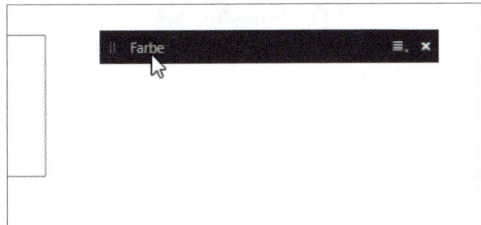

Abb. 1.32: Das durch Doppelklick eingeblendete Panel

Tipp

Ganz rasch können Sie übrigens alle Bedienfelder (nebst der Symbolleiste und der Werkzeugleiste) ausblenden, wenn Sie die [Tab]-Taste drücken. Ein erneuter Druck blendet sie wieder ein. Das Studio selber können Sie über die Tastenkombination [Strg] + [⇧] + [H] ein- und wieder ausblenden oder Sie wählen die Menüfolge Ansicht / Studio / Studio ausblenden.

Häufig von Ihnen bevorzugte Panels lassen sich problemlos gruppieren und ermöglichen so ein rasches Zugreifen auf die häufig benötigten Optionen. Dazu müssen Sie lediglich auf die Registerkarte des Panels, welches Sie hinzufügen wollen, klicken und es mit gedrückter linker Maustaste neben die Registerkarte des anderen Panels ziehen. Wenn Sie die Maus an dieser Stelle loslassen, wird die Registerkarte sofort in das andere Panel aufgenommen.

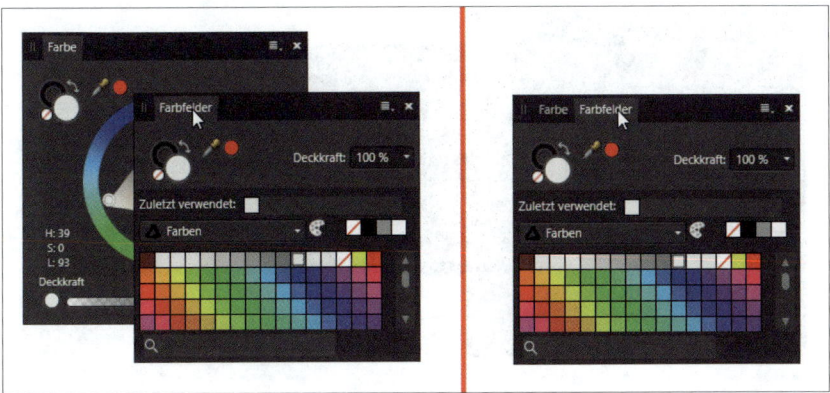

Abb. 1.33: Zwei Panels gruppieren

Panels können Sie zudem auch an einigen Stellen des Bildschirms andocken. Wenn Sie so eine Stelle erreicht haben, wird Ihnen ein bläulich transparenter Rahmen angezeigt, der die zukünftige Position demonstriert.

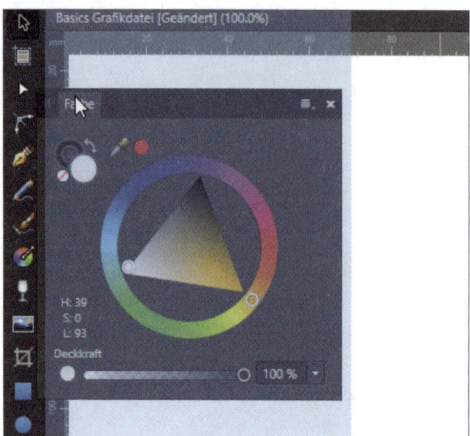

Abb. 1.34: Panels können beispielsweise auch am Rand andockt werden.

Das Aussehen nebst weiteren Einstellungen können Sie über das Panelmenü beeinflussen. Sie erreichen es durch Anklicken des Panelmenüsymbols (die Schaltfläche mit den vier waagrechten Strichen, auch oft als Hamburger-Menü bezeichnet) vor dem SCHLIESSEN-Feld am rechten Rand des Panelmenüs.

Abb. 1.35: Zugriff auf Einstellungen über das Panelmenü

In diesen Menüs finden Sie Optionen, die das Aussehen des Panels betreffen.

Sollten Sie einmal des Guten zu viel getan haben und hätten gerne die ursprüngliche Lage wiederhergestellt, so ist das kein Problem. Rufen Sie die Menüreihenfolge ANSICHT / STUDIO auf und wählen Sie den Menüeintrag STUDIO ZURÜCKSETZEN. Und schon befinden sich alle Panels an der Position und in der Reihenfolge, in der sie sich nach der Installation befanden.

In dieser Standarddarstellung werden Ihnen folgende Panels angezeigt:

- FARBE: An dieser Stelle findet die Auswahl von Vordergrund- und Hintergrundfarbe nebst Einstellung deren Deckkraft statt.

- FARBFELDER: Farben lassen sich über dieses Panel direkt auswählen.

- KONTUR: Mit diesem Panel können Sie die Eigenschaften von Linien, Kurven, Umrisslinien von Formen und mit Vektorpinseln gezogenen Strichen einstellen.

- PINSEL: Über dieses Panel können Sie verschiedene Pinselformen, -spitzen und -größen auswählen.

- EBENEN: In diesem Panel werden die Ebenen, also die einzelnen Bearbeitungsschichten eines Fotos, verwaltet.

- EFFEKTE: Die Einstellungen dieses Panels ermöglichen eine vielfältige Gestaltung eines Bildes, indem man beispielsweise einen Schlagschatten oder einen Leuchtrand hinzufügt oder eine 3D-Gestaltung vornimmt.

- STILE: Durch Stile lassen sich Objekte aufregend und einfach gestalten.

- TEXTSTILE: Textstile ermöglichen das schnelle und einfache Formatieren von Texten.

- TRANSFORMIEREN: Die entsprechenden Optionen zum Verschieben, Skalieren, Rotieren, Neigen oder Anpassen von Höhe und Breite finden Sie in diesem Panel.

- PROTOKOLL: Dieses Panel ermöglicht die Rücknahme vorgenommener Arbeitsschritte.

- NAVIGATOR: Dieses Panel ermöglicht den raschen Überblick über ein Bild, das schnelle Anspringen bestimmter Stellen im Vorschaubild und die Ansichtssteuerung über einen Schieberegler.

Arbeitsbereich Pixel Persona

Mit dem Affinity Designer können Sie problemlos Vektor- und Pixelgrafiken kombinieren und vermischen und benötigen dafür kein weiteres Programm. Dementsprechend finden Sie im Arbeitsbereich PIXEL PERSONA diverse Werkzeuge, mit denen Sie ein Bitmap-Foto bearbeiten können.

Unterschied Vektor- und Pixelgrafik

Vektorgrafiken sind die eigentliche Domäne des Affinity Designers und der Schwerpunkt dieses Buches. Solche Grafiken bestehen nicht aus einzelnen Bildpunkten, sondern ihr Aufbau ist mathematisch definiert. So besteht eine Linie (der so genannte Pfad) aus einem Startpunkt, einem Endpunkt und dem entsprechenden Winkel. Der Start- und der Endpunkt werden dabei in Form von X- und Y-Koordinaten gespeichert. Jedes Objekt ist ferner durch Eigenschaften definiert, etwa Füllung oder Randstärke, die beliebig eingestellt und verändert werden können. Beim Skalieren oder Verschieben dieser Objekte werden nur die Koordinaten verändert. Diese Änderungen haben jedoch keinen Einfluss auf den Objekttyp. Vektorgrafiken werden von mathematischen Formeln bestimmt, was zu einer erheblichen Reduzierung des Speicherplatzes führt. Sie können zudem beliebig ohne Verlust der Bildschärfe verkleinert oder vergrößert werden, da sie auflösungsunabhängig sind. Da man einem Computer mithilfe von Vektoranweisungen auf eine sehr effiziente Weise mitteilen kann, was er zu tun hat, sind Vektorgrafiken im Allgemeinen wesentlich kompakter als Pixelgrafiken: Je nach Bild können sie lediglich ein Zehntel bis ein Tausendstel der Größe einer Bitmapdatei haben! Sie benötigen also bei Weitem nicht so viel Speicher- und Festplattenplatz wie bei Bitmapgrafiken. Zudem kann eine Vektorgrafik in jede Richtung gestreckt werden, ohne dass die Qualität der Bildschirmdarstellung oder der Druckausgabe geschmälert würde. Als Nachteil ist zu nennen, dass realistische Darstellungen und viele kreative Effekte nur bei Pixelgrafiken möglich sind.

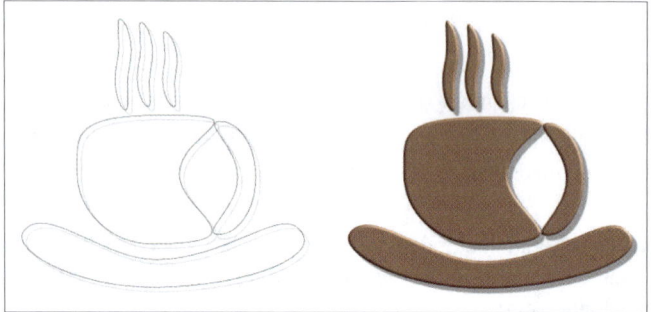

Abb. 1.36: Eine Vektorgrafik (links im Drahtgitter-Ansichtsmodus)

Wenn es um *Bitmaps* geht, kommt häufig das Schwesterprogramm Affinity Photo zum Einsatz. Wie Sie aber sehen werden, können Sie elementare Schritte auch im Affinity Designer durchführen und müssen nicht in das Schwesterprogramm wechseln, da Ihnen die entsprechenden Werkzeuge in einem eigenen Arbeitsbereich (der *Pixel Persona*) zur Verfügung stehen. Die so genannten Bitmaps oder *Pixelgrafiken*, die auch als *Rasterbilder* bezeichnet werden, bestehen aus kleinen Quadraten, den so genannten *Pixeln*, die auf einem Raster liegen (auch *Bitmap* genannt). Der Computer speichert die Position, Größe und Farbe jedes einzelnen Bildpunktes. Alle diese Punkte zusammen betrachtet vermitteln den Eindruck eines Bildes. Normalerweise sieht man diese Pixel, aus denen jedes Bild besteht, nicht. Erst wenn man eine sehr große Darstellungsform wählt, kann man diese einzelnen Punkte erkennen. Jeder dieser Bildpunkte (Pixel) besitzt eine Farbinformation. Beim »Malen« werden den einzelnen Punkten Farben zugeordnet. Eine Linie ist demnach die Aneinanderreihung von mehreren Bildpunkten. Je kleiner diese Bildpunkte sind und je enger sie beieinanderliegen, desto höher ist die Qualität des Bildes. Vergrößern Sie z.B. nachträglich das Bild, werden Sie feststellen, dass alle Pixel gleichmäßig skaliert werden. Dies führt zu einem Qualitätsverlust des gesamten Bildes, den Sie sehr schön an dem so genannten Treppcheneffekt erkennen. Einer der wesentlichen Nachteile der Pixelgrafiken ist, dass jeder Pixel Speicherplatz benötigt, der sich rasch summieren kann. Eine Bitmapgrafik, insbesondere in Farbe, belegt somit viel mehr Speicher- und Festplattenplatz als eine vergleichbare Vektorgrafik und dies kann die Anzeige und das Drucken des Bildes und Ihrer gesamten Publikation verlangsamen.

Abb. 1.37: Eine Pixelgrafik

Wie Affinity Designer mit diesen beiden Formaten umgeht, wird Ihnen schnell klar, wenn Sie einmal folgende Schritte nachvollziehen. Erstellen Sie ein neues Dokument und achten Sie zunächst darauf, dass der Arbeitsbereich PIXEL PERSONA aktiviert ist.

Klicken Sie auf die Schaltfläche MALPINSEL und zeichnen Sie mit gedrückter Maustaste ein A auf die Zeichenfläche. Keine Sorge, das muss nicht toll aussehen. Wenn Sie jetzt einmal die Strg-Taste drücken und halten und dann mit dem Mausrad von sich wegdrehen, sehen Sie die bei der dadurch bedingten Vergrößerung rasch die einzelnen Pixel.

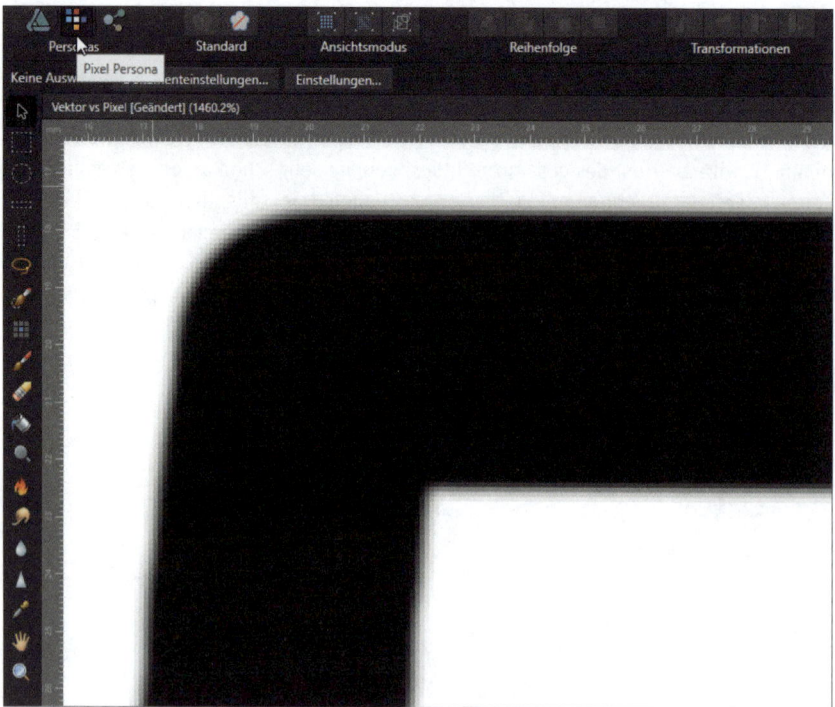

Abb. 1.38: Deutlich zu sehen: die Pixel im Arbeitsbereich PIXEL PERSONA

Wenn Sie ein solches Bild bearbeiten möchten, benötigen Sie entsprechende Werkzeuge, die Ihnen im Arbeitsbereich PIXEL PERSONA zur Verfügung gestellt werden.

Anders verhält es sich mit Vektorgrafiken. Wechseln Sie über die Schaltfläche in die Vektoransicht DRAW PERSONA. Hier aktivieren Sie das Werkzeug VEKTORPINSEL und zeichnen neben dem A ein großes D. Wenn Sie anschließend wieder die Ansicht vergrößern, sehen Sie kleine runde Punkte, die so genannten *Knoten*, die bei den Vektorgrafiken eine zentrale Rolle spielen.

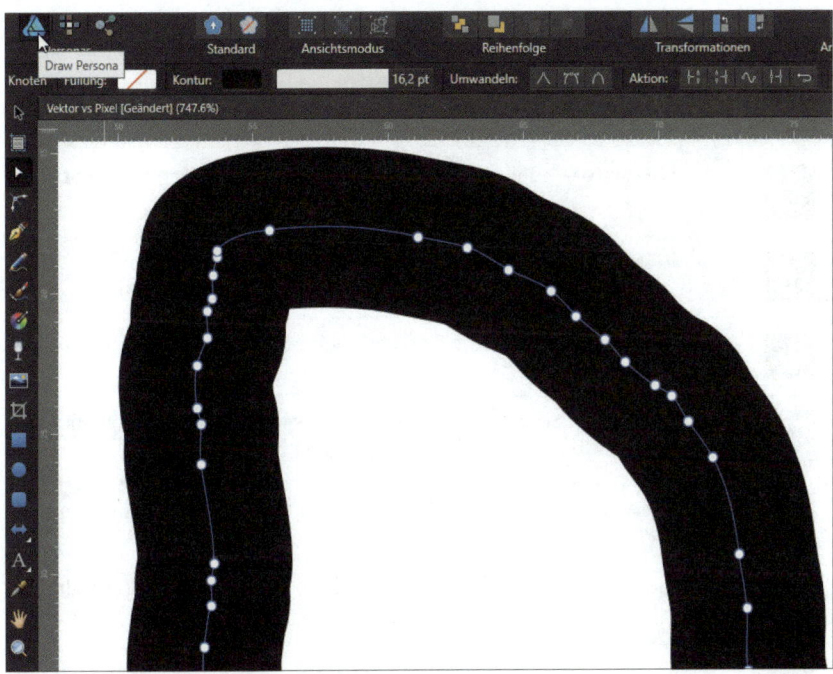

Abb. 1.39: Die Knotenpunkte einer Vektorgrafik im Arbeitsbereich Draw Persona

Wenn Sie jetzt die beiden Linien betrachten, erkennen Sie, dass das D in jeder vorgenommenen Vergrößerungs- oder Verkleinerungsstufe sein rundes, kantenloses Aussehen behält. Das ist auch nicht verwunderlich, denn jedes Mal wurden die Linien neu berechnet.

Werkzeugleiste Pixel Persona

In diesem Arbeitsbereich finden Sie Werkzeuge, die eigentlich dem Schwesterprogramm Affinity Photo zuzuordnen sind, da solche Arbeiten eigentlich deren Domäne sind. Da man aber in einer Designer-Publikation auch Pixelgrafiken einsetzen kann, ist es praktisch, diese gegebenenfalls direkt im Designer zu bearbeiten, anstatt erst in das Schwesterprogramm zu wechseln.

Im Einzelnen lassen sich mit den Pixel-Werkzeugen der Ansicht Pixel Persona folgende Aktionen durchführen:

Symbol	(Vorderes) Werkzeug	Einsatzbereich
	VERSCHIEBEN	Auswahl, Objekt oder Ebene verschieben
	AUSWAHLRAHMEN - RECHTECK	Einen bearbeitbaren Bereich in Form eines Rechtecks definieren
	AUSWAHLRAHMEN - ELLIPSE	Einen bearbeitbaren Bereich in Form einer Ellipse definieren
	AUSWAHLRAHMEN - ZEILEN	Einen bearbeitbaren Bereich in Form einer Zeile definieren
	AUSWAHLRAHMEN - SPALTEN	Einen bearbeitbaren Bereich in Form einer Spalte definieren
	FREIHANDAUSWAHL	Einen frei gestaltbaren Bereich definieren
	AUSWAHLPINSEL	Auswahlbereiche mit einem Pinsel erstellen
	PIXELWERKZEUG	Werkzeuge für das Bearbeiten einzelner Bildpunkte
	MALPINSEL	Werkzeuge für das Malen
	RADIERER	Bildteile oder -bereiche löschen, darunterliegendes anzeigen
	BEREICH FÜLLEN	Bereiche mit Farbe füllen
	ABWEDELN	Bildbereiche abdunkeln
	NACHBELICHTEN	Bildbereiche aufhellen
	VERWISCHEN	Bildkonturen abschwächen

Symbol	(Vorderes) Werkzeug	Einsatzbereich
	WEICHZEICHNEN	Bildteile abschwächen
	SCHARFZEICHNEN	Bildteile verstärken
	FARBPIPETTE	Aufnahme von Farbinformationen des Bildes
	ANSICHTSWERKZEUG	Ansicht schwenken
	ZOOMWERKZEUG	Vergrößerungsfaktor im Bildfenster ändern

Tab. 1.2: Werkzeugleiste PIXEL PERSONA

Tipp

Möchten Sie mehr über Pixelgrafiken und deren Bearbeitung erfahren, sollten Sie einmal ein Blick in das im gleichen Verlag erschienene Schwesterbuch Affinity Photo – Praxiswissen für Einsteiger, ISBN 9783958457393, werfen. In diesem Buch werden aufgrund der Schwerpunktsetzung und des Platzmangels nur relevante Schritte in diesem Bereich gezeigt.

Arbeitsbereich Export Persona

Der Arbeitsbereich EXPORT PERSONA bietet Ihnen verschiedene Optionen für den Export in andere Dateiformate.

Exportoptionen

Die in Affinity Designer möglichen Exportoptionen werden Sie im folgenden Kapitel bei Vorstellung der Funktion EXPORTIEREN kennenlernen.

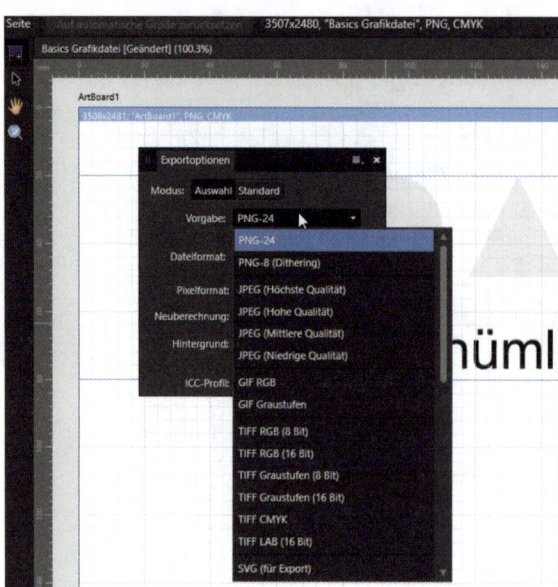

Abb. 1.40: Die Exportoptionen

Werkzeugleiste Export Persona

In diesem Arbeitsbereich stehen Ihnen folgende Werkzeuge für Ihre Aktionen zur Verfügung:

Symbol	(Vorderes) Werkzeug	Einsatzbereich
	SLICE-WERKZEUG	Exportbereich wählen
	SLICE-AUSWAHL	Auswahl, Objekt oder Ebene verschieben
	ANSICHTSWERKZEUG	Ansicht schwenken
	ZOOMWERKZEUG	Vergrößerungsfaktor im Bildfenster ändern

Tab. 1.3: Werkzeugleiste EXPORT PERSONA

Hilfe in Notlagen

Aufgrund der beschränkten Seitenzahl und der Konzeption kann dieses Buch nicht alle Ihre Fragen beantworten. Und so taucht hier und da vielleicht doch ein Problem oder eine zusätzliche Frage auf, auf die Sie eine Antwort möchten. Für solche Fälle ist jedoch vorgesorgt, denn der Affinity Designer stellt Ihnen eine recht gute Hilfe zur Verfügung. Wenn Sie wirklich mal nicht weiterwissen, dann können Sie über das Menü HILFE / HILFE (oder schneller über F1) diese Hilfefunktion aufrufen.

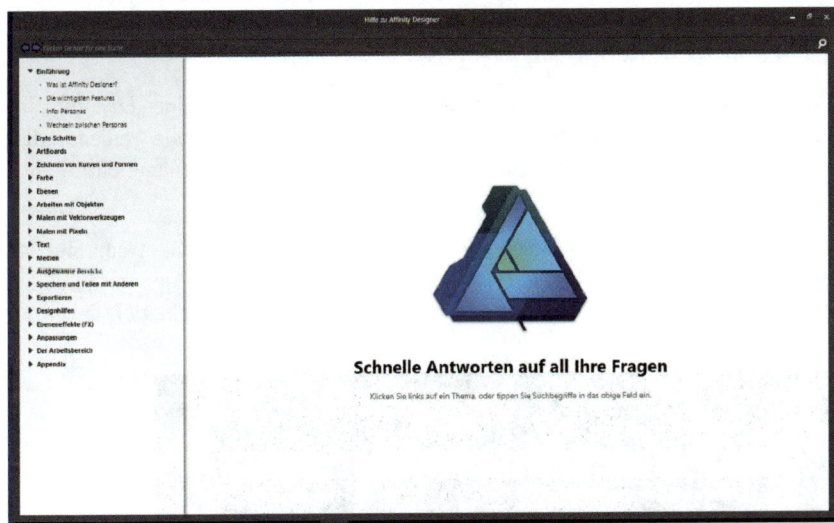

Schnelle Antworten auf all Ihre Fragen

Klicken Sie links auf ein Thema, oder tippen Sie Suchbegriffe in das obige Feld ein.

Abb. 1.41: Nicht nur für den Notfall: die Hilfe

Auf der linken Seite finden Sie die Inhalte nach Büchern in hierarchischer Folge sortiert. Durch Anklicken des Symbols vor dem jeweiligen Eintrag gelangen Sie nach und nach an die entsprechende Information.

Soll es schneller gehen, klicken Sie auf das Lupensymbol SUCHEN, tragen den gewünschten Begriff in das Feld ein und bestätigen mit ↵.

1.3 Tastenkombinationen

Der folgende Abschnitt dürfte für Sie vermutlich erst nach dem Durcharbeiten des Buches so richtig interessant werden. Doch vielleicht werfen Sie schon mal einen Blick darauf. Denn gerade wenn Sie sich auf mehreren Plattformen und Versionen bewegen (müssen), werden Sie die Tastenkombinationen schätzen lernen. Während man sich bedingt durch optische Veränderungen oft mit der Maus neu orientieren muss, bleiben die Tastenkombinationen jahrzehntelang erhalten und der Umstieg fällt um einiges leichter. Zudem muss es ja nicht immer die Maus sein – Stichwort Maushand/-arm (das schmerzhafte *Repetive-Strain-Injury-Syndrom*) – und wenn Sie es einmal ausprobiert haben, werden Sie bestimmt feststellen, dass der ein oder andere Arbeitsschritt rascher von der Hand geht. Die meisten Tastenkombinationen finden Sie übrigens direkt hinter den entsprechenden Menüs aufgelistet. Muss man öfter das ein oder andere Menü aufrufen, ist es meist einfacher, sich die Tastenkombination zu merken. Doch finden Sie selbst heraus, welche Arbeitsweise Ihnen am besten gefällt und wie Sie am schnellsten mit Ihrer Arbeit vorankommen.

Im Folgenden finden Sie eine Aufstellung der wichtigsten und meines Erachtens interessantesten und häufig genutzten Tastenkombinationen. Nicht alle werden in diesem Buch ausdrücklich vorgestellt, aber ich denke, die ein oder andere dürfte auch für Sie interessant sein.

Viele Tastenkombinationen finden Sie übrigens direkt in den Menüs. Wenn Sie also des Öfteren das ein oder andere Menü anklicken müssen, schauen Sie einmal, ob Sie nicht hinter der Menübezeichnung eine entsprechende Tastenkombination finden.

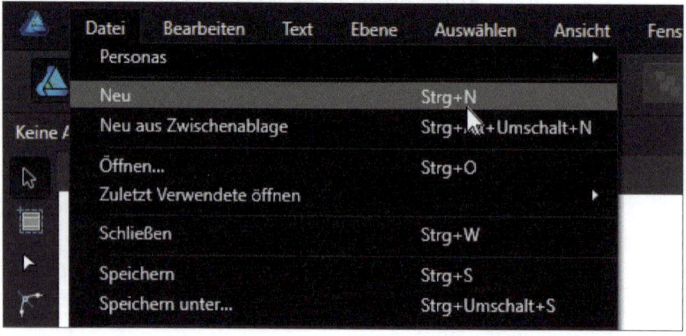

Abb. 1.42: Viele Tastenkombinationen kann man dem Menü entnehmen

Besonders wenn Sie sich ein bisschen in Affinity Photo eingearbeitet haben, werden Sie vermutlich die folgenden interessanten Tastenkombinationen schätzen.

Elementares

Taste(n)	
Strg + N	Neue Grafikdatei
⇧ + Strg + A + N	Neu aus Zwischenablage
Strg + P	Grafikdatei drucken
Strg + O	Grafikdatei öffnen
Strg + W	Grafikdatei schließen
Esc	Aktion abbrechen
Strg + ⇧ + S	Grafik speichern unter
Strg + S	Grafik speichern
⇧ + Strg + Alt + S	Grafik exportieren
Strg + Tab	Wechsel zwischen Grafikdateien
Alt + F4	Programm beenden
Strg + ,	Einstellungen
F1	Hilfe

Tab. 1.4: Tastenkombinationen Allgemeines

Ansichten

Taste(n)	
Strg + O	Passend zoomen
Strg + 1	100%
Tab	Bedienfelder und Werkzeuge ein/aus
⇧ + Strg + H	Studio ein/aus
Alt + Strg + T	Symbolleiste
Strg + R	Lineal ein/aus

Taste(n)	
⇧ + Strg + ,	Hilfslinien ein/aus
;	Magnetische Ausrichtung ein/aus
Strg + '	Raster ein-/ausblenden
Strg + +	Zoom vergrößern
Strg + -	Zoom verkleinern
Strg + 2	200%
Strg + 3	300%
Strg + 4	800%
Strg + 8	Tatsächliche Größe
Strg + 9	Pixelgröße
Alt + Strg + Y	Pixel
,	Geteilte Ansicht

Tab. 1.5: Tastenkombinationen Ansichten

Werkzeuge (Draw Persona)

Taste(n)	
H	Ansichtswerkzeug
V	Verschieben
A	Knotenwerkzeug
P	Zeichenstift
B	Vektorpinsel
Y	Transparenz
M	Ellipse
T	Grafiktext

Taste(n)	
Z	Zoomwerkzeug
I	Farbpipette
C	Ecke
N	Bleistift
G	Füllung
M	Rechteck
M	Abgerundetes Rechteck

Tab. 1.6: Tastenkombinationen Werkzeuge (Draw Persona)

Auswählen / Bearbeiten

Taste(n)	
Strg + A	Alles markieren
Strg + D	Auswahl aufheben
Strg + C	Auswahl kopieren
Strg + X	Auswahl ausschneiden
Strg + V	Auswahl einfügen
⇧ + Alt + Strg + V	Ohne Format einfügen
Alt + Strg + V	In Objekt einfügen
⇧ + Klick	Mehrere Objekte markieren
⇧ + Ziehen	Skalieren im Verhältnis
Strg + G	Objekte gruppieren
Strg + L	Objekt sperren
⇧ + Strg + I	Pixelauswahl umkehren
Strg + Z	Rückgängig

Taste(n)	
Strg + Y	Wiederholen
Strg + J	Duplizieren
Entf	Löschen
⇧ + X	Füllungs- und Umrissfarbe tauschen
Strg + ↵	In Kurven umwandeln
Alt + Ziehen	Markiertes Objekt kopieren
X	Objektfüllung/-kontur tauschen
⇧ + Strg + G	Gruppierung aufheben
⇧ + Strg + L	Sperre aufheben

Tab. 1.7: Tastenkombinationen Auswählen / Bearbeiten

Ebenen

Taste(n)	
Strg + Alt + N	Neue Ebene
Strg + ⇧ + N	Neue Pixelebene
Strg + Alt + ⇧ + H	Alle einblenden
Strg + L	Schützen
Strg + ⇧ + L	Schutz aufheben
Strg + Alt + ⇧ + L	Schutz für alle aufheben

Tab. 1.8: Tastenkombinationen Ebenen

Kapitel 2

Sieh an: Arbeiten mit Grafikdateien

Kernstück Ihrer Arbeit mit Affinity Designer ist die so genannte *Zeichenfläche*.

Abb. 2.1: Der Arbeitsschirm mit einer geöffneten Zeichnung

Hinweis

Das Aussehen des Arbeitsbereichs kann je nach Monitorgröße, Bildschirmauflö-
sung und gewählter Ansicht variieren.

Dieses Fenster stellt den eigentlichen Arbeitsbereich dar, auf dem das Erstellen Ihrer
Zeichnungen bzw. Grafiken erfolgt. Sie können es sich am besten wie ein Grafiktablett
oder eine Zeichenpalette vorstellen. In der Mitte befindet sich die Zeichenfläche und
Sie können mithilfe der Werkzeuge die Grafiken und Zeichnungen gestalten. Auf dem
freien Platz neben der Seite (Ablage- oder Montagefläche) können Sie ohne Probleme
die Objekte ablegen, die Sie (im Moment) nicht benötigen. Objekte, die sich nicht
auf der Seite befinden, werden nämlich nicht ausgedruckt.

2.1 Grafikdateien öffnen

Bevor Sie eine Grafikdatei betrachten können, müssen Sie diese öffnen. Die Vorgänge zum Laden unterscheiden sich nicht wesentlich von denen anderer Programme.

Um eine vorhandene Affinity-Designer-Datei zur (weiteren) Bearbeitung zu öffnen, aktivieren Sie den Eintrag ÖFFNEN aus dem DATEI-Menü oder verwenden die Tastenkombination $\boxed{\text{Strg}}$ + $\boxed{\text{O}}$. Sie erhalten dadurch das Dialogfenster ÖFFNEN. Zunächst werden Sie den Speicherort aufsuchen müssen. Stellen Sie dazu das betreffende Laufwerk und dann das Verzeichnis ein, in dem sich die Datei befindet. In dem Inhaltsbereich werden daraufhin alle Dateien aufgeführt, die am gewählten Ablageort enthalten sind.

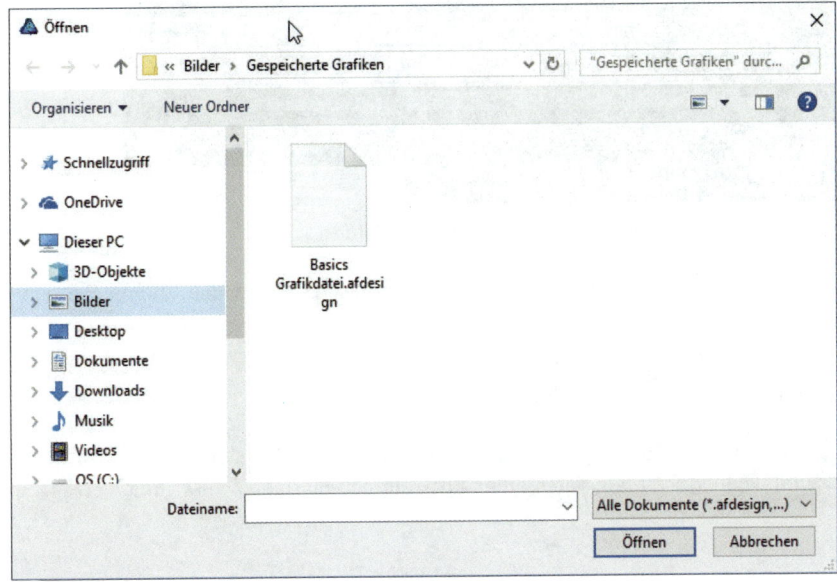

Abb. 2.2: Das Dialogfenster zum Öffnen der Dateien

Wählen Sie den DATEITYP aus, den das zu öffnende Dokument hat. Standardmäßig ist der Dateityp AFFINITY-DATEIEN.

Markieren Sie die gewünschte Grafikdatei und mit einem weiteren Klick auf die Schaltfläche ÖFFNEN tut Affinity Designer das Gewünschte. Das Foto wird im Bildfenster vollständig eingepasst angezeigt.

Tipp

Mehrere Grafikdateien klicken Sie nacheinander mit gedrückter [Strg]-Taste an. Diese werden jeweils in einer eigenen Registerkarte unterhalb der Kontextleiste angezeigt.

Bereits verwendete Dateien können Sie sehr rasch über das Menü DATEI / ZULETZT VER-WENDETE DATEI ÖFFNEN erreichen. Wählen Sie die Menüfolge an. In dem sich öffnenden Untermenü finden Sie die zuletzt geöffneten Dateien aufgelistet.

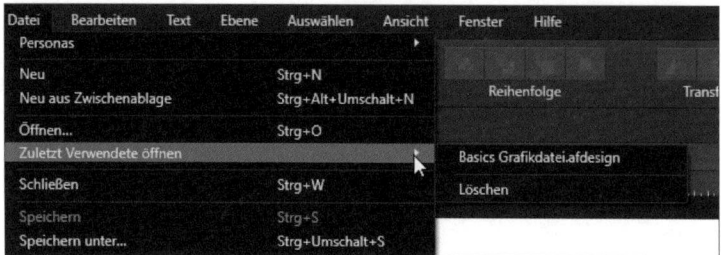

Abb. 2.3: Rasches Öffnen schon einmal geöffneter Dateien

Zeigen Sie einfach mit der Maus auf die gewünschte Datei und klicken Sie dann einmal.

Tipp

Wenn die Liste der zuletzt verwendeten Dateien zu lang und unübersichtlich wird, können Sie diese durch einen Klick auf den Eintrag LÖSCHEN zurücksetzen.

2.2 Neue Grafikdatei erstellen

Bevor Sie etwas gestalten können, muss zunächst ein neues Dokument erstellt werden. Zuvor sollten Sie sich ein paar Gedanken über den Verwendungszweck Ihrer Zeichnung machen, etwa für Druck, Web oder Geräte, denn je nach Verwendungszweck müssen ein paar grundlegende Einstellungen getroffen werden. Wie Sie gleich sehen werden, stellt Ihnen der Designer verschiedene Vorlagen für zur Verfügung.

Um eine neue Grafikdatei anzulegen, starten Sie für gewöhnlich über die Menüreihenfolge DATEI / NEU oder betätigen die Tastenkombination [Strg] + [N]. Dadurch
erscheint das zentrale Dialogfenster NEUES DOKUMENT, welches die grundlegenden Einstellungen Ihrer Publikation festlegt. Diese Einstellungen können Sie – wie Sie weiter
hinten lesen werden – aber jederzeit nachträglich ändern.

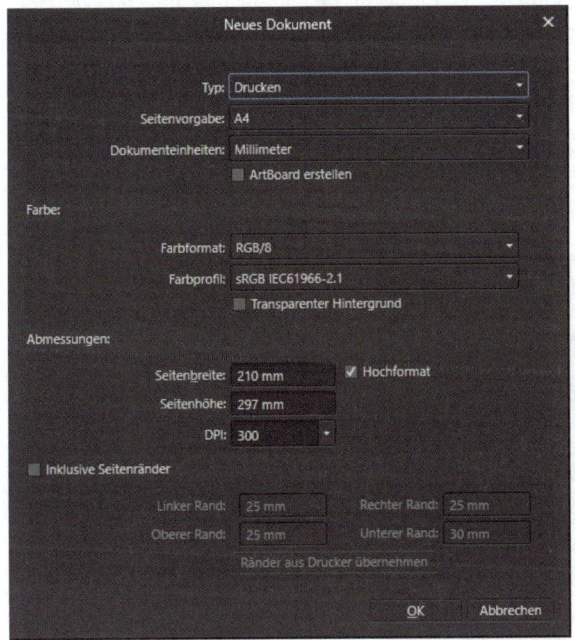

Abb. 2.4: Das zentrale Dialogfenster

Im Regelfall stellen Sie zunächst über das Listenfeld TYP das gewünschte Dokumen-
tenprofil ein.

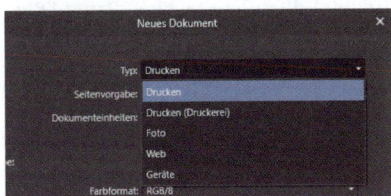

Abb. 2.5: Den Dokumententyp einstellen

Hier stehen Ihnen zur Auswahl:

- DRUCKEN: Diese Option wählen Sie, wenn Sie Ihren Tisch- oder Heimdrucker verwenden möchten. Sie erhalten zunächst eine Zeichenfläche in der Größe einer DIN-A4-Seite und Affinity Designer stellt alle Parameter für einen gewöhnlichen Ausdruck auf einem Tischdrucker ein.

- DRUCKEN (DRUCKEREI): Möchten Sie die Grafik auf einem Hochleistungsdrucker einer Druckerei oder Onlinedruckerei ausgeben, dann treffen Sie diese Wahl. Allerdings müssen Sie hierbei insbesondere darauf achten, ob das Farbprofil von Ihrer Druckerei verarbeitet oder geändert werden muss.

- FOTO: Diese Option bietet Ihnen geeignete Druckgrößen für Fotos an. Hierbei werden die Bildschirmfarben RGB (Rot, Grün, Blau) verwendet, die von den meisten Onlinedruckereien unterstützt werden.

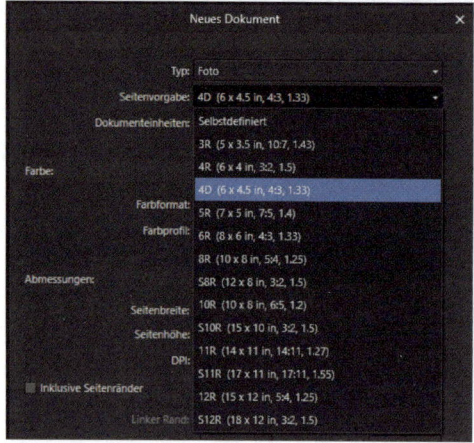

Abb. 2.6: Wählen Sie gängige Fotoformate aus oder erstellen Sie eigene.

- WEB: Diese Option ist die richtige Wahl, wenn es um eine Grafik für die Bildschirmdarstellung, respektive um die Darstellung innerhalb einer Website, geht.

- GERÄTE: Mithilfe dieses Profils können Sie Grafiken für ein bestimmtes Gerät entwerfen, etwa für das iPhone, das Nexus oder durch Eingaben.

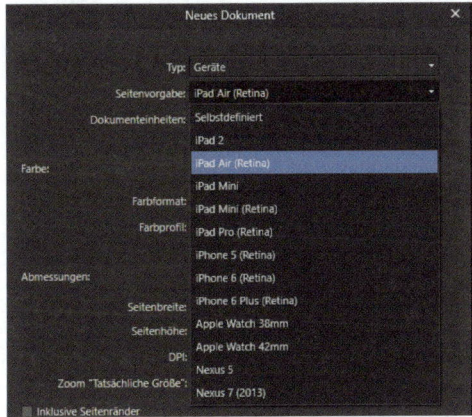

Abb. 2.7: Wählen Sie den Gerätetyp für das mobile Gerät.

Über das Kontrollkästchen ARTBOARD ERSTELLEN wird bei Aktivierung desselben automatisch ein ArtBoard mit den entsprechenden Einstellungen definiert. Was es genau mit diesen ArtBoards auf sich hat, erfahren Sie weiter unten in diesem Abschnitt.

Im Bereich FARBE stellen Sie die jeweils relevanten Parameter ein. Um eine Farbe in einem Computer zu speichern, muss die Farbe in eine Zahlensequenz umgewandelt werden. Farbmodelle bestimmen die für diese Umwandlung verwendeten Zahlensysteme.

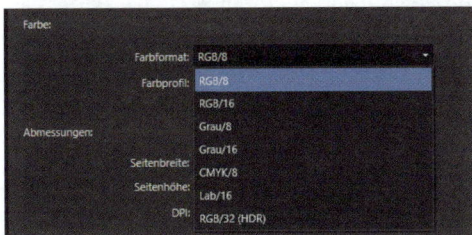

Abb. 2.8: Die möglichen Farbmodelle

Im Listenfeld FARBFORMAT können Sie unter folgenden Farbmodelle auswählen:

- RGB/8, RGB/16, RGB/32 (HDR): RGB ist der Standardmodus für neue Affinity-Designer-Grafiken. Bei diesem Modell wird jedem Pixel ein Intensitätswert zwischen 0 (Schwarz) und 255 (Weiß) für die einzelnen RGB-Komponenten in einem Farbbild zugewiesen. So bestimmt sich beispielsweise für eine leuchtend rote Farbe der Rot-Wert von 246, der Grün-Wert von 20 und der Blau-Wert von

50. Beträgt der Wert aller Komponenten 255, entsteht reines Weiß, bei einem Wert von 0 reines Schwarz. Am gebräuchlichsten ist der RGB-Farbraum mit 8 Bit pro Kanal, was ungefähr 16,8 Millionen ($(28)3$ = 16.777.216) theoretisch möglichen Farben entspricht. Bei 16 Bit pro Kanal sind das dann schon rund 280 Billionen Farbmöglichkeiten. Das HDR bei RGB/32 bedeutet *High Dynamic Range* und bezeichnet Bilder, die einen erhöhten Kontrast und Helligkeitsumfang wiedergeben.

■ Grau/8, Grau/16: Bei der 8-Bit-Variante sind bis zu 256 Grauschattierungen möglich. Das wird dadurch erreicht, dass jedem Pixel ein Helligkeitswert zwischen 0 (Schwarz) und 255 (Weiß) zugewiesen wird. Bei 16 Bit sind es 65536 Stufen. Diese Variante ist sinnvoll bei Kameras und Scanner, da diese mindestens mit 12-Bit-Wandlern ausgestattet sind. Damit kann man 1024 Stufen darstellen, die dann in einer 16-Bit-Datei erhalten bleiben und verhindern, dass bei der Bearbeitung möglicherweise Tonwerte verlorengehen.

■ CMYK/8: Dieser Modus basiert auf der Tatsache, dass auf Papier gedruckte Farbe Licht absorbiert. Die Kombination aus reinem Zyan (*C, Cyan*), Magenta (*M*) und Gelb (*Y, Yellow*) ergibt beispielsweise Schwarz, da alle Farben absorbiert oder subtrahiert werden. Daher werden diese Farben als subtraktive Farben bezeichnet. Schwarze (*K*) Farbe wird hinzugefügt, um intensivere Schatten zu ermöglichen. (Der Buchstabe K steht für Kontrast und die englische Bezeichnung black, da das B m Englischen für Blau, engl. blue, schon besetzt war.) Die Kombination dieser Farben zur Farbenreproduktion wird als Vierfarbendruck bezeichnet. Im CMYK-Modus kann jede der CMYK-Prozessfarben einen Wert zwischen 0 und 100 % aufweisen. Den hellsten Farben werden niedrige Prozentwerte der Prozessfarben zugewiesen, dunklere Farben weisen höhere Prozentwerte auf.

■ Lab/16: Das Lab-Farbmodell leitet sich aus der Art der Farbzusammensetzung ab. L*a*b-Farben (die Sternchen werden im Namen weggelassen) bestehen aus einer Helligkeitskomponente (man spricht auch von *Luminanz*, deswegen das *L*) und zwei chromatischen Komponenten, der *a*-Komponente (von Grün bis Rot) und der *b*-Komponente (von Blau bis Gelb). Diese Farben sind geräteunabhängig, das heißt, sie werden unabhängig von dem Gerät erzeugt (z.B. Bildschirm, Drucker oder Scanner), mit dem das Bild erstellt oder reproduziert wird. Im Lab-Modus liegt der Wert für die Luminanzkomponente (*L*) zwischen 0 und 100.

Über das Feld Farbprofile stellen Sie das für das Dokument gewünschte Profil ein. Ein solches Farbprofil ist ein genormter Datensatz, der den Farbraum eines Gerätes beschreibt und den Sie im Panel Kanäle einsehen können.

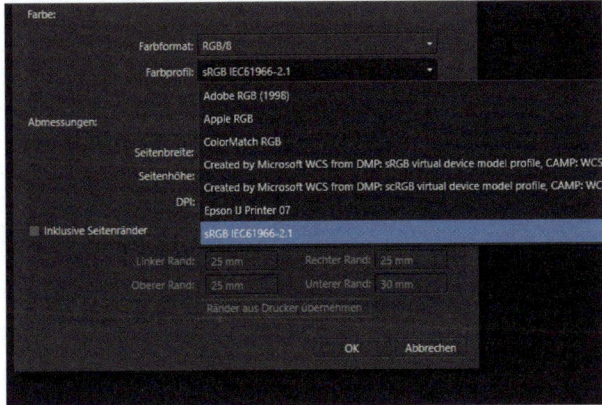

Abb. 2.9: Die Wahl des Farbprofils

In der Praxis werden zwei Farbprofile eine Rolle spielen: *sRGB IEC61966-2.1*, das über die Standardfarben verfügt, und *Adobe RGB*, welches besser für den Druck geeignet ist.

Wünschen Sie einen durchsichtigen Hintergrund statt der üblichen weißen Färbung, müssen Sie noch das Kontrollkästchen TRANSPARENTER HINTERGRUND aktivieren.

Im Bereich ABMESSUNGEN legen Sie die SEITENBREITE und die SEITENHÖHE fest. Standardmäßig wird das Hochformat eingestellt, was Sie am markierten Kontrollkästchen HOCHFORMAT ersehen können.

Wünschen Sie das Querformat, dann deaktivieren Sie das Kontrollkästchen HOCHFORMAT.

Im Feld DPI geben Sie die *DPI-Auflösung* des neuen Dokuments ein.

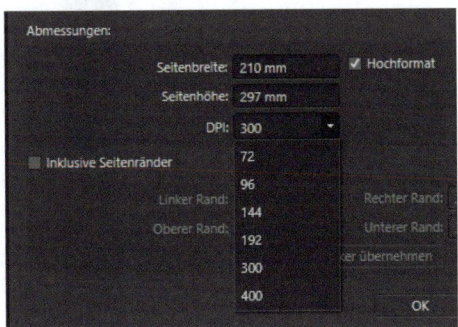

Abb. 2.10: Die Einstellungen der DPI

Möchten Sie die Grafiken in Originalgröße reproduzieren, können Sie die folgenden Standardwerte als Orientierungshilfe verwenden: Bei einer Webanwendung nehmen Sie 72 dpi, soll das Foto mit einem Tintenstrahl- oder Laserdrucker gedruckt werden, dann wählen Sie 192 dpi, und für einen professionellen Druck 300 dpi.

Möchten Sie Seitenränder verwenden, etwa bei einer Collage, dann aktivieren Sie das Kontrollkästchen INKLUSIVE SEITENRÄNDER und tragen die gewünschten Werte ein. Alternativ können Sie auch den geringstmöglichen Seitenrand verwenden, damit kein Bildbereich abgeschnitten wird. In diesem Fall klicken Sie die Schaltfläche RÄNDER AUS DRUCKER ÜBERNEHMEN, damit Affinity Designer die Werte von diesem beziehen kann.

> **Hinweis**
>
> Den Anschnitt, also den über den Seitenrand hinausragenden Bereich eines Layouts, der zwar gedruckt, später aber von der Druckerei abgeschnitten wird, können Sie an dieser Stelle nicht einstellen.

Mit einem Klick auf OK schließen Sie den Vorgang ab. Affinity Designer erstellt die leere Grafikdatei nach Ihren Vorgaben.

Abb. 2.11: Das neu erstellte Dokument (mit Standardrändern von 25 mm)

Hinweis

Wenn Sie die folgenden Ausführungen nachvollziehen wollen, sollten Sie sich eine Datei mit der Vorgabe DRUCKEN unter der Bezeichnung Basics Grunddatei anlegen. Erstellen Sie dort mithilfe der entsprechenden Werkzeuge ein Rechteck, einen Kreis (halten Sie beim Aufziehen die ⟨⇧⟩-Taste gedrückt) und ein Dreieck. Anschließend aktivieren Sie noch das Werkzeug GRAFIKTEXT, klicken auf dem Blatt ab und schreiben Cafehaus Schümli.

2.3   Vorhandene Grafikdatei ändern

Eine vorhandene Datei werden Sie in zweierlei Art ändern wollen: zum einen, indem Sie Veränderungen an den Grundeinstellungen vornehmen, und zum anderen, indem Sie weitere Zeichenflächen einfügen.

Grundeinstellungen ändern

Die wichtigsten Seiteneinstellungen können Sie auch nachträglich verändern.

Nachdem Sie die Grafikdatei geladen haben, aktivieren Sie das Menü DATEI / DOKU-MENTEINSTELLUNGEN. Es erscheint das gleichnamige Dialogfenster, in dem Sie vielfältige Einstellungen vornehmen können.

Um die Maße der Zeichenfläche zu ändern, klicken Sie auf das Listenfeld SEITENVORGABE. Hier können Sie unter anderem neben dem üblichen deutschen DIN-A4-Format auch folgende Formate einstellen:

Seitenformat	Höhe	Breite	Drucktechnische Benennung
A2	420 mm	594 mm	Bogen
A3	297 mm	420 mm	Halbbogen
A4	210 mm	297 mm	Viertelbogen
A5	148 mm	210 mm	Achtelbogen
Benutzerdefiniert	Eigene Angaben	Eigene Angaben	

Tab. 2.1: Designer-Seitenformate

Daneben spielen die DOKUMENTEINHEITEN eine besondere Rolle. Über das Listenfeld können Sie unter anderem zwischen PIXEL, PUNKT, ZOLL, MILLIMETER und ZENTIMETER wählen.

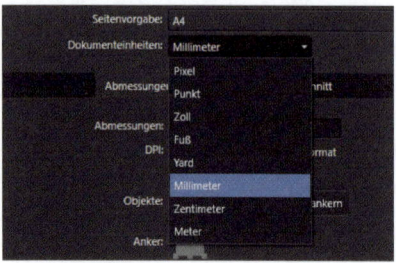

Abb. 2.12: Ein vorhandenes Dokument einrichten

Weitere Einstellungen bzw. Veränderungen nehmen Sie über die Registerkarten ABMESSUNGEN, FARBE, RÄNDER und ANSCHNITT vor.

Innerhalb der Optionen der Registerkarte ABMESSUNGEN können Sie die Seitenausrichtung verändern, indem Sie das Kontrollkästchen HOCHFORMAT deaktivieren, worauf das Dokument im Querformat dargestellt wird.

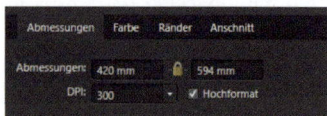

Abb. 2.13: Die Einstellungen für die Abmessungen

Im Feld DPI geben Sie die DPI-Auflösung des neuen Dokuments ein.

Über die Einstellungen der Registerkarte FARBE nehmen Sie unter anderem auf das FARBFORMAT und das Farbprofil Einfluss.

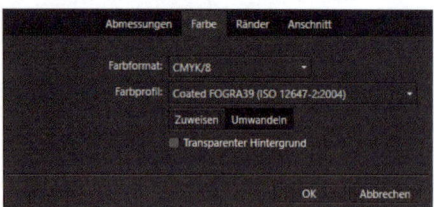

Abb. 2.14: Die Einstellungen für die Farbe

Möchten Sie Seitenränder verwenden, dann aktivieren Sie in der Registerkarte RÄNDER das Kontrollkästchen INKLUSIVE SEITENRÄNDER und tragen die gewünschten Werte ein.

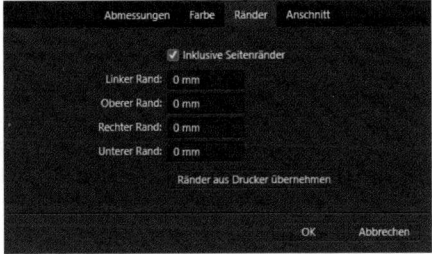

Abb. 2.15: Die Einstellungen für die Ränder

Alternativ können Sie auch den geringstmöglichen Seitenrand verwenden, damit kein Bildbereich abgeschnitten wird. In diesem Fall klicken Sie auf die Schaltfläche RÄNDER AUS DRUCKER ÜBERNEHMEN, damit Affinity Designer die Werte von diesem beziehen kann.

Den oftmals bei professionellen Druckpublikationen gewünschten Anschnitt stellen Sie über die Registerkarte ANSCHNITT in den entsprechenden Felder ein.

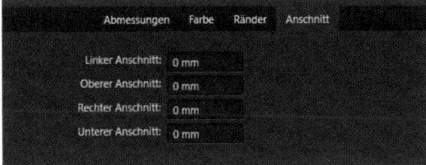

Abb. 2.16: Den Anschnitt festlegen

Weitere Zeichenflächen

Standardmäßig stellt Ihnen Affinity Designer zunächst nur eine Zeichenfläche zur Verfügung. Benötigen Sie weitere, dann sollten Sie wissen, dass diese *ArtBoard* genannt werden. Es handelt sich dabei um individuelle Arbeitsflächen, die Sie in beliebiger Größe und Form einfügen können.

Wenn Sie nicht bei der Erstellung des Dokuments das Kontrollkästchen ARTBOARD ERSTELLEN aktiviert hatten, können Sie auch nachträglich mithilfe des ARTBOARD-Werkzeugs weitere Zeichenflächen erstellen.

Nachdem Sie das Werkzeug aktiviert haben, platzieren Sie den veränderten Cursor neben die bereits vorhandene Zeichenfläche. Ziehen Sie nun mit gedrückter Maustaste diagonal die neue Zeichenfläche in der gewünschten Größe auf.

Abb. 2.17: Ein ArtBoard aufziehen

Tipp

Achten Sie auf den runden, roten Markierpunkt. Damit können Sie die zweite Zeichenfläche auf die gleiche Höhe wie das erste ArtBoard bringen.

Wünschen Sie eine bestimmte Größe, aktivieren Sie das Panel TRANSFORMIEREN und tragen die entsprechenden Werte in die Felder B bzw. H ein (siehe Abbildung 2.18).

Sie haben damit eine neue Zeichenfläche, konkret die erste Zeichenfläche, erstellt. Aus diesem Grund müssen Sie die bereits vorhandenen Objekte noch auf das erste ArtBoard, es trägt die Bezeichnung ArtBoard1, verschieben. Bevor Sie das angehen, sollten Sie einen Blick auf das Panel EBENEN werfen, dann wird Ihnen die Arbeitsweise der ArtBoards schnell vertraut. Wie Sie dort sehen können, handelt es sich um eine Ebene. Die bereits erstellten Objekte befinden sich ebenfalls auf einer eigenen Ebene (siehe Abbildung 2.19).

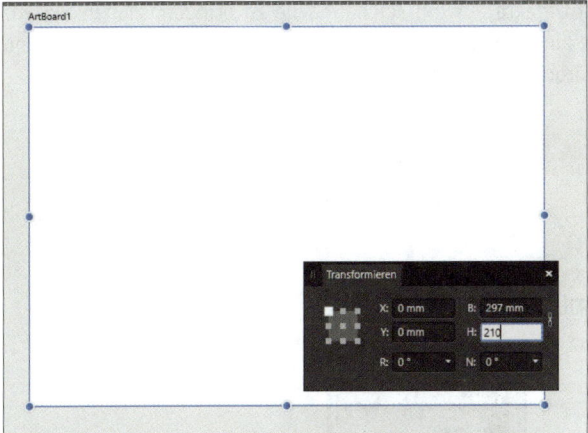

Abb. 2.18: Die Größe des ArtBoards festlegen (hier DIN A4)

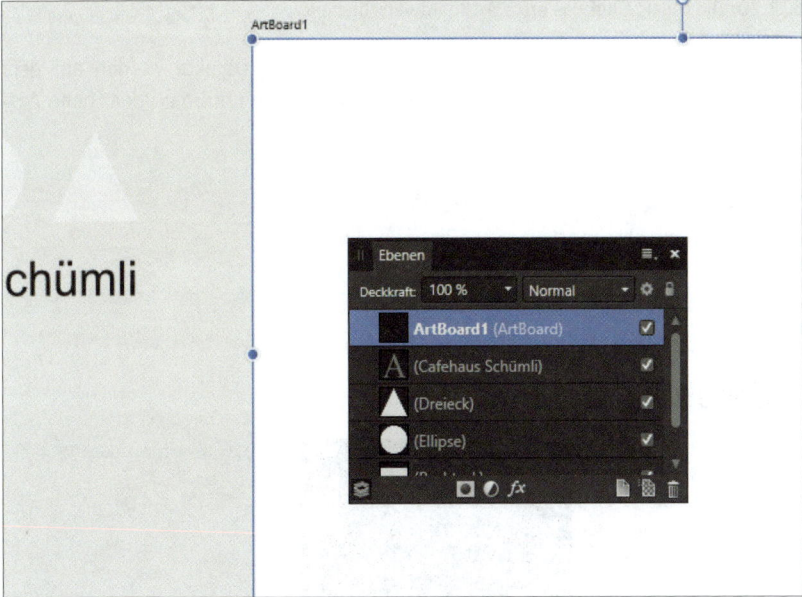

Abb. 2.19: Die Objekte liegen jeweils auf einer Ebene.

Um die bislang erstellten Objekte auf die Zeichenfläche zu bringen, ziehen Sie mit dem Werkzeug Verschieben einen Auswahlrahmen um die zuvor erstellten Objekte und verschieben diese mit gedrückter Maustaste auf die Fläche ArtBoard1.

Abb. 2.20: Die Objekte auf das erste ArtBoard verschieben

Dort angekommen lassen Sie die Maustaste los und die Objekte werden auf dem ArtBoard platziert. Das erkennen Sie nun daran, dass diese unterhalb der Ebene Art-Board1 angeordnet erscheinen.

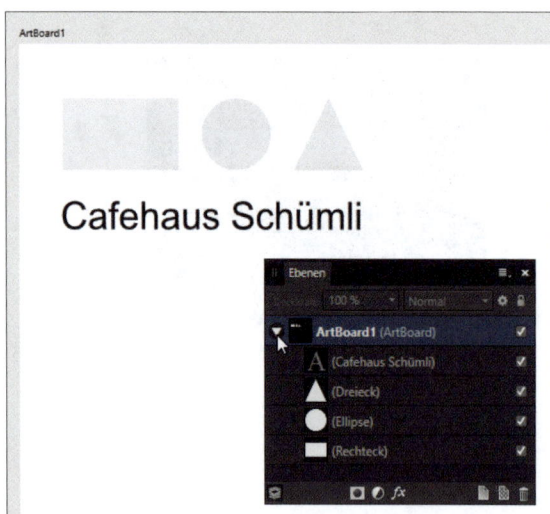

Abb. 2.21: Die Objekte befinden sich jetzt auf dem ersten ArtBoard.

Erstellen Sie nun auf die zuvor gezeigte Weise eine weitere Zeichenfläche. Wie Sie sehen, wird diese ebenfalls als Ebene (mit der Bezeichnung ArtBoard2) behandelt und erscheint dementsprechend im Panel Ebenen.

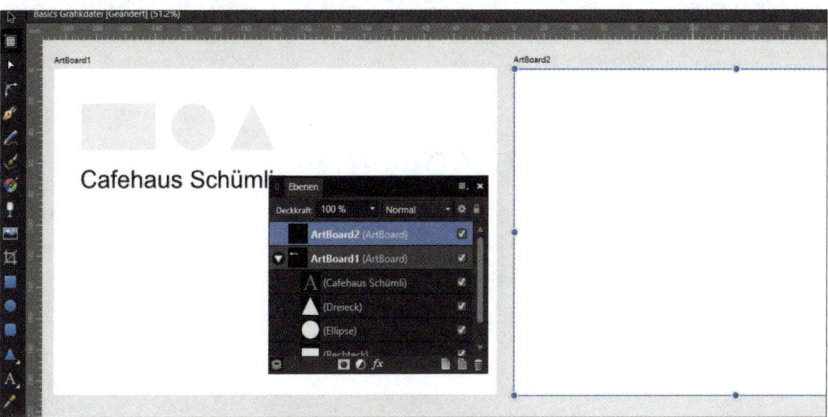

Abb. 2.22: Ein weiteres ArtBoard

Um ein nicht mehr benötigtes ArtBoard zu entfernen, müssen Sie dieses lediglich im Panel Ebenen markieren und dann auf die Schaltfläche Ebene entfernen klicken, die Sie an dem Mülltonnen-Symbol erkennen.

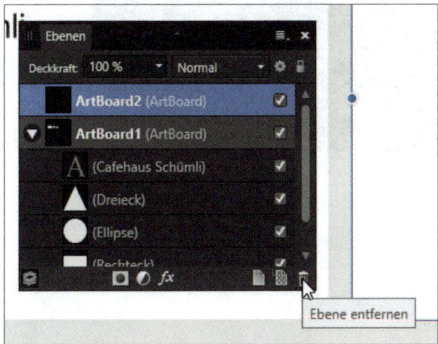

Abb. 2.23: Eine Zeichenfläche entfernen

Ein leeres ArtBoard wird augenblicklich entfernt. Befinden sich Objekte auf der Zeichenfläche, dann erhalten Sie einen entsprechenden Hinweis. Nun können Sie entscheiden, ob Sie die Objekte darauf behalten möchten oder ebenfalls löschen wollen.

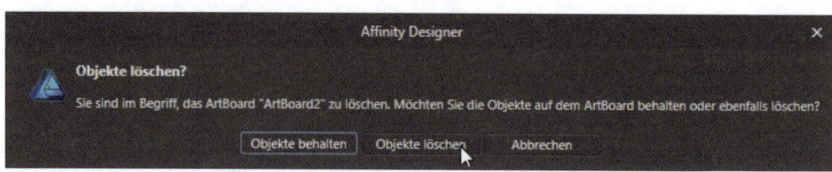

Abb. 2.24: Ein wichtiger Hinweis

2.4   Grafikdateien betrachten

Standardmäßig wird Ihnen – je nach getroffener Wahl – immer die komplette Grafik angezeigt. Der Vorteil dieser Ansicht ist, dass Sie so eine sehr gute Übersicht haben und erkennen, ob die Zeichnung noch den einen oder anderen Fehler aufweist.

Ansichtssachen

Affinity Designer verfügt über vier Ansichtsmodi, die Sie über das Menü ANSICHT im Untermenü ANSICHTSMODUS einstellen können.

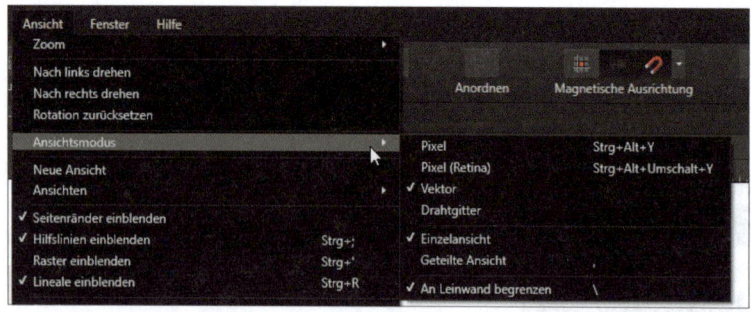

Abb. 2.25: Die Ansichtsmodi von Affinity Designer

Je nach gewünschter Auflösung oder dem Ausgabezweck können Sie hier den entsprechenden Ansichtsmodus einstellen.

Wie Sie sehen, können Sie wählen zwischen:

- PIXEL: Bei dieser Darstellungsweise werden Vektorobjekte so angezeigt, als würden sie aus einzelnen Pixeln bestehen. Diese Darstellung entspricht genau dem Design, nachdem es exportiert und als Bild angezeigt wurde.

- PIXEL (RETINA): Bei dieser Darstellungsform können Sie die Darstellung PIXEL auf Retina-Geräten und anderen Bildschirmen mit hohen DPI-Werten darstellen.

■ VEKTOR: Bei dieser Ansicht werden die gezeichneten Objekte als Vektoren ange-zeigt, was man insbesondere durch die weichen Vektorkanten und -übergänge erkennt.

■ DRAHTGITTER: Bei dieser Darstellungsform werden die Seitenobjekte nur als Pfade angezeigt (ohne Füllungen oder Konturen). Diese Ansicht deckt zuzusagen das Geheimnis hinter jeder Affinity-Designer-Grafik auf: die Pfade. Diese werden im Regelfall zunächst nicht angezeigt, da das Arbeiten damit schon gewöhnungs-bedürftig ist. Sie können sich diese wie ein Drahtgerüst vorstellen, welches den Grundaufbau eines Objekts darstellt, das mit einer Oberfläche bespannt ist.

Abb. 2.26: Ein Objekt in der *Pfadansicht*

Zoomen

Wenn Sie detaillierte Änderungen vornehmen wollen, ist die zunächst angezeigte Darstellungsgröße oft nicht sehr vorteilhaft. Zum Vergrößern bzw. Verkleinern der Ansicht stehen Ihnen mehrere Möglichkeiten zur Verfügung.

Verfügen Sie über eine Maus mit einem Rädchen, so können Sie wunderbar mit ge-drückter [Alt]-Taste zoomen. Drehen Sie das Rädchen von sich weg, vergrößert sich die Ansicht. Drehen Sie es zu sich hin, verkleinert sie sich.

Diese Befehle können Sie auch über die Menüfolge ANSICHT / ZOOM aufrufen:

■ Mit dem Befehl ZOOM VERGRÖSSERN ([Strg] + [+]) können Sie zunächst die Ansicht der Grafik stufenweise vergrößern.

■ Mit dem Befehl ZOOM VERKLEINERN ([Strg] + [-]) erreichen Sie das Gegenteil.

■ Praktisch sind die Befehle PASSEND ZOOMEN ([Strg] + [0]) bzw. 100% ([Strg] + [1]), die Ihnen die Zeichnung genau in Bildschirmgröße oder in ihrer wahren Größe angezeigt.

Sehr oft werden Sie das Zoomwerkzeug verwenden, da es bestimmte Ausschnitte recht einfach zu vergrößern oder zu verkleinern hilft.

Aktivieren Sie das Zoomwerkzeug bzw. betätigen Sie die Taste $\boxed{Z}$, um es zu aktivieren. Anschließend klicken Sie einmal auf den gewünschten Bereich, um diese Stelle zu vergrößern.

Abb. 2.27: Vergrößern mit der Lupenfunktion

Wenn Sie dagegen die Ansicht verkleinern wollen, dann müssen Sie zusätzlich zum Klicken auf den gewünschten Bereich die $\boxed{\text{Alt}}$-Taste gedrückt halten, damit die Grafik verkleinert wird.

Abb. 2.28: Schneller verkleinern mit $\boxed{\text{Alt}}$ und dem Werkzeug Zoom

Darüber hinaus bietet Ihnen das Zoomwerkzeug auch die Möglichkeit, einen ausgewählten Bereich zu vergrößern. Wählen Sie es aus und klicken Sie auf den Bereich, den Sie vergrößern möchten. Halten Sie dabei die linke Maustaste gedrückt und ziehen Sie diagonal weg. Der betreffende Bereich wird dabei dynamisch gezoomt.

Während Sie mithilfe des ZOOMWERKZEUGS im Regelfall Objekte der Zeichnung zoomen, kann über das in der Kontextleiste befindliche Listenfeld ZOOM die Ansicht des Arbeitsbereichs verändert werden.

Klicken Sie auf den kleinen nach unten weisenden Pfeil, um an die entsprechende Liste heranzukommen. Wählen Sie dann die gewünschte Darstellungsgröße von 10 % bis zu 500 % aus.

Abb. 2.29: Zoomeinstellungen des Arbeitsbereichs

Alternativ können Sie auch den daneben angebrachten Regler verwenden und hier durch einfaches Ziehen zwischen 1 % bis zu 1000 % zoomen.

Tipp

Häufig werden Sie die Grafik in der Druckgröße betrachten wollen. Hier hilft die Tastenkombination [Strg] + [1] weiter, die die Anzeige auf 100 % stellt. Eine weitere hilfreiche Tastenkombination ist [Strg] + [0]. Damit passen Sie das gesamte Zeichenblatt an die Größe Ihres Monitors an.

Verschieben eines Ausschnitts

Nicht immer ist es sinnvoll, mit dem ZOOMWERKZEUG zu arbeiten. Gerade wenn Sie mit einer starken Vergrößerung arbeiten, ist es oft sinnvoller, den Ausschnitt zu verschieben.

Für diese Arbeiten können Sie die *Bildlaufleisten* benutzen, die am rechten und unteren Bildschirmrand erscheinen, sobald Sie ein Format aufrufen, dessen Inhalt nicht komplett, sondern nur ausschnittweise im Bildfenster angezeigt werden kann.

Diese Aktion kann sehr oft problemlos und effektiver mit dem Ansichtswerkzeug erledigt werden. Nachdem Sie es durch Anklicken des Symbols oder Betätigen der Taste H angewählt haben, klicken Sie auf den entsprechenden Bildausschnitt. Nun ziehen Sie die Hand bei gedrückter linker Maustaste in die gewünschte Richtung.

Abb. 2.30: Ausschnitte schnell verschieben

Wie Sie sehen, hat dieses Werkzeug die gleiche Wirkung wie das Scrollen der Bildlaufleisten, erlaubt aber wesentlich sanftere Bewegungen.

Navigieren

Eine Kombination der soeben vorgestellten Werkzeuge stellt der *Navigator* dar. Mithilfe dieses Panels können Sie schnell einen Bildbereich anzeigen und die Zoomstufe ändern.

Wie Sie sehen, wird das gesamte Bild daumennagelgroß dargestellt. Zudem befindet sich darin ein schwarzer Rahmen, der die Grenzen des Bildfensters symbolisiert.

Abb. 2.31: Der Navigator im Einsatz

Um diesen Rahmen zu verschieben, bewegen Sie den Mauszeiger innerhalb der Linien und verschieben ihn mit gedrückter Maustaste.

Möchten Sie einen größeren Bereich überwinden, dann zeigen Sie auf die Stelle in dem Bild, die Sie angezeigt bekommen möchten. Wenn Sie anschließend an diese Stelle klicken, platziert Affinity Designer den Rahmen dorthin.

Des Weiteren haben Sie die Möglichkeit, den Bildausschnitt zu zoomen. Dazu dient der Schieberegler am oberen Rand des Panels. Verschieben Sie ihn bei gedrückter Maustaste nach links, um den Zoomfaktor zu reduzieren. Wenn Sie ihn dagegen nach rechts ziehen, können Sie den Zoomfaktor auf bis zu 1000 % erhöhen. Stufenweise schalten Sie durch, wenn Sie die beiden Schaltflächen links oder rechts neben dem Regler betätigen.

In dem Zahlenfeld am linken Rand wird Ihnen die augenblickliche Zoomstufe in Prozentwerten angezeigt. Natürlich können Sie hier auch hineinklicken, die gewünschte Angabe über die Tastatur tätigen und mit ⏎ bestätigen.

2.5 Arbeitshilfen

Beim Arbeiten mit Grafikdateien werden Sie sicherlich die ein oder andere der Arbeitshilfen zu schätzen wissen, die Ihnen im Folgenden vorgestellt werden.

Lineale

Ein wichtiges Hilfsmittel sind die *Lineale*. Mithilfe der Lineale ist es möglich, Objekte exakt zu positionieren und auszurichten. Sie dienen außerdem der besseren Orientierung und Positionierung, da Sie so sehr schnell erkennen können, an welcher Position sich ein Objekt momentan befindet.

Die Lineale sehen Sie am oberen und linken Rand der Satzdatei.

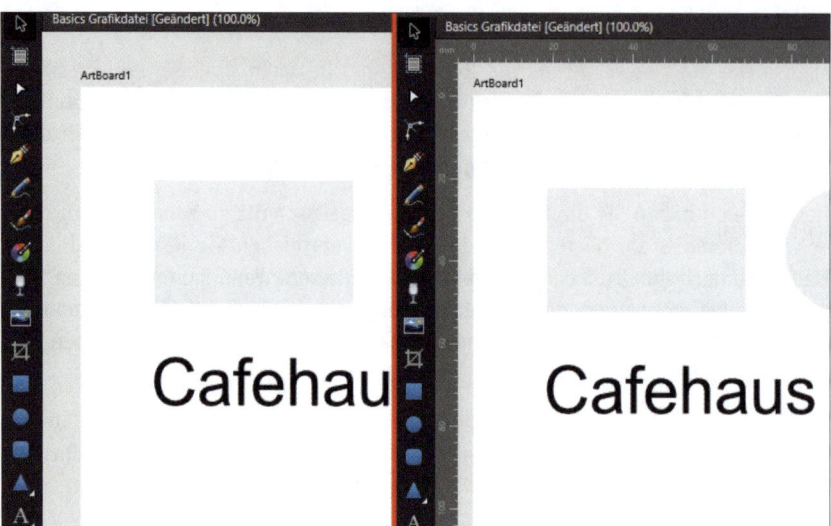

Abb. 2.32: Das Lineal hilft bei der Orientierung.

Sollten sie nicht sichtbar sein, so können Sie sie über das Menü ANSICHT / LINEALE EINBLENDEN sichtbar machen. Schneller geht das Aus- und Einblenden über die Tastenkombination [Strg] + [R]. Die aktuelle Position des Mauszeigers können Sie dort jederzeit ablesen.

Zu jeder Bewegung, die Sie mit dem Mauszeiger durchführen, wandert synchron eine kleine graue Linie auf beiden Linealen mit.

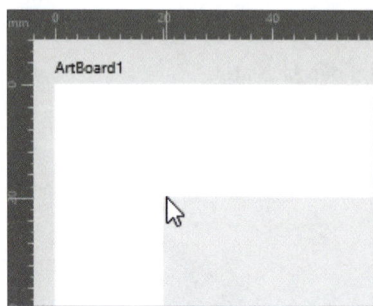

Abb. 2.33: Position des Objekts/Mauszeigers über das Lineal bestimmen

Hilfslinien

Ebenso wie die Lineale dienen die *Hilfslinien* der besseren Orientierung. Zusätzlich haben sie die Aufgabe einer Platzierungshilfe. Sie sollten immer dann Hilfslinien verwenden, wenn Sie Objekte in einer bestimmten Größe zeichnen oder wenn Sie diese an eine bestimmte Position platzieren möchten.

Hilfslinien anlegen

Die Hilfslinien sind blaue Linien, die nur auf Ihrem Bildschirm angezeigt werden, jedoch nicht im Ausdruck erscheinen. Sie können beliebig auf einer Seite oder der Montagefläche positioniert werden. Wenn Sie eine Hilfslinie gezogen haben, ist es recht einfach, beispielsweise eine Grafik an dieser Linie auszurichten.

Für die Erstellung einer neuen Hilfslinie gibt es keinen eigenen Befehl. Sie klicken lediglich mit der Maus auf eines der beiden Lineale und ziehen bei gedrückter linker Maustaste den Mauszeiger an die gewünschte Stelle.

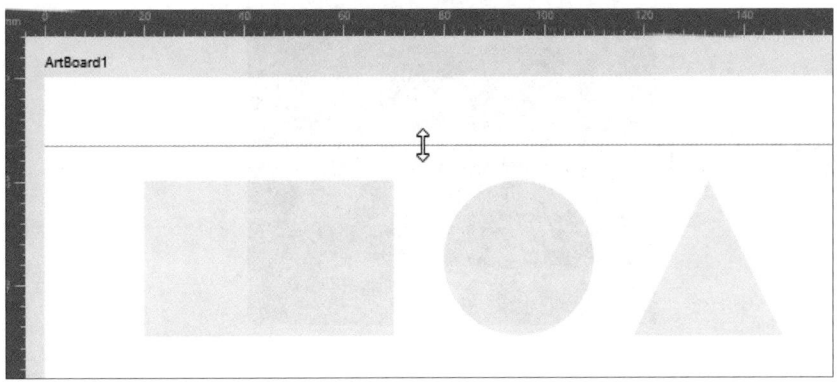

Abb. 2.34: Eine Hilfslinie erstellen

Tipp

Sollten Sie die Hilfslinien nicht sehen, so sind sie vermutlich ausgeblendet. Über das Menü ANSICHT / HILFSLINIEN EINBLENDEN können Sie sie sichtbar machen. Das können Sie rasch über die Tastenkombination $\boxed{\text{Strg}}$ + $\boxed{;}$ erledigen.

Eine einmal platzierte Hilfslinie können Sie – nachdem Sie diese ausgewählt haben – nach Belieben verschieben. Klicken Sie auf die Hilfslinie, um sie auszuwählen. Um die Linie zu verschieben, halten Sie nach dem Anklicken die Maustaste gedrückt und verschieben sie bei gedrückter Maustaste an die gewünschte Stelle.

Möchten Sie die Hilfslinien exakt platzieren, wählen Sie die Menüfolge ANSICHT / HILFSLINIEN KONFIGURIEREN, um das Dialogfenster HILFSLINIEN aufzurufen. In diesem können Sie die bereits vorhandenen Hilfslinien korrigieren, indem Sie diese anklicken und den gewünschten Wert eintragen. Über die Schaltflächen NEUE HORIZONTALE HILFS-LINIE HINZUFÜGEN bzw. NEUE VERTIKALE HILFSLINIE HINZUFÜGEN können Sie weitere platzieren und über die Schaltfläche mit dem Mülleimersymbol auch wieder löschen. Möchten Sie die Hilfslinien prozentual verteilen, dann aktivieren Sie das Kontrollkästchen PROZENT.

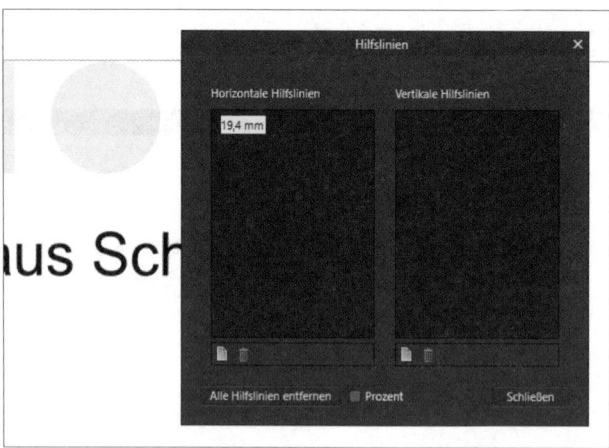

Abb. 2.35: Hilfslinien exakt platzieren

Funktionsweise von Hilfslinien

Hilfslinien erfüllen ihren Zweck dann, wenn Sie Objekte an ihnen ausrichten möchten. Dazu müssen Sie einen bestimmten Mindestabstand zu dem betreffenden Objekt unterschreiten, so dass das Objekt dann an der Hilfslinie einrastet.

Klicken Sie das Objekt an, welches Sie an der Linie ausrichten wollen. Ziehen Sie es bei gedrückter Maustaste an die Linie heran.

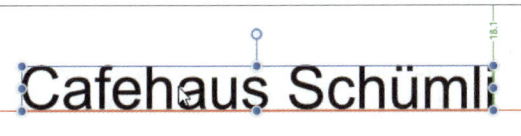

Abb. 2.36: Ein Objekt an eine Hilfslinie heranziehen

Sollte das Einrasten nicht merkbar sein, sind die Hilfslinien nicht magnetisch ausgerichtet. Damit sich diese entsprechend verhalten, müssen Sie die Menüreihenfolge ANSICHT / MAGNETISCHE AUSRICHTUNG KONFIGURIEREN anwählen und im folgenden Panel das entsprechende Kontrollkästchen aktivieren.

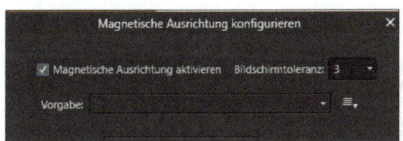

Abb. 2.37: Die magnetische Ausrichtung aktivieren

Über das Feld BILDSCHIRMTOLERANZ bestimmen Sie den Abstand, ab dem das Objekt von der magnetischen Hilfslinie angezogen wird.

Im Arbeitsalltag sollten Sie in der Symbolleiste in der Gruppe MAGNETISCHE AUSRICHTUNG darauf achten, dass die Schaltfläche MAGNETISCHE AUSRICHTUNG aktiviert ist, damit die Objekte von den Hilfslinien angezogen werden.

Abb. 2.38: Achten Sie auf die Einrastfunktion der Schaltfläche MAGNETISCHE AUSRICHTUNG.

Raster

Zusätzlich können Sie für die Gestaltung Ihrer Seiten *Raster* einsetzen, die Ihnen bei der präzisen Strukturierung und Ausrichtung der Objekte Ihrer Zeichnung sehr behilflich sein können.

Die Raster sind nicht standardmäßig sichtbar. Sie können sie über die Menüfolge ANSICHT / RASTER EINBLENDEN oder der Tastenkombination ⌈Strg⌋ + ⌈.⌋ einfügen.

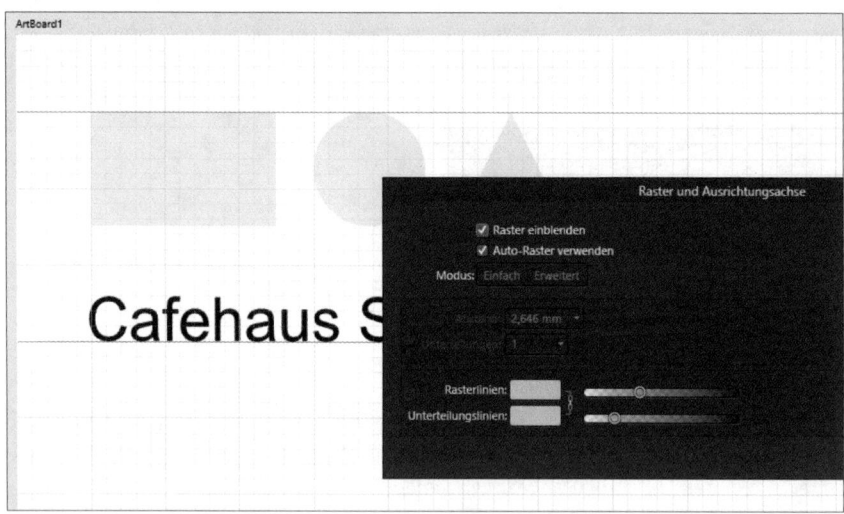

Abb. 2.39: Das Raster wurde eingeblendet.

Das Raster selbst können Sie nach Ihren Vorstellungen gestalten und beispielsweise die Sichtbarkeit der Rasterlinien oder Unterteilungsgitter einstellen. Dazu öffnen Sie das entsprechende Panel über die Menüfolge ANSICHT / RASTER UND ACHSEN KONFIGURIEREN und nehmen dort die gewünschten Einstellungen vor.

Standardmäßig werden die Objekte nicht von dem Raster angezogen. Um das zu ändern, rufen Sie die Menüfolge ANSICHT / MAGNETISCHE AUSRICHTUNG KONFIGURIEREN auf und aktivieren im folgenden Dialogfenster das Kontrollkästchen AM RASTER AUSRICHTEN.

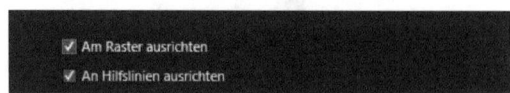

Abb. 2.40: Das Raster magnetisch machen

> **Tipp**
>
> An die Einstellungen gelangen Sie auch, wenn Sie auf den Listenpfeil der Schalt-
> fläche MAGNETISCHE AUSRICHTUNG klicken.

Protokoll

Wenn Sie komplexere Aufgaben durchführen, werden Sie die Vorzüge des Panels PRO-
TOKOLL bald zu schätzen wissen. Während der Bearbeitung eines Bildes werden nämlich
sämtliche Schritte in diesem Bedienfeld protokolliert. Dadurch können Sie jederzeit
zu einem bestimmten Schritt oder zu einem beliebigen Zustand zurückkehren. Zudem
lassen sich so genannte Schnappschüsse anfertigen, die es Ihnen ermöglichen, bestimmte Schrittfolgen aufzuzeichnen.

Wenn Sie das Register PROTOKOLL im Studio einmal aktivieren, werden Sie sehen, dass
hier alle bis zum Aufruf vorgenommenen Schritte festgehalten wurden.

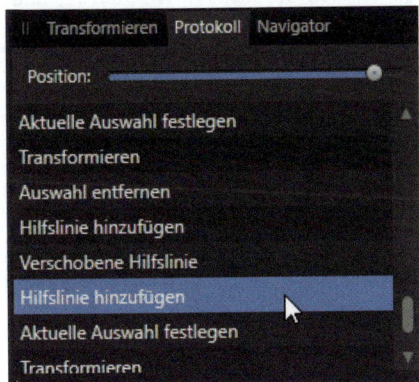

Abb. 2.41: Das Protokoll

Möchten Sie zu einem bestimmten Schritt zurückkehren, beispielsweise dem Hinzufügen einer Hilfslinie, müssen Sie lediglich auf den betreffenden Eintrag klicken. Bei
vielen Schritten ist es hilfreich, dass Sie den Schieberegler POSITION nach links ziehen,
um sich zum Anfang, oder nach rechts, um sich zum Ende zu bewegen.

Tipp

Rasch können Sie die Schritte aber auch mithilfe von Tastenkombinationen durchführen. Dabei bringt Sie das Betätigen von Strg + Z an den Anfang zurück, während Strg + Y Sie in die andere Richtung befördert. Die Anzahl der Schritte, die Sie rückgängig machen können, ist begrenzt. Standardmäßig werden allerdings die letzten 1024 Schritte im Protokoll gespeichert. Wird diese Grenze überschritten, werden die ältesten Schritte gelöscht. Diese Anzahl können Sie über das Dialogfenster EINSTELLUNGEN ändern. Rufen Sie es über BE-ARBEITEN / VOREINSTELLUNGEN / PERFORMANCE auf. Hier können Sie über den Regler RÜCKGÄNGIG-LIMIT die Anzahl der gewünschten Schritte verringern oder erhöhen. Da allerdings jeder Protokollschritt zusätzlichen Arbeitsspeicher belegt, sollten die Angaben entsprechend Ihren Ressourcen gemacht werden.

Snapshots

Wie von anderen Programmen her gewohnt, können Sie auch in Affinity Designer Arbeitsschritte zurücknehmen. Dazu stehen Ihnen die Befehle RÜCKGÄNGIG bzw. WIE-DERHERSTELLEN im BEARBEITEN-Menü zur Verfügung. Und natürlich funktionieren auch die klassischen Tastenkombination Strg + Z und Strg + Y für diese Fälle.

Möchten Sie bestimmte Arbeitsschritte während einer gesamten Arbeitssitzung erhalten, bieten sich die so genannten *Snapshots*, also Schnappschüsse, an. Diese werden von den folgenden Bearbeitungsschritten nicht überschrieben und stehen jederzeit zur Verfügung. Wenn Sie die Bilddatei schließen, werden sowohl die Protokolleinträge als auch die Schnappschüsse gelöscht.

Einen Schnappschuss erstellen Sie ganz einfach im SNAPSHOTS-Panel, das Sie durch Anwahl der Menüfolge ANSICHT / STUDIO auf den Schirm bringen.

Um einen Bearbeitungsschritt zu einem bestimmten Zeitpunkt zu dokumentieren, klicken Sie einfach auf die Schaltfläche SNAPSHOT HINZUFÜGEN.

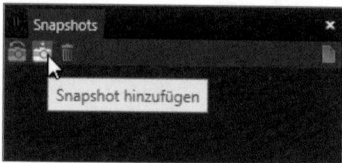

Abb. 2.42: Das Panel SNAPSHOTS

Sie erhalten das Dialogfenster DOKUMENT-SNAPSHOT HINZUFÜGEN, in dem Sie eine Bezeichnung im Feld NAME für den Snapshot eingegeben können. Alternativ können Sie auch die Vorgabe behalten, die das genaue Datum dokumentiert.

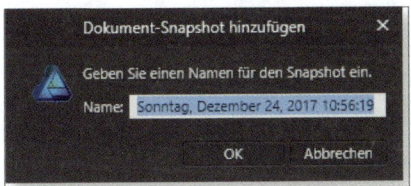

Abb. 2.43: Einen Schnappschuss erstellen

In beiden Fällen bestätigen Sie mit OK.

Dadurch wird der Eintrag im Panel aufgelistet und beim Speichern in eine Affinity-Datei zudem gesichert. Falls nun beispielsweise im Folgenden etwas schiefgeht und Sie zu dem gesicherten Stand zurückkehren möchten, klicken Sie einfach auf die Schaltfläche SNAPSHOT WIEDERHERSTELLEN.

Abb. 2.44: Einen Zustand wiederherstellen

Alternativ können Sie aber auch ein neues Dokument aus einem Schnappschuss erstellen. Dazu müssen Sie lediglich auf die am rechten Rand befindliche Schaltfläche NEUES DOKUMENT AUS SNAPSHOT ERSTELLEN klicken.

Das Löschen eines Schnappschusses ist – wie so oft in der EDV – recht einfach. Markieren Sie den entsprechenden Eintrag im Bedienfeld und klicken Sie auf das Symbol SNAPSHOT LÖSCHEN. Der Eintrag wird ohne weitere Rückfrage aus dem Protokoll entfernt und kann auch nicht mehr hergestellt werden.

2.6 Grafikdateien speichern

Nachdem Sie Ihre Arbeiten an einer Zeichnung abgeschlossen haben, sollten Sie diese speichern. Klicken Sie dazu wie bei anderen Programmen gewohnt auf das Menü DATEI.

Tipp

Eine noch nicht gespeicherte Zeichnung erkennen Sie übrigens an der Bezeichnung Unbenannt, die sich in spitzen Klammern in der Titelleiste des Programmfensters befindet. So haben Sie die Kontrolle, ob Ihre Grafikdatei schon gesichert ist.

Wählen Sie nun den Befehl SPEICHERN UNTER, öffnet sich das Dialogfenster SPEICHERN UNTER. Wählen Sie den gewünschten Speicherort aus und geben Sie anschließend in dem Feld DATEINAME den Namen der Publikation ein. Die Angabe einer Dateiendung ist nicht nötig, da das Programm diese (*.afdesign) automatisch anhängt.

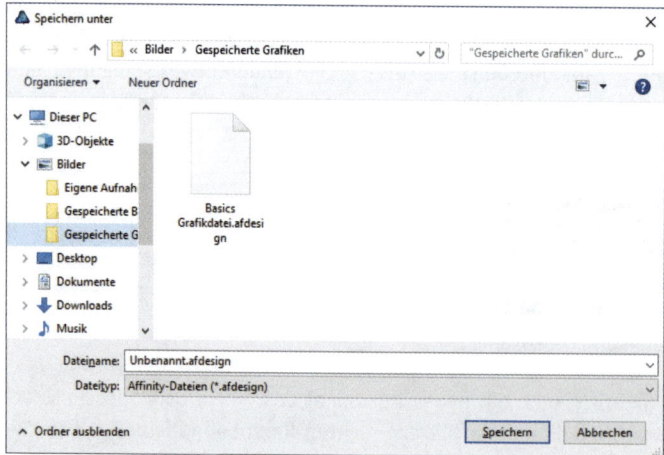

Abb. 2.45: Der Dialog zum Speichern

Diese Endung zeigt Ihnen, dass Sie eine Arbeitsdatei von Affinity Designer erstellt haben.

Tipp

Sollten Sie unter Windows 10 keine Endung sehen, dann aktivieren Sie im *Explorer* auf der Registerkarte ANSICHT in der Gruppe EIN-/AUSBLENDEN das Kontrollkästchen DATEINAMENERWEITERUNGEN. Arbeiten Sie mit macOS, dann rufen Sie im Finder die Einstellungen auf, was am schnellsten mit [Apfel] + [.] geschieht. Dort aktivieren Sie das Kontrollkästchen ALLE DATEINAMENSUFFIXE EINBLENDEN.

Wenn Sie eine Publikation einmal abgespeichert haben, das Programm also den Speicherort »kennt«, dann genügt es, weitere Bearbeitungsschritte einfach mit dem Befehl Datei / Speichern zu sichern. Sie erhalten dann kein Dialogfenster mehr, sondern die Veränderungen werden sofort übernommen.

Tipp

In der Praxis können Sie das sehr rasch über die Tastenkombination ⌜Strg⌟ + ⌜S⌟ erledigen.

2.7 Grafikdateien exportieren

Wenn Sie Ihre Grafiken in ein anderes Dateiformat übertragen wollen, dann benötigen Sie die Funktion Exportieren. Rufen Sie in diesem Fall die Menüfolge Datei / Exportieren auf bzw. wählen Sie die Tastenkombination ⌜Strg⌟ + ⌜Alt⌟ + ⌜⇧⌟ + ⌜S⌟.

Sie erhalten das Dialogfenster Exporteinstellungen, in dem Sie das gewünschte Format auswählen und weitere Einstellungen treffen können.

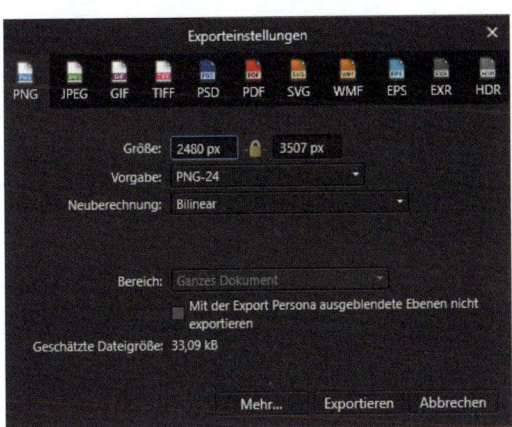

Abb. 2.46: Das Fenster für die Exporteinstellungen

Zunächst müssen Sie sich für das Format entscheiden, wobei Ihnen Affinity Designer folgende zur Auswahl stellt:

- PNG (*portable network graphics*): Ist das meistverwendete lizenz- und verlustfreie Grafikformat im Internet, welches die Vorteile von GIF und JPG vereint.

- JPG (*joint photographics experts group*): Ein gängiges Format mit einer fotorealistische Komprimierung, welches beispielsweise für Fotos geeignet ist und deshalb von vielen Digitalkameras verwendet wird.

- GIF (*graphics interchange format*): Ein Format, das nur maximal 256 Farben abspeichern kann und deshalb für Grafiken geeignet ist.

- TIFF (*tagged image file format*): Dieses Format erlaubt einen Austausch auf allen Computerplattformen.

- PSD (*photoshop document*): Hierbei handelt es sich um die Arbeitsdatei von Adobe Photoshop, bei der jeder Bildpunkt unkomprimiert gesichert wird.

- PDF (*portable document format*): Das Format, wenn es um den unkomplizierten Austausch von Informationen geht. Um diese Dateien zu betrachten, benötigt man lediglich den kostenlosen Adobe Reader.

- SVG (*scalable vector graphics*): Hierbei handelt es sich um eine skalierbare Vektorgrafik, deren Sprachumfang praktisch alle relevanten Webbrowser darstellen können. Zudem sind Inhalte von SVG-Dateien für computerunterstützte Übersetzung und andere Weiterverarbeitungen leicht zugänglich, da es sich um ein XML-basiertes Dateiformat handelt.

- WMF (*windows metafile*): Bei diesem Format handelt es sich um ein proprietäres Meta-Files-Grafikformat der Firma Microsoft. Es wurde für den Austausch von Grafiken über verschiedene Programme hinweg entwickelt und findet unter anderem in der Windows-Zwischenablage Verwendung.

- EPS (*encapsulated postscript*): Format in der Seitenbeschreibungssprache PostScript, die besondere Anforderungen erfüllt, um das Einbinden in ein Dokument zu ermöglichen. Sie beschreibt im Gegensatz zu allgemeinem PostScript immer nur eine Seite, ist verlustfrei und enthält Objekt-, Rastergrafik- und Separationsdaten.

- EXR: Offenes Format von der Firma Industrial Light & Magic (ILM), welches unter einer Open-Source-Lizenz herausgegeben wird, das eine hohe Farbtiefe unterstützt und unkomprimiert ist.

- HDR (*high dynamic range*): Rastergrafikformat, das im Regelfall von professionellen Kameras verwendet wird und große Helligkeitsunterschiede detailreich wiedergibt. Es ist unkomprimiert und speichert alle Daten des Sensors ab.

Nachdem Sie das gewünschte Format ausgewählt haben, können Sie weitere spezifische Einstellungen, wie etwa *Qualität* (etwa beim Format .jpg), *Farbtiefe* (beim

Format .tif) oder Kompatibilität (beim Format .psd) einstellen und nach Anklicken der Schaltfläche MEHR diese Besonderheiten des jeweiligen Formats berücksichtigen.

Nach Klick auf die Schaltfläche EXPORTIEREN öffnet sich das Dialogfenster SPEICHERN UN-TER, in dem Sie einen entsprechenden Namen vergeben und zum Abschluss dann auf die Schaltfläche SPEICHERN klicken.

2.8 Grafikdateien schließen

Um eine geöffnete Bilddatei zu schließen, wählen Sie über das Menü DATEI den Ein-trag SCHLIESSEN oder klicken auf das SCHLIESSEN-Feld der BILD-Registerkarte.

Abb. 2.47: Eine Bilddatei schließen

> **Tipp**
>
> Rasch können Sie das Dokument durch Verwenden der Tastenkombination Strg + W schließen.

Im Regelfall wird das Dokument sofort geschlossen und Sie befinden sich in der Arbeitsumgebung von Affinity Designer wieder. Sollten Sie in der Zwischenzeit Ver-änderungen vorgenommen haben, so macht Sie das Programm darauf aufmerksam. Entscheiden Sie dann durch Anklicken der entsprechenden Schaltflächen, ob Sie die Veränderungen annehmen oder verwerfen möchten.

2.9 Druckausgabe

Wenn sich die Frage nach dem Ausdruck Ihrer Grafiken stellt, kommen zwei grundle-gende Wege in Betracht: der Ausdruck auf dem eigenen Drucker oder in einer profes-sionellen Druckerei.

Aufgrund der mittlerweile technisch sehr fortgeschrittenen Druckertechnologie ist es üblich, dass man seine Grafiken »zu Hause« ausdruckt, zumal die benötigte Ausstattung recht preiswert zu bekommen ist und die Qualität inzwischen selbst gestandene Profis überzeugt.

Möchten Sie gleich die Bilder mit den aktuellen Druckoptionen ausdrucken, brauchen Sie lediglich die Menüreihenfolge DATEI / DRUCKEN aufzurufen bzw. die Tastenkombination [Strg] + [P] auszuführen. Sie erhalten das Dialogfenster DRUCKEN, in dem Sie die Druckausgabe näher definieren können.

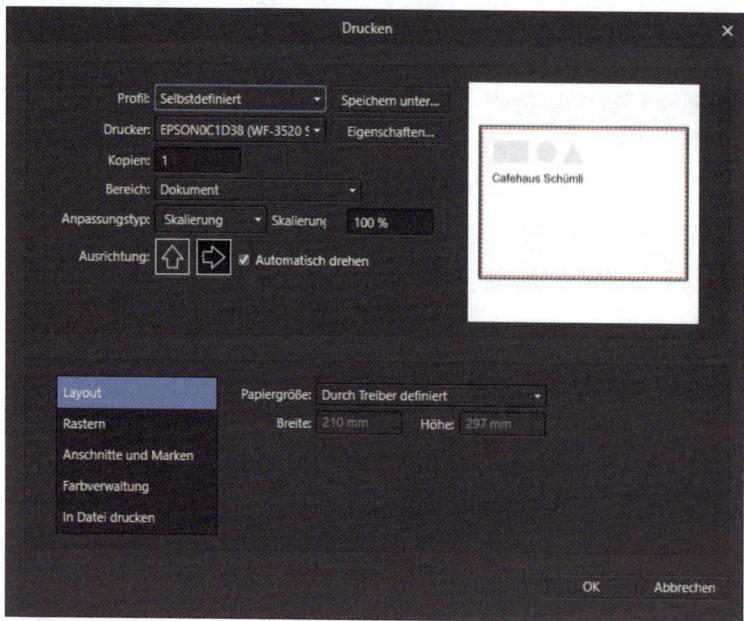

Abb. 2.48: Das Dialogfenster DRUCKEN

Im Regelfall werden Sie zum Drucken von Bildern zunächst die allgemeinen Druckoptionen festlegen und dann die speziellen Einstellungen wählen.

Über das Listenfeld PROFIL können Sie ein solches auswählen, wenn Sie denn schon einmal eines mithilfe der Schaltfläche SPEICHERN UNTER erstellt haben. Falls nicht, nehmen Sie zunächst die weiteren Einstellungen vor, und wenn Sie vorhaben, diese Art des Druckens weitere Male zu verwenden, dann empfiehlt sich die Anlage eines Profils, damit Sie nicht bei jedem Druck die Einstellungen erneut vornehmen müssen.

Im Listenfeld DRUCKER wählen Sie den gewünschten installierten Drucker aus. Verfügen Sie lediglich über einen einzigen Drucker, dann brauchen Sie hier natürlich nichts auszuwählen und tragen anschließend im Feld KOPIEN die gewünschte Stückzahl ein. Im Feld BEREICH entscheiden Sie sich für das gesamte DOKUMENT oder die getroffene AUSWAHL und wählen dann den gewünschten ANPASSUNGSTYP aus. Entscheiden Sie sich für SKALIERUNG, die Angaben in diesem Bereich können Sie in Prozent vornehmen. Tragen Sie noch in das gleichnamige Feld die gewünschte Größe ein und treffen Sie zum Schluss noch die Wahl über die AUSRICHTUNG.

Über die fünf Schaltflächen im unteren Bereich des Dialogfensters können Sie weitere Einstellungen vornehmen.

Im Bereich LAYOUT nehmen Sie die Einstellungen für die PAPIERGRÖSSE vor. Die erforderliche Rastergröße tagen Sie im Bereich RASTERN in das Feld RASTERAUFLÖSUNG ein. Im Bereich ANSCHNITTE UND MARKEN legen Sie beispielsweise die Schnittmarken fest, die der Druckerei zeigen, wo sie das Papier schneiden muss, und die Passermarken, die die Punkte markieren, an denen die vier Druckplatten für die Farben Cyan, Magenta, Yellow und Karbon (Schwarz) übereinander liegen müssen, damit sich auf dem bedruckten Papier alle Farben da befinden, wo sie hingehören. Finflussnahme auf die FARBVERARBEITUNG nehmen Sie in dem Bereich FARBVERWALTUNG vor. Und schließlich können Sie das Bild auch noch in eine Datei drucken, wenn im Moment kein geeigneter Drucker zur Verfügung steht.

Klicken Sie abschließend auf SPEICHERN UNTER, um die Druckoptionen für das Bild zu speichern, oder klicken Sie auf OK, um das Bild direkt auf den Drucker auszugeben.

Kapitel 3

Kreatives Gestalten: Grafikobjekte

Mit dem Affinity Designer erstellen Sie Vektorgrafiken, die im Prinzip aus Linien, Rechtecken, Kreisen und sonstigen Formen bestehen. Solche Grafiken wirken sehr anziehend auf das Auge. Blättern Sie einmal in einer Zeitschrift oder in einem Buch und beobachten Sie, worauf Ihre Augen zuerst gelenkt werden. Vermutlich werden es die Grafiken oder Bilder (gemeinhin als Fotos bezeichnet) sein. Dementsprechend hat ein Grafiker oder Illustrator eine Aufgabe. Er zeichnet, malt und fertigt die Drucke an, die ein Buch oder eine andere Publikation bebildern (bzw. illustrieren) sollen.

3.1   Erstellen von Grafikobjekten

In diesem Abschnitt werden Sie erfahren, wie Sie eigene Grafiken nach Ihren individuellen Bedürfnissen erstellen können.

Der Designer bietet Ihnen dabei folgende Möglichkeiten, Grafiken in Ihre Publikation einzufügen:

- Sie erstellen mithilfe der Werkzeuge eigene Grafikobjekte.
- Sie positionieren fertige Grafiken oder Bilder über die dafür vorgesehene Funktion POSITIONIEREN.

Wie Sie sehen, verfügt das Programm über eine Reihe an Werkzeugen, mit denen Sie selbst grafische Objekte zeichnen können.

Zeichenwerkzeuge

Mithilfe der Zeichenwerkzeuge können Sie schnell einfache Objekte wie Rechtecke, Ellipsen oder Linien zeichnen. Die Funktionsweise der einzelnen Werkzeuge ist fast identisch. Im Folgenden werden Sie die wichtigsten Schritte anhand des Werkzeugs RECHTECK erlernen.

Zunächst müssen Sie das gewünschte Werkzeug aktivieren, indem Sie es anklicken.

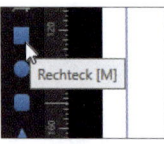

Abb. 3.1: Das Werkzeug auswählen

Hinweis

An die weiteren Werkzeuge gelangen Sie erst, nachdem Sie auf den Flyout-Pfeil des Werkzeugs RECHTECK geklickt haben.

Objekte frei erstellen

Um ein Rechteck zu zeichnen, bewegen Sie zunächst das aktivierte Werkzeug RECHTECK an die gewünschte Position in Ihrem Dokument. Dann drücken Sie die linke Maustaste und entfernen sich bei gedrückter Maustaste diagonal von dem Anfangspunkt. Dadurch wird ein Rechteck gezeichnet, das umso größer wird, je weiter Sie die Maus vom Ausgangspunkt bewegen.

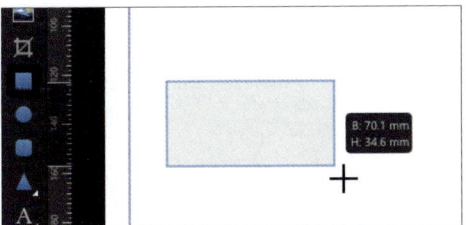

Abb. 3.2: Arbeiten mit dem Werkzeug RECHTECK

Sobald das Rechteck die gewünschte Größe hat, lassen Sie die Maustaste los und das Objekt ist gezeichnet.

Tipp

Möchten Sie statt eines Rechtecks ein Quadrat zeichnen, müssen Sie beim Aufziehen die ⬠-Taste gedrückt halten. Weitere hilfreiche Tastenkombinationen finden Sie übrigens in der Statusleiste am unteren Bildschirmrand. Dort finden Sie auch den Hinweis, dass Sie durch Betätigen der Strg-Taste das Objekt von seinem Mittelpunkt aus aufziehen.

Objekte werden innerhalb vom Designer durch einen *Begrenzungsrahmen* mit runden Anfassern umgeben, der erst sichtbar wird, wenn Sie nach dem Erstellen des Objektes die Maustaste loslassen oder das betreffende Objekt mit dem Werkzeug VERSCHIEBEN markieren.

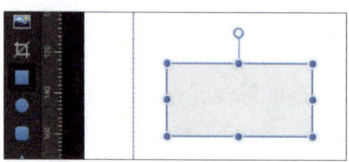

Abb. 3.3: Der Begrenzungsrahmen

Objekte markieren

Um ein Objekt bearbeiten zu können, müssen Sie es zuvor markieren. Die zu wählende Vorgehensweise hängt dabei von der zu lösenden Aufgabe ab.

Möchten Sie ein einzelnes Objekt mit der Maus markieren, dann bewegen Sie den Cursor auf das Objekt und klicken Sie es einfach mit dem Werkzeug VERSCHIEBEN an.

Wenn Sie mehrere Objekte auf einmal markieren möchten, klicken Sie auf das erste Objekt. Halten Sie dann die ⇧-Taste gedrückt, während Sie nacheinander auf die Linien der betreffenden Objekte klicken. Ein erneutes Anklicken nimmt das (markierte) Objekt wieder aus der Markierung heraus.

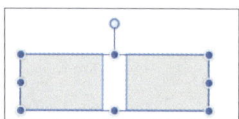

Abb. 3.4: Zwei mit gedrückter ⇧-Taste markierte Objekte

Möchten Sie alle aneinander angrenzenden Objekte in einem bestimmten Bereich markieren, so lässt sich das am besten durch einen Markierungsrahmen erreichen. Zeigen Sie dazu mit dem Werkzeug VERSCHIEBEN auf einen leeren Bildschirmbereich außerhalb der Objekte. Klicken Sie einmal, halten Sie dann die Maustaste gedrückt und ziehen Sie einen Rahmen um die Objekte.

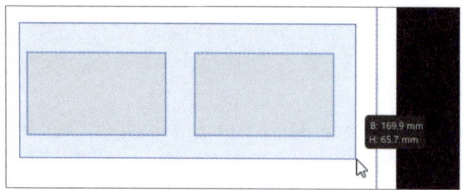

Abb. 3.5: Einen Auswahlrahmen um zwei Objekte ziehen

Sobald Sie die Maustaste loslassen, verschwindet der Rahmen und alle Objekte, die Sie so eingefangen haben, sind markiert.

Möchten Sie alle Objekte einer Zeichnung markieren, dann betätigen Sie die Tastenkombination ⌷Strg⌷ + ⌷A⌷ oder rufen die Menüfolge AUSWÄHLEN / ALLES MARKIEREN auf.

Etwas schwieriger ist es, wenn sich Objekte auf einem anderen Objekt, beispielsweise einem Hintergrundobjekt, befinden und dieses nicht mitmarkiert werden soll. In diesem Fall müssen Sie zuerst die ⌷Alt⌷-Taste drücken, bevor Sie einen Auswahlrahmen um die restlichen Objekte ziehen.

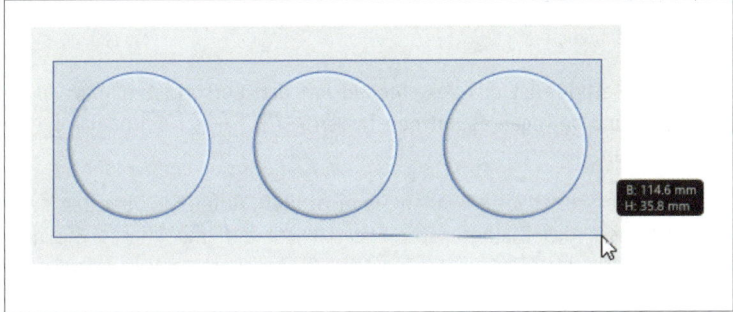

Abb. 3.6: Einen Auswahlrahmen erstellen, ohne den Hintergrund zu markieren

Objekte verschieben

Für das *Verschieben* von Objekten stehen Ihnen verschiedene Methoden zur Verfügung.

Wenn Sie die Maus bevorzugen, wählen Sie hierzu mit dem Werkzeug VERSCHIEBEN das Objekt aus und ziehen Sie es mit gedrückter Maustaste an eine neue Position.

Tipp

Wenn Sie beim Ziehen die ⌷⇧⌷-Taste gedrückt halten, können Sie das Objekt exakt waagerecht oder senkrecht verschieben.

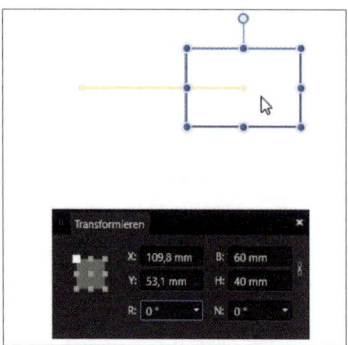

Abb. 3.7: Ein Objekt verschieben

Eine sehr praktische Methode ist das Verschieben mit den Cursortasten. Dazu markieren Sie das Objekt und bewegen es mit den Tasten ⟶, ⟵, ↑ oder ↓ an die gewünschte Position.

Die dabei zurückgelegte Schrittweite können Sie einstellen. Rufen Sie über das Menü Bearbeiten / Einstellungen das Dialogfenster Einstellungen auf und klicken Sie dort auf die Schaltfläche Werkzeuge. Tragen Sie im Feld Schrittweite für Verschiebung die gewünschte Weite ein, um die Auswahl durch einmaliges Drücken einer Pfeiltaste verschoben werden soll.

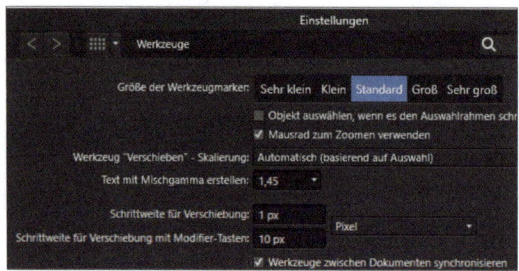

Abb. 3.8: Die Schrittweite einstellen

Tipp

Wenn Sie die ⟨⇧⟩-Taste drücken, während Sie eine Auswahl verschieben, erhöht sich der Abstand um das Zehnfache des hier eingegebenen Wertes.

Bestätigen Sie anschließend Ihre Wahl mit einem Klick auf Schliessen.

Objekte vervielfältigen

Wenn Sie ein bestimmtes Objekt mehrmals benötigen, können Sie es kopieren und wieder einfügen.

Kopieren auf die Schnelle

Bei Kopieren von Objekten können Sie wie gewohnt vorgehen. Wählen Sie den Menübefehl BEARBEITEN / AUSSCHNEIDEN oder BEARBEITEN / KOPIEREN bzw. die Tastenkombinationen Strg + X oder Strg + C. Damit werden die Objekte in die Zwischenablage kopiert und können von dort beliebig oft in dasselbe oder in ein anderes Dokument eingefügt werden. Wenn Sie die Objekte wieder einfügen wollen, klicken Sie mit der Maus an die entsprechende Stelle und wählen den Befehl EINFÜGEN aus dem BEARBEITEN-Menü aus bzw. betätigen die Tastenkombination Strg + V.

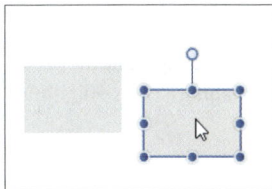

Abb. 3.9: Aus eins mach zwei

Standardmäßig werden dabei die Kopien bündig aufeinander eingefügt. Nicht immer ist das wünschenswert. Zeigen Sie einfach mit dem Werkzeug VERSCHIEBEN auf das Objekt und ziehen Sie die Kopie mit gedrückter Maustaste weg.

Tipp

Schnell kann man auch über die Menüfolge BEARBEITEN / DUPLIZIEREN bzw. die Tastenkombination Strg + J eine Kopie des markierten Objekts einfügen.

Praktische Kopieraktionen

Wenn Sie ein Objekt kopiert und wieder eingefügt haben, wird es bündig platziert. Nehmen Sie anschließend das Werkzeug VERSCHIEBEN und ziehen das Objekt nach rechts weg, sehen Sie rote Hilfslinien, die Ihnen zeigen, dass die Objekte noch bündig sind.

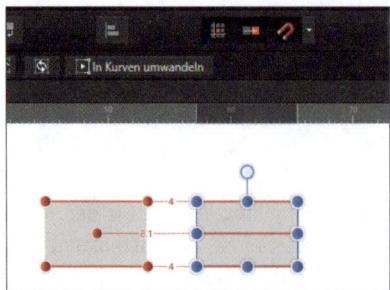

Abb. 3.10: Aus eins mach zwei, die Zweite

Diese Linien erscheinen allerdings nur, wenn Sie im Kontextmenü die Schaltfläche MAGNETISCHE AUSRICHTUNG aktiviert haben.

Bei mehreren Objekten ist es allerdings ein bisschen langwierig, so den gleichen Abstand zu erzielen. Da hilft Ihnen das Duplizieren weiter. Auch hier wird das zweite Objekt zunächst bündig durch Betätigen von ⌈Strg⌉ + ⌈J⌉ eingefügt. Und wenn Sie es horizontal oder vertikal wegziehen, werden Ihnen die magnetischen Hilfslinien angezeigt und Sie legen einen Abstand fest.

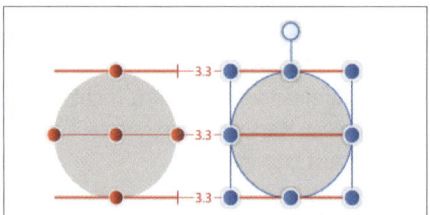

Abb. 3.11: Aus eins mach zwei (mit Abstand)

Wenn Sie jetzt allerdings abermals die Tastenkombination ⌈Strg⌉ + ⌈J⌉ ausführen, wird mit jeder Betätigung ein weiteres Objekt mit genau diesem Abstand eingefügt.

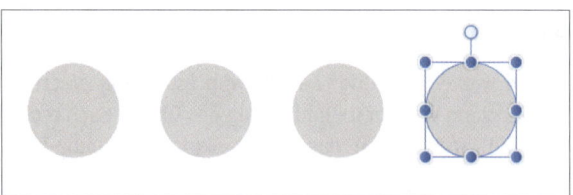

Abb. 3.12: Hier wurden zwei weitere Objekte mit gleichem Abstand eingefügt.

Objekte transformieren

Möchten Sie die Größe des Objekts gleich bestimmen, dann benötigen Sie das Panel TRANSFORMIEREN.

Abb. 3.13: Für exakte Größen verwendet man das Panel TRANSFORMIEREN.

Als *Transformationen* gelten neben der Größenänderung das Verschieben, Skalieren, Drehen, Verbiegen (Schrägstellen) und Spiegeln eines Objekts.

Alle Transformationen werden mit Bezug auf einen festgelegten Punkt auf dem Objekt oder in dessen Nähe, den so genannten *Ursprung*, durchgeführt. Diesen legen Sie in der Palette TRANSFORMIEREN fest.

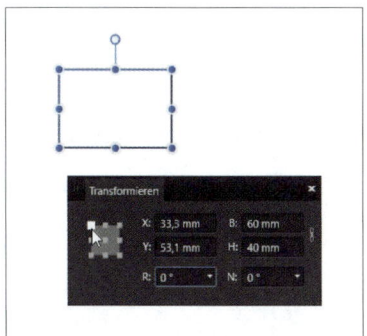

Abb. 3.14: Den Ursprung festlegen

Skalieren

Möchten Sie ein Objekt nachträglich skalieren, dann kommt wieder das Werkzeug VERSCHIEBEN zum Einsatz.

Durch das *Skalieren* wird ein Objekt horizontal (entlang der X-Achse), vertikal (entlang der Y-Achse) oder sowohl horizontal als auch vertikal relativ zu dem festgelegten Ursprung vergrößert oder verkleinert.

Platzieren Sie bei aktiviertem Werkzeug Verschieben den Mauszeiger auf einen der Eckanfasser. Ziehen Sie nun nach außen, um es zu vergrößern, und nach innen, um es zu verkleinern.

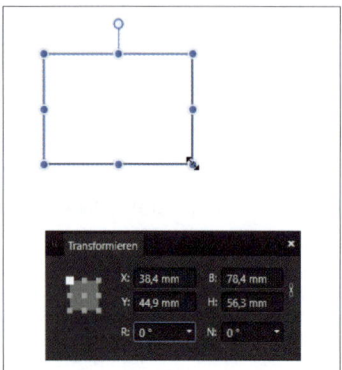

Abb. 3.15: Objekte skalieren mit dem Skalieren-Werkzeug

Halten Sie die ⬆-Taste gedrückt, wenn Sie das Objekt proportional skalieren möchten.

Möchten Sie das Objekt vom Mittelpunkt aus skalieren, halten Sie die Taste Strg gedrückt, während Sie an dem Griffpunkt ziehen.

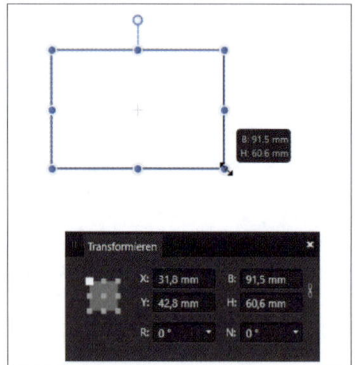

Abb. 3.16: Ein Objekt vom Mittelpunkt her skalieren

Alternativ können Sie ein Objekt auch über das Panel Transformieren skalieren. Dazu geben Sie die gewünschten Werte für die Optionen X, Y bzw. Breite (B) oder Höhe (H) ein und drücken abschließend die ⏎-Taste.

Tipp

Sehr effektvoll können Sie mit dem Panel Transformieren skalieren. Möchten Sie beispielsweise ein Objekt in der Breite um die Hälfte verkleinern, dann geben Sie in das Feld *B* ein: -=50%. Möchten Sie das Objekt um 10% verbreitern, dann tragen Sie dort ein: +=10%.

Auch beim Skalieren können Sie die Funktion Duplizieren effektvoll einsetzen. Nachdem Sie das erste Objekt dupliziert haben, skalieren Sie es ein wenig nach innen.

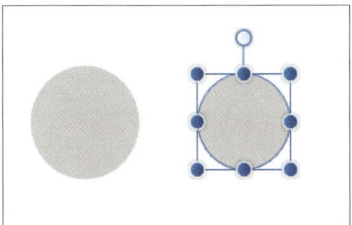

Abb. 3.17: Ein dupliziertes Objekt skalieren

Wenn Sie anschließend erneut die Tastenkombination für das Duplizieren (Strg + J) aufrufen, werden die Duplikate mit dem gleichen Abstand und der entsprechenden Skalierung eingefügt.

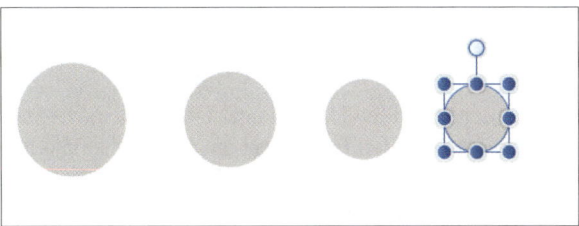

Abb. 3.18: Zwei weitere duplizierte und skalierte Objekte wurden eingefügt.

Drehen

Selbstverständlich können Sie ausgewählte Objekte um einen von Ihnen festgelegten Ursprung *drehen*. Beim Drehen kommt der runde ungefüllte Anfasser zum Einsatz.

Um ein Objekt stufenlos mit der Maus zu drehen, markieren Sie es zunächst. Dann platzieren Sie den Zeiger des Werkzeugs Verschieben außerhalb einer der Eckpunkte. Wenn er die Form eines gebogenen Doppelpfeils annimmt, beginnen Sie, mit der Maus in die gewünschte Richtung zu ziehen.

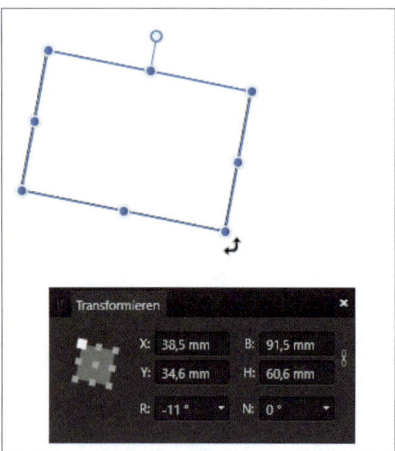

Abb. 3.19: Drehen eines Objekts

Das Ganze funktioniert so, als würden Sie einen Hebel betätigen und damit das Objekt drehen. Wenn Sie die gewünschte Position erreicht haben, lassen Sie die Maustaste los.

Um die Drehung auf das Vielfache von 15° zu beschränken, halten Sie beim Ziehen die ⬦-Taste gedrückt.

Wenn Sie eine exakte Drehung wünschen, sollten Sie das Panel Transformieren verwenden. Tragen Sie in das Feld R den gewünschten Drehwinkel ein bzw. ziehen Sie den Regler des Feldes in die entsprechende Richtung. Oder Sie geben direkt den Wert in das Feld ein und bestätigen mit der ↵-Taste die Eingabe.

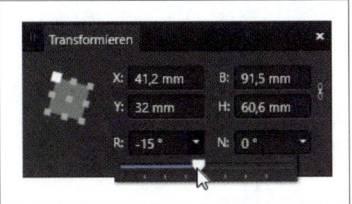

Abb. 3.20: Drehen über das Transformieren-Bedienfeld

Wenn Sie einen positiven Winkel eingeben, wird das ausgewählte Objekt gegen den Uhrzeigersinn gedreht. Geben Sie stattdessen einen negativen Winkel ein, wird das ausgewählte Objekt im Uhrzeigersinn gedreht.

Standardmäßig wird dabei das Objekt um seinen Mittelpunkt gedreht. Möchten Sie das ändern, aktivieren Sie die Schaltfläche Rotationsmittelpunkt anzeigen. Nun können Sie diesen mit der Maus an die gewünschte Stelle verschieben. Beim nächsten Drehen wird das Objekt um diese Stelle gedreht.

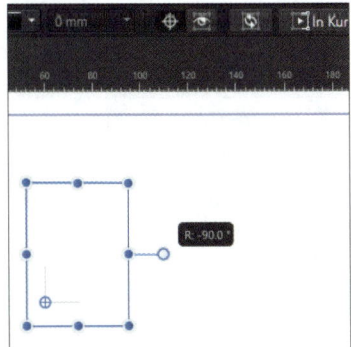

Abb. 3.21: Den Rotationspunkt verschieben

Möchten Sie den Rotationspunkt wieder an seine ursprüngliche Stelle verschieben, bewegen Sie ihn solange in Richtung Mitte, bis Ihnen der genaue Mittelpunkt durch eine grüne und rote Hilfslinie angezeigt wird.

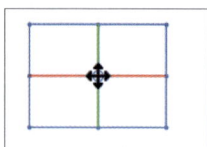

Abb. 3.22: Den Rotationspunkt zurücksetzen

Möchten Sie ein Objekt exakt drehen, tragen Sie den entsprechenden Wert in das Feld R (Rotation) des Panels TRANSFORMIEREN ein.

Auch die eben gezeigte Technik können Sie für schöne Effekte einsetzen. Nachdem Sie wieder das Duplikat erstellt, zur Seite gezogen und etwas kleiner skaliert haben, ändern Sie ein wenig den Drehwinkel.

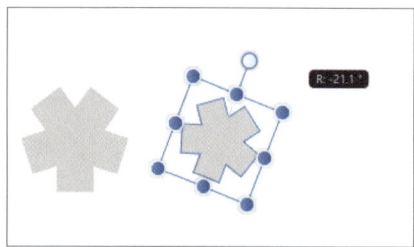

Abb. 3.23: Den Drehwinkel ändern

Wenn Sie nun wieder die Duplikationsfunktion ausführen, werden die neuen Objekte gemäß den jeweiligen Vorgaben dupliziert, skaliert und gedreht.

Abb. 3.24: Auch hier wurden zwei weitere Objekte einfach dupliziert.

Workshop: Blume, Teil 1

Recht interessante Objekte kann man erstellen, wenn man den Mittelpunkt verschiebt. Auf diese Art und Weise lässt sich beispielsweise rasch eine kleine Blume erstellen.

Nachdem Sie eine Ellipse erstellt haben, aktivieren Sie den Rotationspunkt und ziehen ihn ein bisschen von der Ellipse weg.

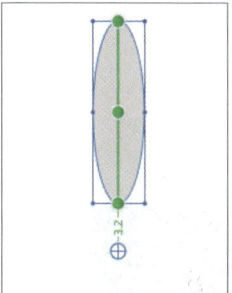

Abb. 3.25: Die Ausgangslage

Duplizieren Sie dieses Objekt (am besten mit ⌃Strg + J) und drehen Sie das Duplikat um 30°. Tragen Sie den Wert (im Beispiel -30° für einen Rechtsdreh) in das Feld *R* ein und bestätigen Sie mit ↵ .

> **Tipp**
>
> Alternativ können Sie auch auf den Drehpunkt zeigen und mit gedrückter ⇧ -Taste zweimal (einmal bewirkt eine Drehung um 15°) nach links ziehen.

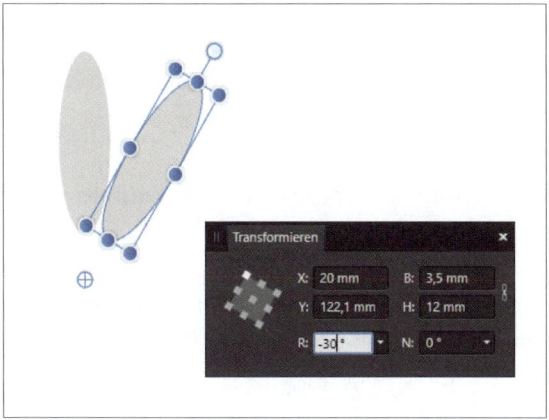

Abb. 3.26: Das Duplikat drehen

Zum Schluss müssen Sie nur noch den Vorgang des Duplizierens solange wiederholen, bis die Blume fertig ist.

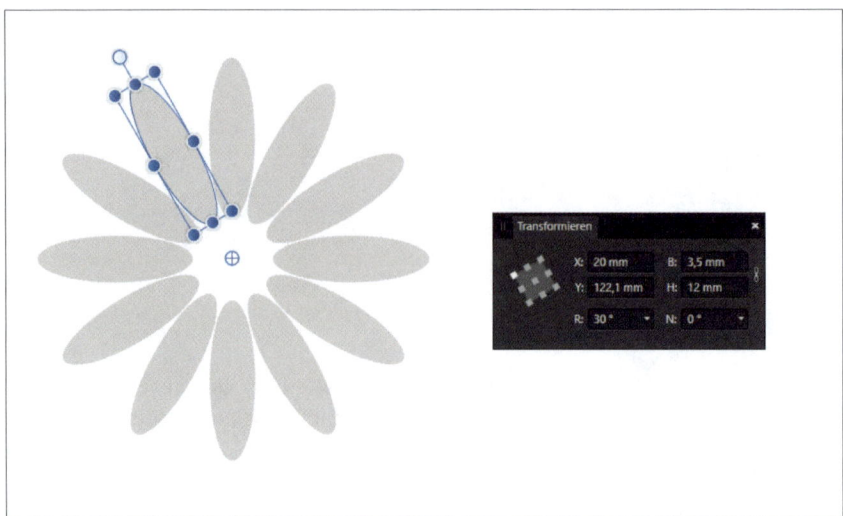

Abb. 3.27: Lasst Blumen sprechen.

Tipp

Auf diese Art und Weise lassen sich beispielsweise auch Speichen- und Mühlenräder oder Uhren erstellen. Wie Sie die Blume interessant färben können, erfahren Sie im zweiten Teil dieses Workshops.

Verbiegen

Durch *Verbiegen* wird ein Objekt entlang seiner horizontalen oder vertikalen Achse geneigt.

Möchten Sie ein Objekt intuitiv neigen, dann positionieren Sie den Mauszeiger neben einen der seitlichen Anfasser. Wenn der Mauszeiger dann die Form zweier gegenläufiger Pfeile annimmt, können Sie das Objekt mit gedrückter linker Maustaste durch Ziehen in die jeweilige Richtung neigen.

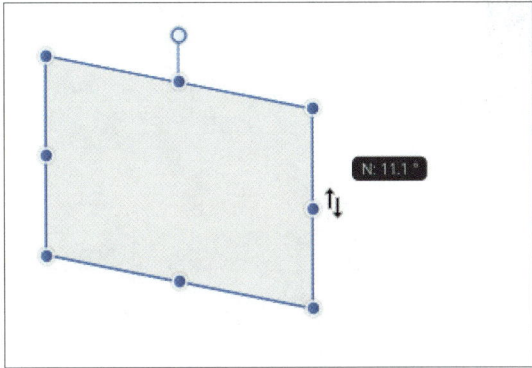

Abb. 3.28: Ein Objekt neigen

Möchten Sie ein Objekt exakt neigen, tragen Sie den entsprechenden Neigewinkel im Panel TRANSFORMIEREN in das Feld [N] ein oder ziehen den Schieberegler in die entsprechende Richtung.

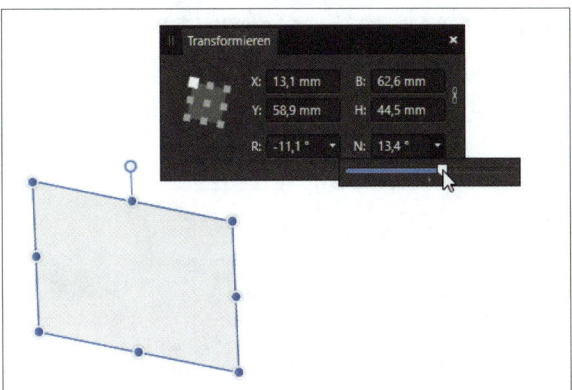

Abb. 3.29: Ein Objekt exakt neigen

Spiegeln

Beim *Spiegeln* wird ein Objekt entlang einer unsichtbaren Achse an dem von Ihnen angegebenen Ursprung gekippt. Für diesen Vorgang stehen Ihnen zwei Schaltflächen in der Gruppe TRANSFORMATION zur Verfügung.

Möchten Sie beispielsweise ein Objekt vertikal spiegeln, klicken Sie auf die entsprechende Schaltfläche VERTIKAL SPIEGELN.

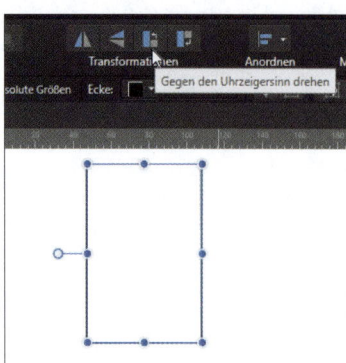

Abb. 3.30: Ein Objekt vertikal spiegeln

Ein Klick auf die erste Schaltfläche führt dazu, dass das Objekt horizontal gespiegelt wird.

Workshop: Affinity Logo, Teil 1

Im folgenden kleinen Workshop werden Sie das zuvor Gezeigte gleich einmal praktisch anwenden und ein stilisiertes Affinity-Logo erstellen.

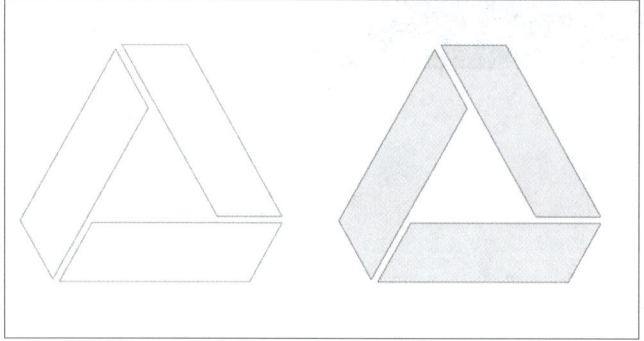

Abb. 3.31: Das stilisierte Affinity-Logo (links DRAHTGITTER-ANSICHTSMODUS)

Wie Sie der obigen Abbildung entnehmen können, besteht es aus einer Reihe von Objekten, die entsprechend angeordnet wurden.

Erstellen Sie zunächst ein Rechteck mit den Ausmaßen BREITE 35 mm und HÖHE 12 mm und stellen Sie eine NEIGUNG von -30° ein.

Kopieren Sie dieses Objekt zweimal, drehen Sie das eine um 120° und das andere um -120° und ordnen Sie die beiden wie in der Abbildung ersichtlich an.

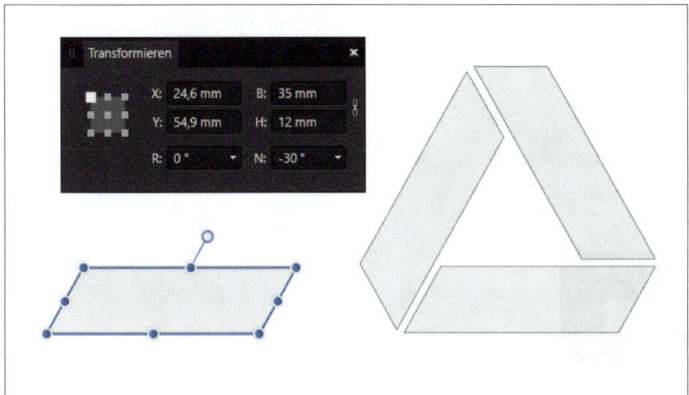

Abb. 3.32: Die Grundform wird einfach abgewandelt

Auswahl ausblenden

Möchten Sie bei den Transformationsarbeiten an den Objekten nicht von den Auswahlmarkierungen abgelenkt werden, können Sie diese ausblenden. Wenn Sie die Schaltfläche Auswahl beim Ziehen ausblenden aktivieren, bleibt während der Transformation nur das eigentliche Objekt sichtbar.

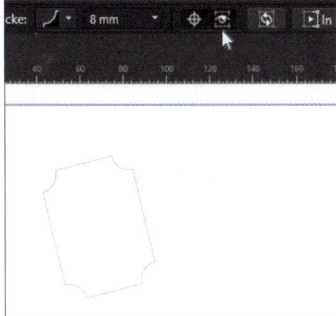

Abb. 3.33: Oftmals hilfreich: das Ausblenden der Auswahl

Hinweis

Die hier vorgenommene Einstellung wird für alle Objekte verwendet, bis Sie diese Option wieder manuell ein-/ausschalten.

Zurücksetzen

Nach dem Verformen, Drehen oder Neigen einer Form können Sie über AUSWAHLBOX ZURÜCKSETZEN diese wieder zurücksetzen.

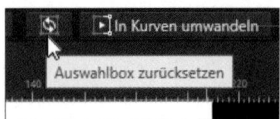

Abb. 3.34: Die Auswahlbox zurücksetzen

Hinweis

Die Bedeutung der Schaltfläche IN KURVEN UMWANDELN wird im Kapitel »Pfade« erläutert.

Objekte gestalten

Je nach Objekt erhalten Sie in der Kontextleiste weitere Möglichkeiten zum Gestalten. Im Fall eines Rechtecks können Sie so auf die Eckgestaltung Einfluss nehmen und mit interessanten Effekten die erstellten Objekte verändern. Die Ihnen zur Verfügung stehenden Eckenoptionen reichen von einfachen gerundeten Ecken bis hin zu Ornamenten.

Nachdem Sie das Rechteck mit dem Werkzeug VERSCHIEBEN markiert haben, klicken Sie auf den Listenpfeil der Schaltfläche ECKE und wählen eine der Versionen aus.

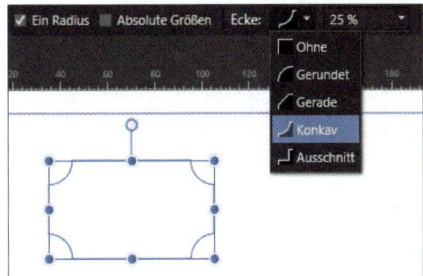

Abb. 3.35: Die Ecken des Rechtecks gestalten

Wenn Sie auf die sich hinter der Schaltfläche befindliche Prozentangabe klicken, können Sie über den Regler Einfluss auf die Stärke der Ausprägung der Ecke nehmen.

Deaktivieren Sie das Kontrollkästchen EIN RADIUS, können Sie jede einzelne Ecke gestalten, indem Sie aus der Liste der betreffenden Ecken die gewünschte Form auswählen.

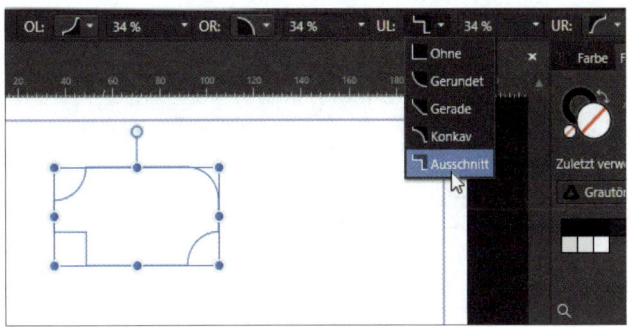

Abb. 3.36: Die Ecken einzeln gestalten

Standardmäßig wird der Eckenradius als Prozentsatz der Objektgröße festgelegt. Verändern Sie die Objektgröße durch Ziehen an den Eckanfassern, dann wird der Radius entsprechend angepasst. Aktivieren Sie das Kontrollkästchen ABSOLUTE GRÖSSEN, können Sie den Eckenradius mit genauen Werten vorgeben. Wenn Sie dann die Objektgröße ändern, bleibt der Eckenradius unverändert erhalten und wird nicht mit dem Objekt skaliert.

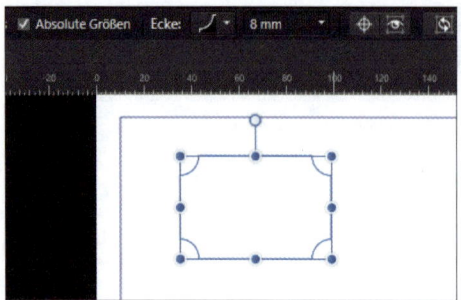

Abb. 3.37: Die absolute Größe einstellen

Möchten Sie einzelne Ecken abrunden, kommt das Werkzeug Ecke zum Einsatz. Nachdem Sie es ausgewählt haben, wird das Objekt mit quadratischen Eckanfassern versehen. Bewegen Sie den veränderten Mauszeiger auf eine dieser Ecken und ziehen Sie mit gedrückter Maustaste diese nach innen.

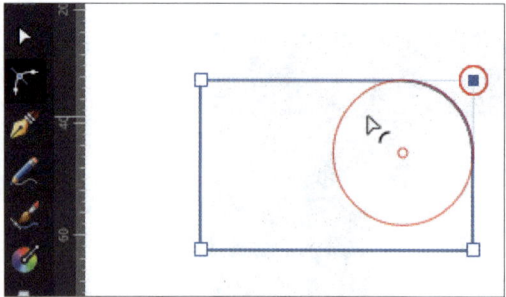

Abb. 3.38: Ecken abrunden mit dem Werkzeug Ecke

Objekte löschen

Nicht mehr benötigte oder überflüssige Objekte löschen Sie nach dem Markieren mit dem Befehl Löschen, den Sie im Menü Bearbeiten finden. Alternativ können Sie auch einfach die Entf -Taste betätigen.

Objekte sperren

Es ist immer ärgerlich, wenn Objekte, deren Positionen im Dokument nicht unbeabsichtigt verändert werden sollen, aus Versehen verschoben werden. Solche nicht vorgesehene Veränderungen können Sie verhindern, indem Sie die Objekte sperren.

Um die Positionen ausgewählter Objekte zu sperren, markieren Sie diese und betätigen dann die Tastenkombination $\boxed{\text{Strg}}$ + $\boxed{\text{L}}$. Als Zeichen der Sperrung versieht der Designer die Anfasser mit einem X.

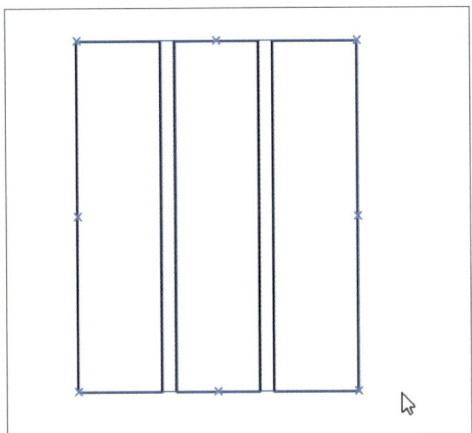

Abb. 3.39: Eine gesperrte Objektgruppe

Wenn Sie nun versuchen, eines der Objekte mit der Maus von seinem Platz zu entfernen, wird es Ihnen nicht gelingen. Allerdings könnten Sie gegenwärtig noch eine komplette Umfärbung vornehmen, da die Objekte noch markiert sind. Wenn Sie die Markierung aufheben, etwa durch Anklicken der Zeichenfläche, können die Objekte nicht mehr bearbeitet werden.

Die Position der gesperrten Objekte können Sie wieder entsperren. Konkret haben Sie allerdings die Ebene gesperrt, auf der sich die Objekte befinden. Rufen Sie den Befehl Schutz aufheben aus dem Menü Ebene auf oder alternativ die Tastenkombination $\boxed{⇧}$ + $\boxed{\text{Strg}}$ + $\boxed{\text{L}}$ und danach können Sie die Objekte wieder bearbeiten.

3.2 Zeichnen elementarer Objekte

Neben dem Erstellen eines Rechtecks können Sie auch die folgenden Objekte erstellen.

Ellipse

Um eine Ellipse zu zeichnen, wählen Sie das Werkzeug Ellipse, klicken auf die Zeichenfläche und ziehen diagonal mit gedrückter Maustaste vom Ursprung weg.

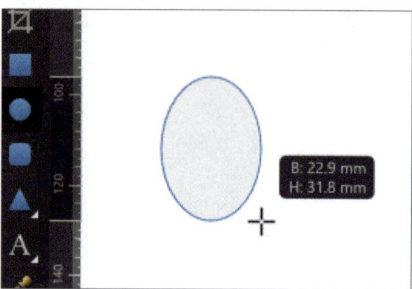

Abb. 3.40: Eine Ellipse zeichnen

Um einen Kreis zu erstellen, müssen Sie beim Aufziehen die [⇧]-Taste gedrückt halten.

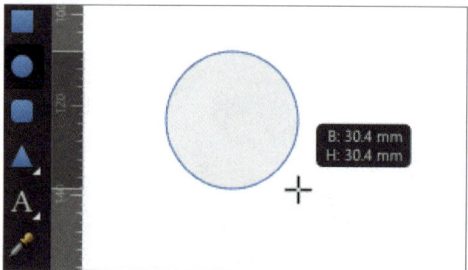

Abb. 3.41: Einen Kreis erstellen

Einen Kreis können Sie über die Schaltflächen In Ring umwandeln und In Torte umwandeln in ebensolche Objekte verwandeln.

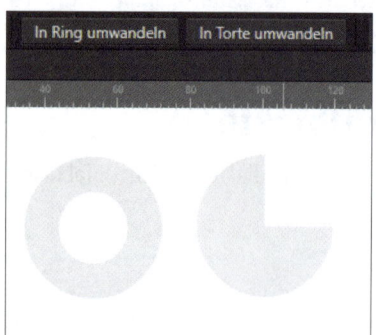

Abb. 3.42: Umwandeln eines Kreises

Über die roten Anfasser, die beim Markieren mit dem KNOTENWERKZEUG erscheinen, können Sie Einfluss auf die weitere Gestaltung der Objekte nehmen.

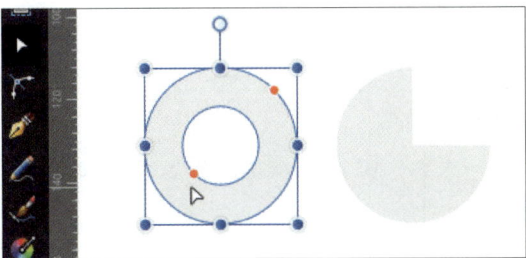

Abb. 3.43: Die Formen über die roten Anfasser weiter abändern

---

Hinweis

Das Arbeiten mit dem KNOTENWERKZEUG werden Sie im Kapitel »Freies Gestalten: Pfade« näher kennenlernen.

Abgerundetes Rechteck

Mit dem Werkzeug ABGERUNDETES RECHTECK können Sie Rechtecke mit abgerundeten Ecken zeichnen. Nachdem Sie das Werkzeug ausgewählt haben, klicken Sie an die Stelle, an der Sie das abgerundete Rechteck platzieren wollen. Bewegen Sie sich dann mit gedrückter Maustaste diagonal davon weg.

Möchten Sie die Rundungen der Ecken verändern, platzieren Sie den Mauszeiger auf den roten Punkt und ziehen diesen mit gedrückter Maustaste nach innen.

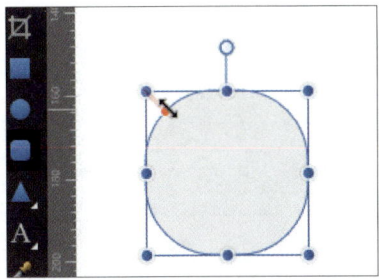

Abb. 3.44: Das abgerundete Rechteck weiter abrunden

Dreieck

Mit dem Werkzeug Dreieck erstellen Sie ein gleichschenkliges Dreieck, das Sie wieder über einen roten Anfasser anpassen können.

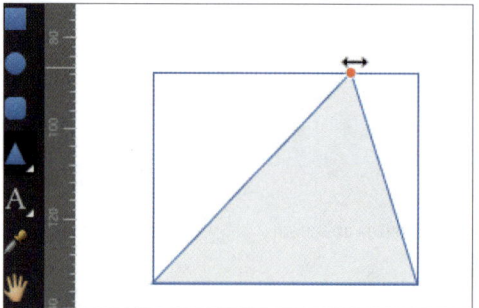

Abb. 3.45: Die Form des Dreiecks über einen roten Anfasser verändern

Über den Regler Oberer Punkt können Sie die Form gleichfalls ändern und durch einen Klick auf die Schaltfläche Spiegeln umdrehen.

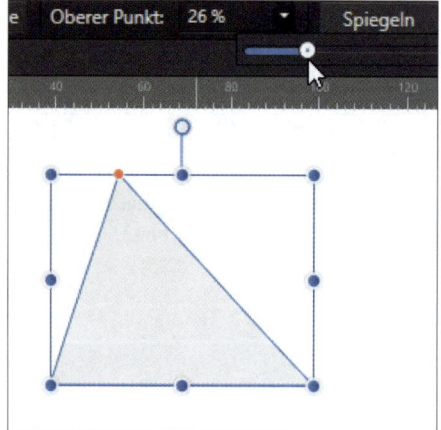

Abb. 3.46: Die Form über die Kontextleiste ändern

Weitere Objekte

An die weiteren Objekte gelangen Sie über das Flyout-Menü des Werkzeugs DREIECK.

Abb. 3.47: Die weiteren Objekte

Das Arbeiten mit diesen Objekten gestaltet sich genau wie das an den zuvor gezeigten drei klassischen Objekten *Rechteck, Kreis* und *Abgerundetes Rechteck*.

Workshop: Schümlibär, Teil 1

Vielleicht grauste es Ihnen in Ihrer Kindheit auch, wenn Sie freihändig etwas zeichnen sollten? Wenn Sie es erst einmal raushaben, dann werden Sie sehen, dass Sie viele Objekte problemlos durch geschicktes Anordnen einzelner Objekte erstellen können. Im Folgenden werden Sie einen kleinen Teddybären, das Maskottchen des Cafehauses Schümli, lediglich mithilfe der in den beiden vorherigen Abschnitten gezeigten Arbeitsschritten erstellen. Dieses putzige Kerlchen taucht übrigens noch an weiteren Stellen in diesem Buch auf und wird nach und nach »verfeinert«.

Abb. 3.48: Das Cafehaus-Maskottchen

In der obigen Abbildung sehen Sie den Bären auf der linken Seite im Drahtgitter-Ansichtsmodus, sodass Sie gewiss sofort erkennen, aus welchen Objekten er im Wesentlichen aufgebaut ist. Auf der rechten Seite sehen Sie ihn nach Zuweisung der Farben – den Vorgang lernen Sie im nächsten Kapitel kennen. Hier erfahren Sie zudem, dass bei der Schnauze mit der Abdecktechnik gearbeitet wird. Versuchen Sie zunächst einmal die Objekte wie in der linken Abbildung ersichtlich nachzugestalten. Setzen Sie möglichst oft die Kopierfunktion ein. So können Sie etwa bei den Ohren den zweiten bündigen Kreis mit gedrückter ⌂ - und Strg -Taste nach innen ziehen.

Freihand- und kalligrafische Linien

Die beiden folgenden Werkzeuge ermöglichen Ihnen das Erstellen von Objekten, als würden Sie diese auf einem Zeichenblock erstellen. Der Unterschied zwischen beiden Werkzeugen liegt darin, dass Sie mit dem Werkzeug Bleistift gleichmäßige Striche erstellen, während Sie mit dem Werkzeug Vektorpinsel wie mit einem Malpinsel arbeiten können.

Bleistift

Um freie Linien zu erstellen, aktivieren Sie das Werkzeug BLEISTIFT und nehmen Bewegungen vor, als würden Sie einen echten Stift in den Händen halten.

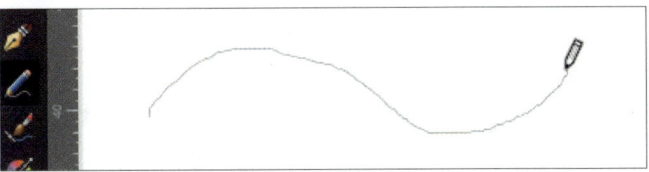

Abb. 3.49: Mit dem Buntstift zeichnen

Tipp

Dieses Werkzeug ist ideal, wenn Sie über ein Grafiktablett oder einen Zeichenstift für einen Touchscreen verfügen.

Vektorpinsel

Ds Arbeiten mit dem Werkzeug VEKTORPINSEL gestaltet sich im Prinzip genauso wie das mit dem Werkzeug BLEISTIFT. Sie aktivieren das Werkzeug, klicken an den Startpunkt und zeichnen mit gedrückter Maustaste die Linie in der gewünschten Form.

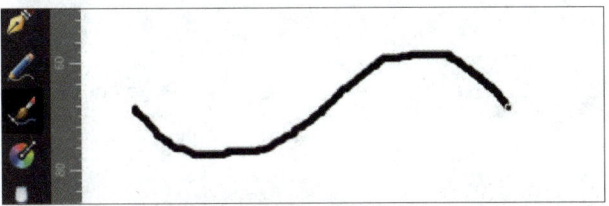

Abb. 3.50: Arbeiten mit dem Vektorpinsel

Tipp

Arbeiten Sie mit einem druckempfindlichen Grafiktablett, so können Sie durch den auf den Stift ausgeübten Druck die Breite des Stiftes regulieren und so ein recht natürliches Aussehen bekommen.

Die Kontur der Linie können Sie über das Panel PINSEL - DOKUMENTSTANDARDS verändern, welches Sie durch Anklicken der Schaltfläche MEHR in der Kontextleiste erhalten. Über die Einstellungen können Sie beispielsweise das Verhalten des Pinsels zu einem Kalligrafie-Pinsel verändern und dadurch die Kunst des Schönschreibens auch am PC ermöglichen.

Über den Regler PINSELBREITE legen Sie die Größe der Pinselspur fest. Wie stark die Breite der Farbspur bei dem Auftragen des Pinselstriches variieren darf, können Sie über den Regler GRÖSSENVARIANZ festlegen. Möchten Sie Einfluss darauf nehmen, wie weit die Transparenz der Farbspur bei dem Auftragen des Pinselstriches variieren darf, verändern Sie den Regler DECKKRAFTVARIANZ entsprechend. Über das sich darunter befindende Einblendmenü können Sie festlegen, wie Pinselgröße und -deckkraft je nach Eingabemethode verändert werden. Hierbei wählen Sie DRUCK für Grafiktabletts und die Varianten TEMPO für die Mausbedienung. Die letztgenannten Optionen simulieren dann den Druck über die Geschwindigkeit der Mausbewegung.

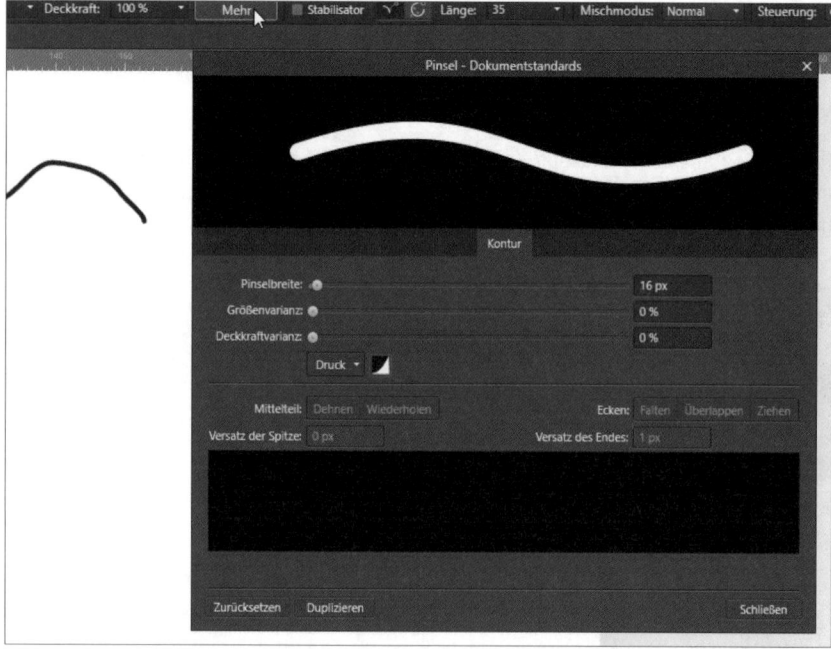

Abb. 3.51: Die Pinselform anpassen

Im Panel PINSEL finden Sie eine breite Palette vordefinierter Pinsel, die sich schnell und einfach für den Einsatz mit dem Grafiktablett auswählen lassen. Über den Listenpfeil des oberen Feldes können Sie unter verschiedenen Kategorien von Pinseln auswählen.

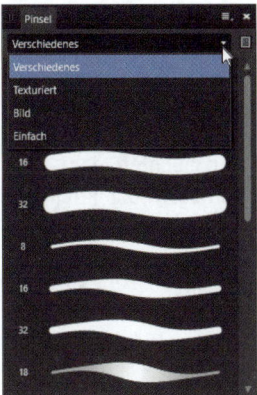

Abb. 3.52: Aswahl der Pinselkategorien im Panel PINSEL

Nachdem Sie die Kategorie ausgewählt haben, brauchen Sie anschließend nur noch in dem Panel PINSEL auf die gewünschte Form zu klicken und können augenblicklich die Linie entsprechend gestalten.

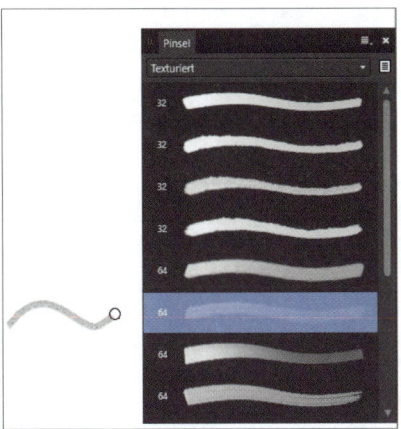

Abb. 3.53: Einen Pinsel auswählen und damit zeichnen

3.3   Objekte einbinden

Sehr oft werden Sie Grafiken oder Bilder in Ihre Publikation einlesen wollen, die Sie mit anderen Programmen erstellt oder einfach nur eingescannt haben.

Dazu stehen Ihnen im Prinzip folgende Wege offen:

- Sie fügen die Grafiken oder Bilder über die Zwischenablage ein.
- Sie fügen diese per Drag&Drop ein.
- Sie platzieren die Grafiken bzw. Bilder auf die Zeichenfläche.

Wenn Sie eine solche Grafik in Ihr Designer-Dokument einbinden möchten, dann muss diese Grafik bereits in einem von Designer lesbaren Format vorliegen. Das Programm integriert nämlich Dateien, die in einem Fremdformat vorliegen, und verwendet dazu so genannte *Filter*. Dabei handelt es sich um kleine »Übersetzungsprogramme«, die es erlauben, solche Formate in das Designer-Format aufzunehmen.

Zwischenablage

Beim Einfügen über die Zwischenablage gibt es keine Besonderheiten. Sie markieren die gewünschte Grafik oder das Foto und betätigen die Tastenkombination $\boxed{\text{Strg}}$ + $\boxed{\text{C}}$. Im Designer fügen Sie den Inhalt der Zwischenablage über die Tastenkombination $\boxed{\text{Strg}}$ + $\boxed{\text{V}}$ direkt ein oder wählen die Menüfolge Bearbeiten / Inhalte einfügen, die Ihnen je nach Inhalt der Zwischenablage ein paar Auswahlmöglichkeiten gibt.

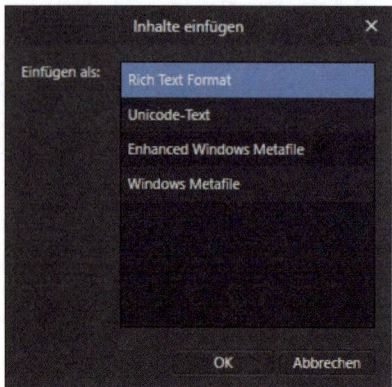

Abb. 3.54: Inhalt einfügen

Drag&Drop

Am schnellsten geht der Import einer Vektorgrafik, die mit einem anderen Programm erstellt wurde, per Drag&Drop. Dazu öffnen Sie die Grafik in dem entsprechenden Programm, etwa CorelDRAW, und lassen sich beide Programme nebeneinander anzeigen. Nun müssen Sie lediglich die Grafik von dem einen Programmfenster (im Beispiel CorelDRAW) in das Designer-Fenster ziehen.

Abb. 3.55: Von CorelDRAW eine Vektorgrafik mit Drag&Drop übernehmen

Platzieren

Bilder und Grafiken können Sie auch über die Menüfolge Datei / Platzieren oder mit dem Werkzeug Bild platzieren einfügen. Im letzten Fall können Sie dabei die Originalabmessungen des Bildes verwenden oder auch die Größe selbst festlegen.

Über den Befehl Platzieren aus dem Menü Datei können Sie eine Datei importieren. Dazu stellen Sie im erscheinenden Dialogfenster Öffnen den Speicherort der zu importierenden Datei ein und markieren sie im danebenstehenden Feld. Als *Dateityp* gibt Ihnen Designer Affinity-Dateien vor. Stellen Sie hier gegebenenfalls das gewünschte Format ein.

Abb. 3.56: Das Dialogfenster PLATZIEREN

Affinity Designer unterscheidet dabei im Wesentlichen zwischen Vektorgrafiken und Bitmapbildern. Der folgenden Tabelle können Sie die wichtigsten Dateiformate entnehmen, die durch die aktivierten Filter des Designers lesbar sind.

Format	Erläuterung
*.ai, *.ait	Adobe-Illustrator-Grafiken
*.bmp	Windows Bitmap
*.cdr	CorelDRAW 5 bis 10
*.cgm	Computer Graphics Metafile
*.doc, *.xdoc	Microsoft Word
*.dxf, *.dwg	AutoCAD-Interchange, AutoCAD-Zeichnung
*.emf	Enhanced Metafile
*.eps	EPS-Dateiformat (Encapsulated PostScript)
*.fhx	Adobe Freehand 7 bis 11
*.gif	Graphics Interchange Format
*.jpg	Joint Photographic Experts Group
*.pcx	Windows-Pixelformat
*.pdf	Adobe PDF
*.psd	Adobe Photoshop
*.pic	Macintosh PICT
*.png	Portable Network Graphics
*.svg	Scalable Vector Graphics

Format	Erläuterung
`*.tga`	Targa
`*.tif`	Tagged Image Format

Tab. 3.1: Importierbare Grafikformate

Falls Sie eine der Dateien aus der Tabelle platzieren wollen, wählen Sie die zweite Option aus und klicken dann auf die Schaltfläche Öffnen.

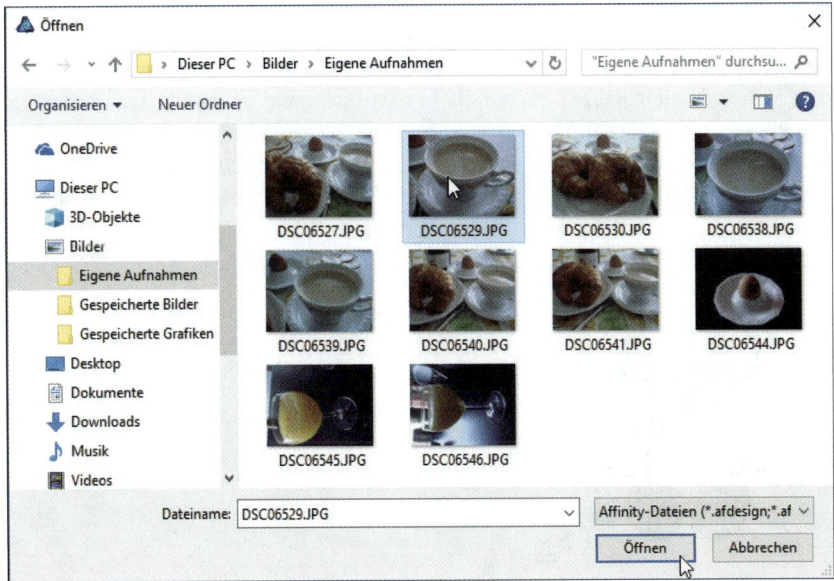

Abb. 3.57: Bilder platzieren

Der Mauszeiger ändert seine Form. Nun können Sie auf zweierlei Art und Weise reagieren:

- Sie klicken mit der Maus einmal auf die Zeichenfläche: Die Grafik wird daraufhin in ihrer Originalgröße eingebunden.

- Sie ziehen mit dem veränderten Mauszeiger einen Rahmen in der von Ihnen gewünschten Größe auf.

Abb. 3.58: Einen Rahmen für das Foto aufziehen

Alternativ können Sie auch direkt mit dem Werkzeug Bɪʟᴅ ᴘʟᴀᴛᴢɪᴇʀᴇɴ arbeiten. Nachdem Sie es aktiviert haben, wählen Sie in dem Dialogfeld die gewünschte Datei aus und klicken auf die Schaltfläche Öꜰꜰɴᴇɴ. Möchten Sie anschließend das Bild in seiner Standardgröße platzieren, klicken Sie einmal. Möchten Sie dagegen die Größe und Position des Bildes selbst festlegen, ziehen Sie mit dem Cursor einen entsprechenden Rahmen auf.

Abb. 3.59: Eine externe Grafik (im TIFF-Format) platzieren

3.4   Ebenen

Ebenen erlauben ein effektives Arbeiten, da sie einzeln bearbeitet werden können. Das Ein- und Ausblenden von Ebenen hilft Ihnen dabei, bestimmte Elemente zu isolieren und zu bearbeiten oder zu steuern, welche Seiteninhalte ausgedruckt werden sollen. Wenn Sie beispielsweise gezielt einzelne Objekte bearbeiten möchten, können Sie alle anderen Ebenen ausblenden. Oder Sie verwenden Ebenen, um Entwürfe für dasselbe Layout oder Werbekampagnen für verschiedene Zwecke abwechselnd anzuzeigen. Darüber hinaus können Sie Ihr Design vor unbeabsichtigten Veränderungen schützen, indem Sie die betreffende Ebene mit allen darin enthaltenen Objekten fixieren und ein Bearbeiten damit ausschließen.

Das Panel Ebenen

Die Ebenen werden über das Panel EBENEN verwaltet. In ihm werden die einzelnen Ebenen aufgelistet, wobei die vorderste Ebene oben in dem Bedienfeld angezeigt wird.

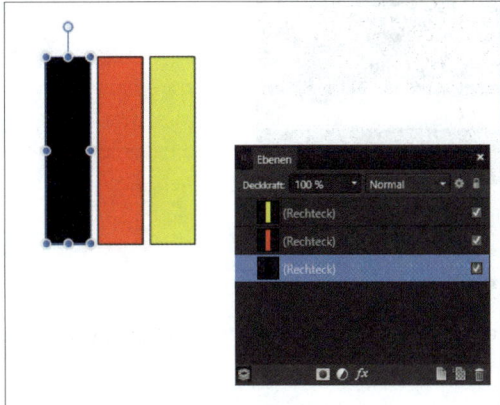

Abb. 3.60: Das Panel EBENEN

Dieses Panel ermöglicht Ihnen das Erstellen und Löschen, Ausblenden und Sperren sowie das Reduzieren auf eine Ebene. Es verwaltet die Optionen für die Anzeige und den Druck und ermöglicht Ihnen, die Anordnung der Ebenen zu ändern und Objekte von einer Ebene auf eine andere zu verschieben.

Tipp

In umfangreichen Dokumenten hilft Ihnen das Panel EBENEN zudem schnell, ein bestimmtes Objekt aufzufinden. Führen Sie dazu einfach einen Doppelklick auf das Symbol vor der Ebenenbezeichnung aus. Der Designer zoomt Ihnen dann das Objekt in Auswahlgröße.

Standardmäßig wird jedes Objekt auf eine eigene Ebene platziert und mit dem Objektnamen versehen. Möchten Sie diesen Namen ändern, klicken Sie doppelt auf die Ebenenbezeichnung. Die Objektbezeichnung wird markiert und Sie können eine beliebige Bezeichnung eingeben.

Abb. 3.61: Dialogfenster der aktuellen Zeichenebene

Neue Standardebene anlegen

Um eine neue Ebene am Anfang der Liste des Panels EBENEN zu erstellen, klicken Sie auf die Schaltfläche EBENE HINZUFÜGEN.

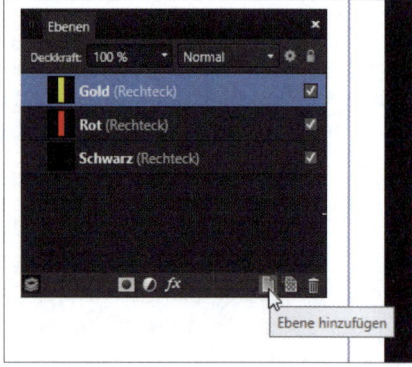

Abb. 3.62: Eine neue Standardebene hinzufügen

Die neue Ebene mit dem vorgegebenen Namen EBENE1 erscheint daraufhin am Listen-anfang.

Fügen Sie jetzt Objekte ein, dann werden diese auf dieser Ebene platziert, solange Sie die Ebene markiert belassen.

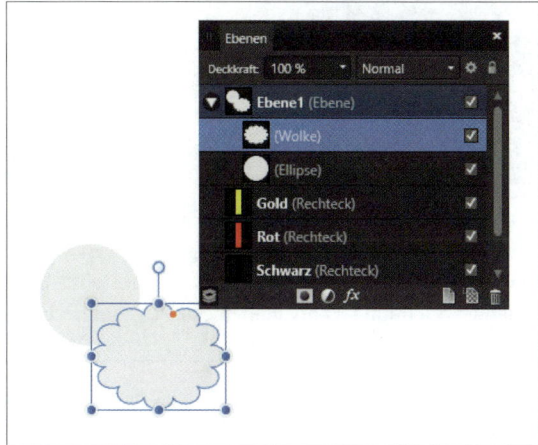

Abb. 3.63: Neue Objekte auf die Ebene einfügen

Arbeiten mit Ebenen

Wie Sie gesehen haben, werden alle neuen Objekte auf der Zielebene, d.h. auf der markierten Ebene, platziert.

Um der Zielebene neue Objekte hinzuzufügen, haben Sie folgende Möglichkeiten:

- Erstellen neuer Objekte mithilfe der Text- oder Zeichenwerkzeuge
- Importieren, Platzieren oder Einfügen von Text oder Grafiken
- Auswählen von Objekten auf anderen Ebenen und Verschieben dieser Objekte auf die neue Ebene

Die beiden ersten Möglichkeiten wurden Ihnen bereits vorgestellt. Im Folgenden soll deshalb nur auf das Auswählen, Verschieben und Kopieren von Objekten auf Ebenen eingegangen werden.

Auswählen von Objekten auf Ebenen

Um alle Objekte einer Ebene auszuwählen, klicken Sie im Panel EBENEN auf eine Ebene.

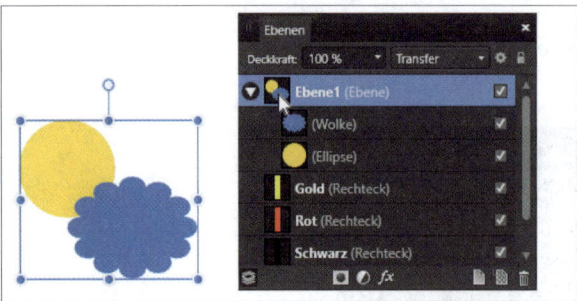

Abb. 3.64: Alle Objekte einer Ebene sind ausgewählt

Die Objekte einer Ebenen werden unterhalb der Ebene eingerückt dargestellt. Über die kleine Pfeilschaltfläche vor der Bezeichnung kann man diese aus- und wieder einblenden.

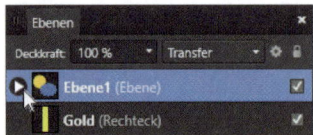

Abb. 3.65: Objekte einer Ebene ausblenden

Verschieben und Kopieren von Objekten auf eine andere Ebene

Wählen Sie zunächst mit dem Werkzeug VERSCHIEBEN ein oder mehrere Objekte aus. Im letzteren Fall müssen Sie zusätzlich die ⟨⇧⟩-Taste gedrückt halten.

Um die ausgewählten Objekte auf eine andere Ebene zu verschieben, klicken Sie auf eines der markierten Objekte und ziehen dieses mit gedrückter Maustaste auf die betreffende Ebene.

Abb. 3.66: Objekte auf eine Ebene verschieben

Dort angekommen lassen Sie die Maustaste los und die Objekte werden auf dieser Ebene platziert.

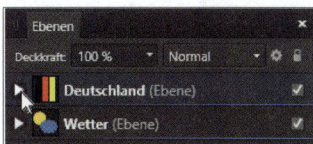

Abb. 3.67: Die Objekte wurden platziert.

Ebenen ausblenden

Sicherlich ist Ihnen auch das Kontrollkästchen am rechten Rand aufgefallen. Es dient dazu, eine Ebene auszublenden, und verhilft Ihnen so zu mehr Übersicht.

Möchten Sie eine Ebene ausblenden, so bewegen Sie den Mauszeiger einfach auf das Kontrollkästchen und deaktivieren es.

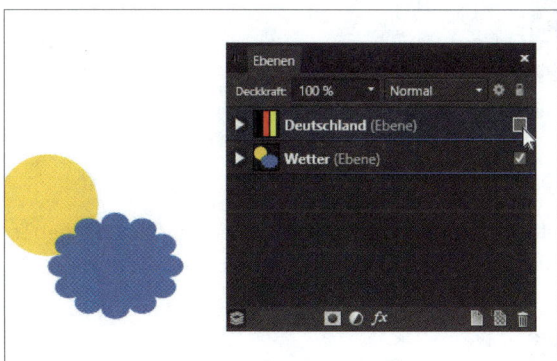

Abb. 3.68: Eine Ebene ausblenden

Augenblicklich wird diese Ebene nicht mehr angezeigt.

Ebenen sperren

Möchten Sie die Bereiche einer Ebene vor versehentlichem Verschieben schützen, so müssen Sie diese markieren und die Schaltfläche Schützen/Schutz aufheben anklicken.

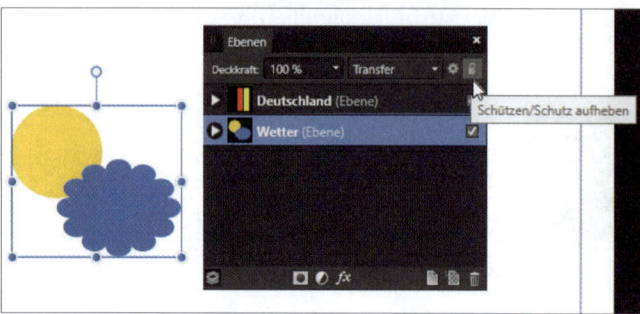

Abb. 3.69: Eine Ebene sperren

Als Hinweis, dass sie nun gesperrt ist, wird vor dem Kontrollkästchen ein kleines Schlosssymbol eingeblendet.

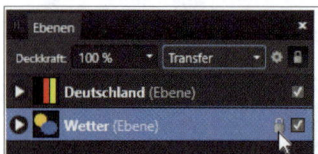

Abb. 3.70: Diese Ebene ist geschützt.

Löschen von Ebenen

Ebenen können problemlos gelöscht werden. Dazu markieren Sie zunächst die betreffende Ebene und klicken im Panel EBENEN auf die Schaltfläche EBENE ENTFERNEN.

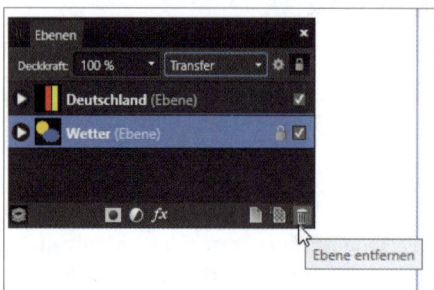

Abb. 3.71: Eine Ebene löschen

Die Ebene wird sofort gelöscht. Befinden sich auf ihr Objekte, werden diese ebenfalls ohne Vorwarnung entfernt.

Symbole

Symbole bilden einen speziellen Objekttyp und helfen ungemein, wenn man Objekte öfters einsetzt. Ausgangslage sind die verschiedenen Objekte, die sich auf unterschiedlichen Ebenen befinden. Im Beispiel wurden ein paar Standardobjekte so angeordnet, dass man diese als Beschriftungsetikett verwenden kann.

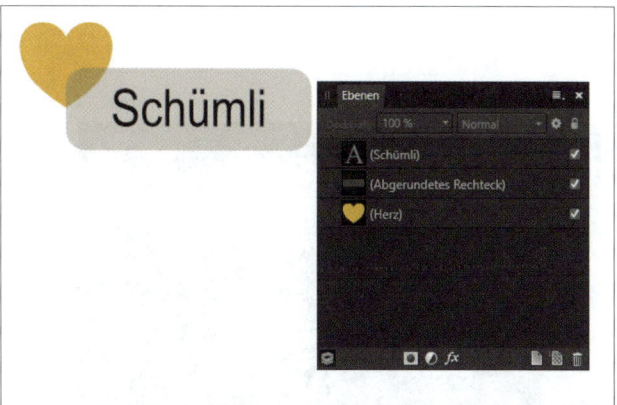

Abb. 3.72: Die markierten Objekte stehen für den Einsatz als Symbol bereit.

Markieren Sie die drei Objekte und fügen Sie diese mit der Tastenkombination [Strg] + [G] zu einer Gruppe zusammen. Dadurch entsteht eine Ebenengruppe mit der Bezeichnung (Symbol). Die untergeordneten Ebenen können Sie durch Anklicken der runden Pfeilschaltfläche anzeigen.

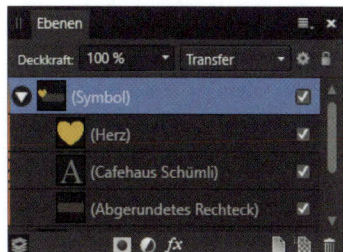

Abb. 3.73: Die Ebenen wurden gruppiert.

Symbole erstellen

Als nächstes müssen Sie erst einmal das Panel SYMBOLE aktivieren, da es standardmäßig nicht angezeigt wird. Wählen Sie also die Menüfolge ANSICHT / STUDIO und führen Sie einen Klick auf SYMBOLE aus.

Markieren Sie die Objekte durch einen Auswahlrahmen mit dem Werkzeug VERSCHIEBEN. Anschließend führen Sie noch im Panel SYMBOLE einen Klick auf die Schaltfläche ERSTELLEN aus und schon werden die markierten Objekte aufgenommen.

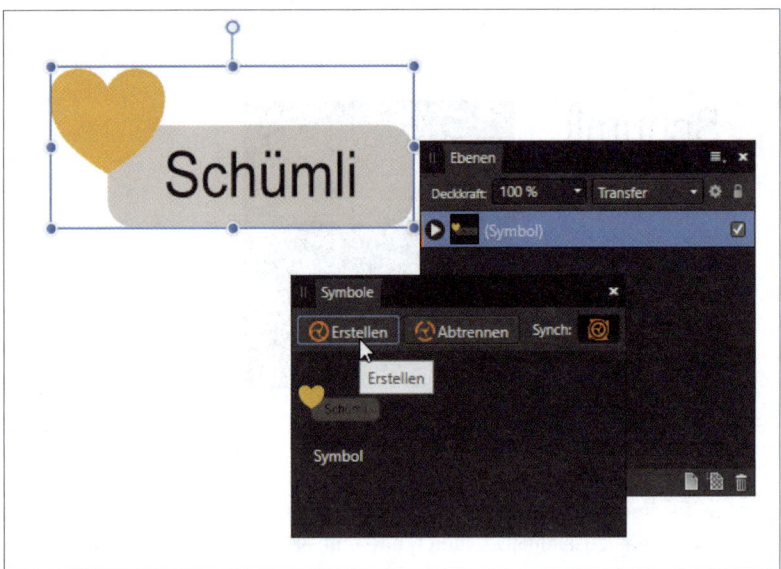

Abb. 3.74: Symbole erstellen

Symbole einsetzen

Um die Funktions- und Arbeitsweise zu verstehen, sollten Sie jetzt von der markierten Gruppe zwei Duplikate erstellen. Das geht am schnellsten mit ⎡Strg⎤ + ⎡J⎤. Nach dem ersten Betätigen ziehen Sie das Duplikat von dem Original weg, skalieren es ein klein wenig und betätigen für das zweite Duplikat abermals ⎡Strg⎤ + ⎡J⎤, worauf dieses mit dem gleichen Abstand und proportional verkleinert eingefügt wird.

Der entscheidende Vorteil ist nun, dass diese Objekte miteinander verknüpft sind. Wenn Sie beispielsweise das Herz markieren und eine andere Farbe wählen, nehmen alle Herzen die gleiche Farbe an.

Abb. 3.75: Drei auf einen Streich

Gleichfalls können Sie im ersten Objekt den Text austauschen und schon wird er auch in allen anderen Objekten geändert. Besonders interessant zeigt sich hier auch das Verhalten der gruppierten Ebenen. So werden beispielsweise beim Verändern des Textes die anderen Texte proportional angepasst.

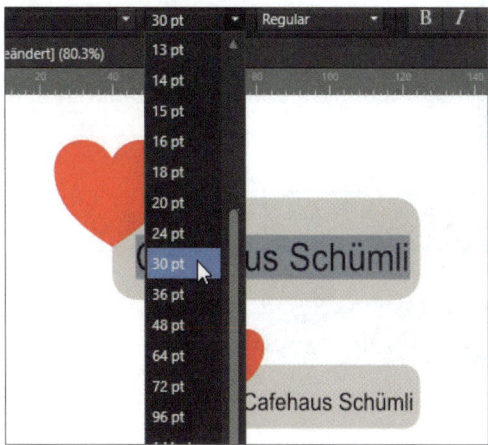

Abb. 3.76: Gruppierte Objekte werden proportional verändert.

Gruppierte Symbole können Sie zudem wie eine Bibliothek benutzen und dort platzierte Objekte durch einfaches Ziehen aus dem Panel auf die Zeichenfläche platzieren.

Abb. 3.77: Ein Symbol aus dem Panel Symbole platzieren

Wenn Sie mögen, können Sie die Symbole auch benennen. Klicken Sie dazu einfach mit der rechten Maustaste auf das Symbol, wählen Sie den Kontextmenüpunkt Umbenennen und geben Sie im folgenden Dialogfenster die gewünschte Bezeichnung ein.

Abb. 3.78: Symbole benennen

Möchten Sie ein Objekt aus dieser Einheit herauszunehmen, dann markieren Sie dieses in der betreffenden Ebene und klicken im Panel SYMBOLE auf die Schaltfläche ABTRENNEN.

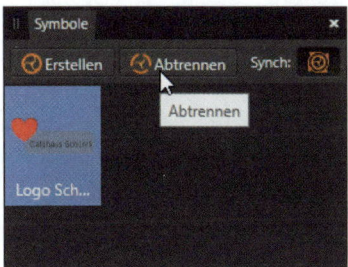

Abb. 3.79: Ein Objekt aus dem Verbund abtrennen

Schnittmasken

Ab und an werden Sie von einem Objekt oder Bild nur einen bestimmten Ausschnitt benötigen. In diesem Fall behelfen Sie sich mit einer so genannten Schnittmaske, mit der gezielt Teile von Ebenen sichtbar oder unsichtbar gemacht werden können.

Nachdem die Objekte angeordnet sind, müssen Sie lediglich im Panel EBENEN mit der rechten Maustaste auf das obenliegende Objekt rechtsklicken und aus dem Kontextmenü den Eintrag ABWÄRTS MASKIEREN aufrufen.

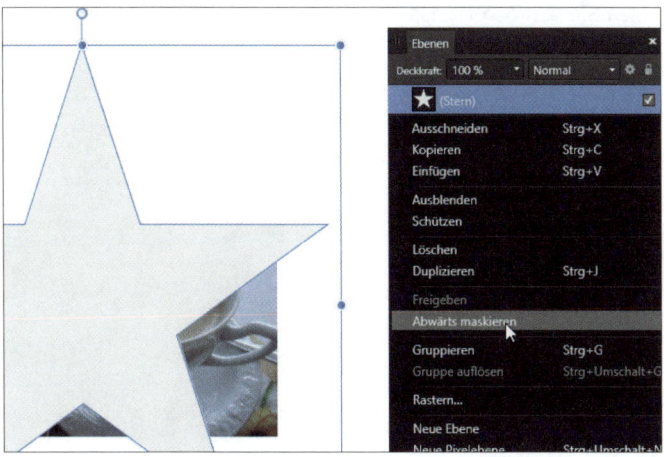

Abb. 3.80: Die fertige Schnittmaske

Die Objekte werden sofort beschnitten und Sie sehen das Ergebnis vor sich.

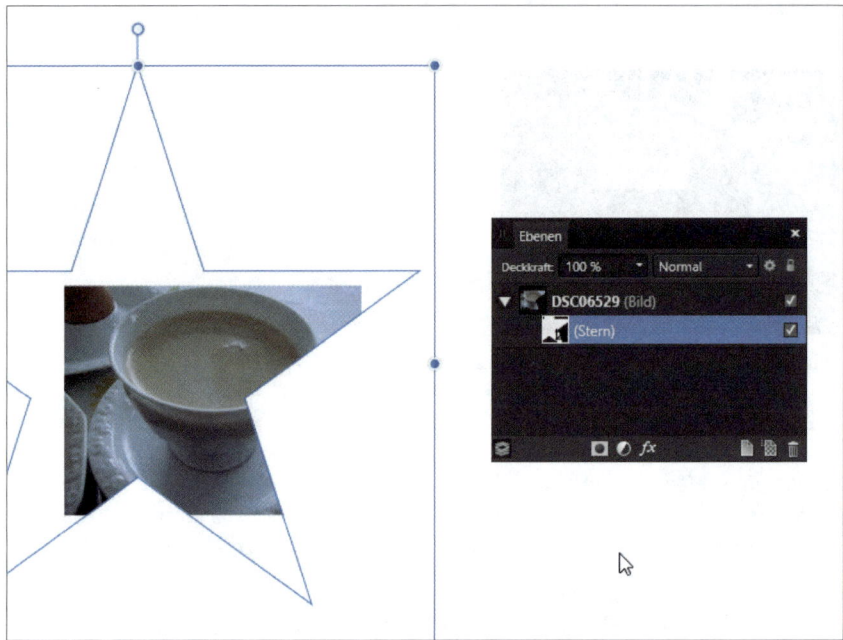

Abb. 3.81: Die Objekte wurden zugeschnitten.

Im Panel EBENEN können Sie nun den Maskierungsstatus und den Zuschnitt erkennen.

Kapitel 4

Neue Sichtweisen: Objekte verändern

Dieses Kapitel zeigt Ihnen, wie Sie Grafikobjekte verändern und zur Gestaltung Ihrer Publikationen einsetzen können. Im Folgenden werden Ihnen die Möglichkeiten zwar ausschließlich an Standardobjekten gezeigt, diese funktionieren jedoch auch an allen anderen Objekten, beispielsweise an Textobjekten.

4.1   Objekte färben

Wenn Sie ein neues Objekt zeichnen, ist dieses zunächst leer bzw. wird mit den aktuell eingestellten Farben für Kontur und Füllung versehen. Mit dem Designer können Sie unter mehr als 16 Millionen Farben wählen. Dabei ist allerdings zu bedenken, dass das individuelle Farbempfinden von Mensch zu Mensch sehr unterschiedlich ist. Das, was wir unter Farbe verstehen, entsteht in Wirklichkeit erst aus dem komplexen Zusammenspiel von Bildobjekt, Licht und Auge in unserem Gehirn. Deshalb kommt es auch zu höchst unterschiedlichen Empfindungen, so dass eine Farbe für den einen schon zu hell ist, während der andere sie als zu dunkel empfindet.

Zudem hängt die Anzahl der Farben, die Sie auf Ihrem Bildschirm sehen können, unter anderem von Ihrem Monitor und den Systemeinstellungen ab. Die Farben, die auf einem Ausdruck erscheinen, hängen wiederum von dem verwendeten Drucker ab. Um diese unterschiedlichen Parameter unter einen Hut zu bringen, kommen Farbmanagementsysteme zum Einsatz.

Tipp

Weiterführende Informationen zum Thema Farbmanagementsysteme finden Sie im letzten Kapitel des Buches.

Farbdarstellung

Beim Arbeiten mit Farben auf einem Computersystem kommt zudem ein weiteres Dilemma hinzu: Unter den Farben, die sich am Bildschirm darstellen lassen, gibt es einige, die sich nicht ausdrucken lassen, und umgekehrt gibt es Druckfarben, die sich nicht am Bildschirm darstellen lassen.

Der Grund dafür liegt in den unterschiedlichen Verfahren, mit denen Farben am Bildschirm und beim Druckprozess erzeugt werden. So wird am Computerbildschirm die additive Farbmischung verwendet, während beim Druckprozess die subtraktive Farbmischung zum Einsatz kommt.

Diese beiden Modelle unterscheiden sich wie folgt:

- *Additive Farbmischung:* Bei diesem Modell werden alle Farben durch unterschiedliche Anteile von rotem, grünem und blauem Licht simuliert (man spricht hier auch vom so genannten RGB-Modell). Die Farbmischung heißt deswegen additiv, weil die Farbe Weiß erzeugt wird, indem man die drei Basisfarben mit höchster Intensität kombiniert. Auf diesem Modell beruhen die Darstellungen der Farben auf einem Computermonitor.

- *Subtraktive Farbmischung:* Bei der subtraktiven Farbmischung entstehen die Farben durch die Reflexion von Licht. Das angestrahlte Objekt wirft nur bestimmte Farbanteile des Lichts zurück und verschluckt das restliche Licht. Durch die Reflexion der Farben Rot, Grün und Blau ergeben sich so die Farben Cyan (Zyan), Magenta und Yellow (Gelb). Dieses Modell wird unter anderem beim Vierfarbdruck eingesetzt. Dieser bezieht seinen Namen daher, dass zusätzlich (die Volltonfarbe) Schwarz eingesetzt wird, da durch die Kombination der drei Farben kein reines Schwarz erzeugt werden kann (es entsteht nur ein »schmutziges« Braun).

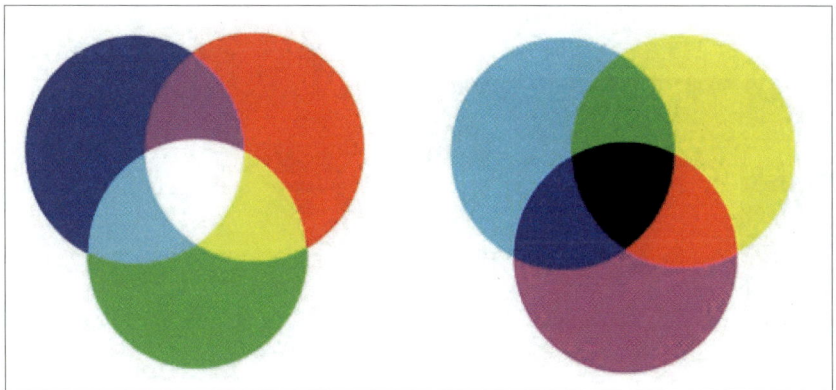

Abb. 4.1: Additive Farbmischung / Subtraktive Farbmischung

Der Farbeindruck von Druckfarben wird durch subtraktive Farbmischung erzeugt. Dabei ist zwischen Prozessfarben und Volltonfarben zu unterscheiden.

- *Prozessfarben:* Beim Druckverfahren werden einzelne Farben (Zyan, Magenta, Gelb und Schwarz) miteinander in unterschiedlichen Anteilen kombiniert, um die gewünschte Farbe zu erzeugen. Dabei werden die vier Grundfarben einfach in kleinen, durchscheinenden Farbpunkten nebeneinander gedruckt. Wenn Sie einmal ein gedrucktes Farbfoto mit der Lupe näher betrachten, werden Sie diese Bildpunkte erkennen. Erst durch die Trägheit des menschlichen Auges entsteht der Farbeindruck und wir bekommen eine Vorstellung von der Farbe. Prozessfarben werden meist dann verwendet, wenn so viele Farben erforderlich sind, dass der Druckauftrag mit Volltondruckfarben zu teuer oder nicht durchführbar wäre, z.B. beim Drucken von Farbfotos. Beim Mehrfarbendruck (man spricht in diesem Zusammenhang sehr oft von Vierfarbseparation) haben Sie, wie der Name andeutet, Zugriff auf eine nahezu unbegrenzte Farbpalette.

- *Volltonfarben:* Eine Volltonfarbe ist eine spezielle vorgemischte Farbe, die anstelle von oder zusätzlich zu CMYK-Prozessfarben verwendet wird und für die eine eigene Druckplatte auf einer Druckpresse erforderlich ist. Volltonfarben haben zudem den Vorteil, dass ein Farbton immer wieder gleich gedruckt werden kann, da sich im Laufe der Zeit standardisierte Farbsammlungen entwickelt haben. Eine solche Farbsammlung ist beispielsweise Pantone, die im Lieferumfang von Affinity Designer enthalten ist.

Füllung und Kontur

Wenn Sie ein neues Objekt zeichnen, wird es zunächst mit einer gräulichen Füllung und einer schwarzen Kontur versehen.

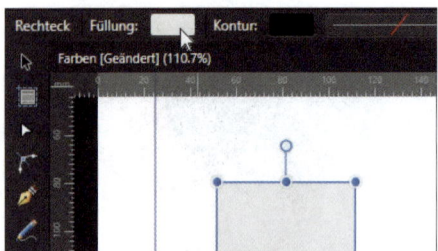

Abb. 4.2: Die Standardfarbeinstellungen eines Objekts

Die momentan eingestellten Farben können Sie zudem stets den Feldern FLÄCHE bzw. KONTUR in der Leiste WERKZEUGE entnehmen. Diese sind allerdings nur im abgedockten Modus sichtbar, so dass Sie zunächst auf eine freie Stelle der Werkzeugleiste doppelt klicken müssen.

Die runde Kreisfläche zeigt die Vordergrundfarbe, die runde Ringfläche dagegen die Konturfarbe.

An die Reihenfolge sind Sie nicht gebunden. Durch Anklicken des verwinkelten Doppelpfeils am oberen rechten Rand können Sie die Vordergrund- und die Hintergrundfarben austauschen. Über das weiße Kreissymbol mit dem roten Querstrich, das auf der unteren linken Seite platziert ist, können Sie die Farbe wieder entfernen.

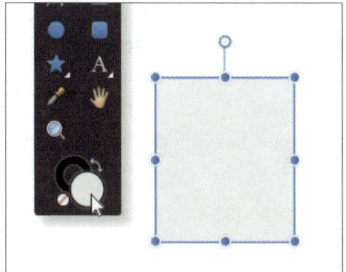

Abb. 4.3: Die Farbwahl über die Leiste WERKZEUGE

Farbe über die Leiste Werkzeuge einstellen

Wenn Sie die Farbe intuitiv oder ganz exakt durch Eingabe von Werten einstellen wollen, verwenden Sie den Farbwähler. Das entsprechende Dialogfenster FARBAUSWAHL erhalten Sie, wenn Sie auf eines der Felder FLÄCHE oder KONTUR doppelklicken.

Abb. 4.4: Eine Farbe über den Farbwähler einstellen

Die aktuelle Farbe wird Ihnen anhand eines kleinen Kreises im Farbfeld angezeigt. Deren aktuelle Kenndaten werden Ihnen im rechten Bereich als numerische Werte der drei Farbmodelle *RGB*, *REG (Hex)*, *HSL* und *CMYK* aufgelistet.

Den Farbbereich stellen Sie über den horizontalen Balken am oberen Rand ein. Zeigen Sie auf den kleinen Kreis und ziehen Sie diesen bei gedrückter Maustaste neben den gewünschten Farbbereich.

Abb. 4.5: Den Farbbereich wählen

Die Farbe wird mithilfe der kleinen runden Markierung eingestellt. Zeigen Sie mit der Maus auf den kleinen Kreis und bewegen Sie ihn an die gewünschte Position. Dadurch wird die kleine runde Markierung dort abgesetzt und die Farbe in das obere Farbmusterfeld übernommen.

Möchten Sie die Farben anhand ihrer Werte einstellen, dann tragen Sie die entsprechenden numerischen Werte in die betreffenden Felder ein.

Farbe über die Kontextleiste einstellen

Beide Eigenschaften, Füllung und Kontur, können rasch nachträglich über die Kontextleiste umgefärbt werden. Insbesondere ist es hilfreich, wenn Sie die Objekte zunächst mit einer Füllung versehen. Dazu müssen Sie lediglich das Objekt mit dem Werkzeug Verschieben auswählen und in der Kontextleiste auf das Symbol für die Flächenfarbe Füllung klicken. Dadurch wird das Panel Farbe eingeblendet, über welches Sie die gewünschte Farbe einstellen können. Ziehen Sie zunächst mit aktiviertem Werkzeug Verschieben den kleinen weißen Kreis innerhalb des Farbkreises auf die gewünschte Farbe. Anschließend ziehen Sie den anderen weißen Kreis innerhalb des Dreiecks an die Stelle, die den gewünschten Farbton erzeugt.

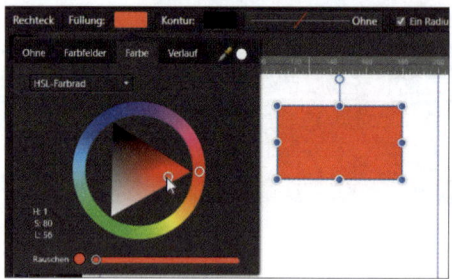

Abb. 4.6: Einem Objekt eine Füllung zuweisen

Das Objekt nimmt sofort die gewählte Färbung an.

Analog zur Füllung können Sie auch die KONTUR bearbeiten. Die Konturenfarbe legen Sie über das sich rechts davon befindliche Symbol KONTUR fest. Die Stärke der Linie bestimmen Sie über die Palette, die Sie nach Anklicken der Schaltfläche hinter der Schaltfläche KONTUR erhalten.

Abb. 4.7: Die Konturenstärke festlegen

In dieser Palette können Sie durch Ziehen des Reglers BREITE diese einstellen.

Tipp

Nach Anklicken des Feldes hinter dem Regler können Sie die gewünschte Stärke auch direkt eintippen.

Die weiteren Kontur-Eigenschaften nehmen Sie über die Schaltfläche STIL vor. Beispielsweise können Sie über den Regler BREITE dieselbe und über die Schaltfläche STIL das gewünschte Aussehen festlegen.

Abb. 4.8: Den Stil der Kontur einstellen

Interessant sind auch die Veränderungen, die Sie im Bereich ECKE vornehmen können.

Farbe über die Farbpipette einstellen

Möchten Sie eine in einer beispielsweise importierten Grafik vorhandene Farbe auswählen, dann benutzen Sie am besten das Werkzeug FARBPIPETTE.

Ein Klick auf das entsprechende Symbol FARBPIPETTE in der Leiste WERKZEUGE aktiviert dieses. Daraufhin nimmt der Mauszeiger die Form eines Fadenkreuzes an. Platzieren Sie den so veränderten Cursor auf der gewünschten Farbe und klicken Sie einmal.

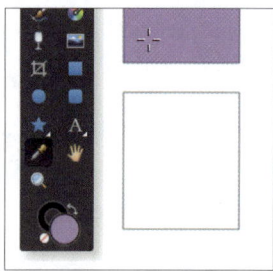

Abb. 4.9: Mit einem Klick die Vordergrundfarbe aufnehmen

Augenblicklich wird diese Farbe als Vordergrundfarbe neu eingestellt.

Globale Farben

Alternativ können Sie aber auch ein Farbfeld von Grund auf anlegen. In diesem Fall klicken Sie im Panel FARBFELDER auf das Panelmenü und wählen den Eintrag GLOBALE FARBE HINZUFÜGEN.

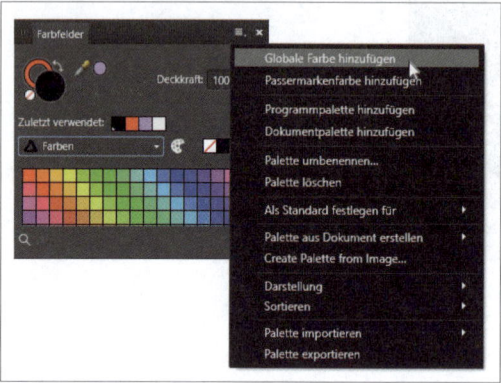

Abb. 4.10: Eine neue – globale – Farbe von Grund auf anlegen

Es erscheint das Dialogfenster GLOBALE FARBE, in dem Sie nun die entsprechenden Einstellungen vornehmen können.

Abb. 4.11: Das Bedienfeld zum Definieren der neuen Farbe

Zunächst können Sie im Feld NAME einen geeigneten Farbnamen für Ihre neue Farbe eingeben. Nun können Sie aus dem Listenfeld die gewünschte Farbvariante auswählen und die Farbe einstellen. Falls die Farbe für eine professionelle Drucklegung vorgesehen ist, können Sie die Druckkosten deutlich senken, indem Sie das Kontrollkästchen SCHMUCKFARBEN sowie ÜBERDRUCKEN aktivieren.

Hinweis

Eine Schmuckfarbe ist eine zusätzlich zu den Grundfarben verwendete (Sonder-) Druckfarbe beim Mehrfarbdruck. Das Überdrucken bezeichnet beim Drucken das Verfahren, zwei Farben übereinander zu drucken, wodurch Blitzer vermieden werden können.

Mit einem Klick auf die Schaltfläche HINZUFÜGEN wird die Farbe in das Panel FARBFELDER in der Gruppe DOKUMENT aufgenommen.

Abb. 4.12: Die neue selbsterstellte Farbe

Möchten Sie die so von Ihnen erstellten Farben sichern, dann können Sie diese in eine Datei exportieren.

Rufen Sie dazu im Panelmenü des Panels Farbfelder den Eintrag Palette exportieren auf, suchen Sie einen geeigneten Speicherort auf, vergeben Sie einen passenden Namen und schließen Sie den Vorgang mit einem Klick auf Speichern ab. Diese Palette können Sie nun jedem anderen Dokument über den Menüpunkt Palette importieren hinzufügen.

Workshop Schümlibär, Teil 2

Nachdem Sie im vorherigen Kapitel den Schümlibären mithilfe verschiedener Objekte nachgebaut haben, bekommt er nun im zweiten Teil durch den Farbeinsatz seine Gestalt.

Im Wesentlichen müssen Sie nur die einzelnen Teile markieren und dann die Farben zuweisen. Zuvor sollten Sie sich aber eine globale Palette mit den benötigten Farben zusammenstellen. Verwenden Sie dabei für die Farben folgende Werte:

- Schümli Standard: *R* 135, *G* 87, *B* 51
- Schümli Dunkelbraun: *R* 75, *G* 59, *B* 46
- Schümli Hellbraun: *R* 252, *G* 211, *B* 165

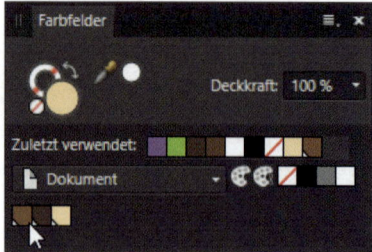

Abb. 4.13: Die globalen Farben für den Workshop

Anschließend markieren Sie das entsprechende Objekt und weisen die Farben durch einen Klick auf das entsprechende Feld zu.

Bei der Schnauze kommt die Abdecktechnik zum Einsatz, denn im Moment sollen noch keine Objekte zugeschnitten werden. Da die Ellipsen entsprechend angeordnet wurden, lässt sich so der Eindruck eines offenen Mauls erzeugen. Entfernen Sie dazu von dem mittleren Kreis zunächst die Hintergrundfarbe, sodass er über keine Kontur mehr verfügt, und geben Sie ihm anschließend die gleiche Farbe wie der Schnauze.

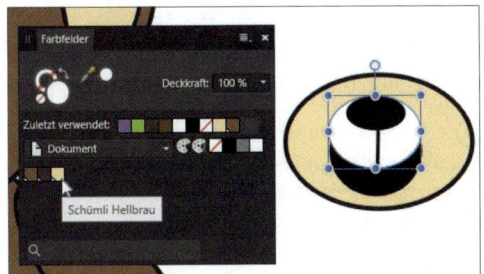

Abb. 4.14: Die Schnauze wird mit der Abdecktechnik erstellt.

Transparenzen

Standardmäßig werden Flächen und Konturen mit einer 100%-igen Deckung gefärbt. Durch Reduzierung der Deckkraft können Sie diese jedoch recht einfach transparent machen.

Markieren Sie das Objekt, dessen Transparenz Sie einstellen wollen. Ziehen Sie den Regler DECKKRAFT auf den gewünschten Wert. Hierbei gilt: Je niedriger Sie diesen wählen, umso höher wird die Transparenz.

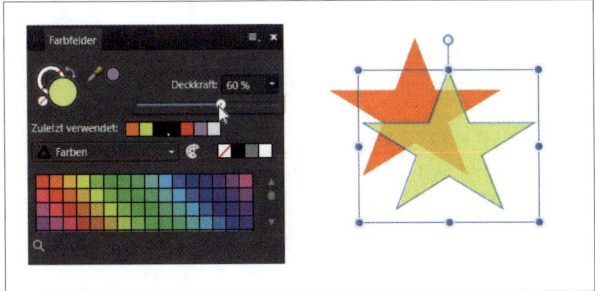

Abb. 4.15: Ein Objekt transparent machen

Tipp

Eine Transparenz können Sie auch mit dem Werkzeug TRANSPARENZ erzeugen. Dazu klicken Sie mit der Maus auf das Objekt und ziehen den Mauszeiger mit gedrückter Maustaste von dieser Stelle weg. Über die beiden Anfasser und den mittleren Schieberegler können Sie anschließend Einfluss auf den Transparenzverlauf nehmen.

Verläufe erstellen

Ein *Verlauf* ist eine abgestufte Überblendung aus zwei oder mehreren Farben oder aus Farbtönen derselben Farbe.

Möchten Sie ein Objekt mit einem Verlauf versehen, wählen Sie nach dem Erstellen des Objekts das Werkzeug FÜLLUNG. Klicken Sie in das Objekt hinein und ziehen Sie dann mit gedrückter Maustaste von diesem Punkt weg. Augenblicklich erkennen Sie schon den Farbverlauf.

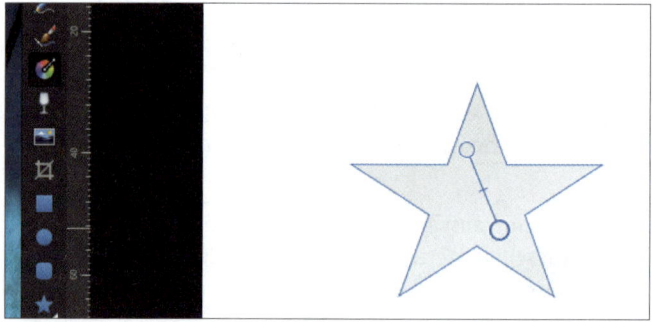

Abb. 4.16: Einen Verlauf mit dem Werkzeug FÜLLUNG erstellen

Mit Verläufen kann man sehr schöne Effekte durch stufenlose Übergänge zwischen der aktuellen Vordergrund- und Hintergrundfarbe gestalten.

Möchten Sie eine Farbe ändern, dann klicken Sie auf die runde Markierung am Anfang bzw. Ende des Verlaufes und nehmen die Einstellungen über das Panel FARBE vor. Mithilfe des Reglers MITTELPUNKT, der kleine Strich zwischen den beiden runden Markierungen, bestimmten Sie dabei den Abstand der beiden Farben.

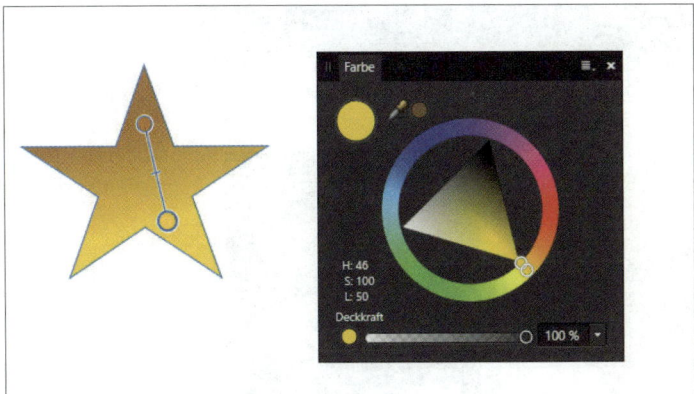

Abb. 4.17: Die Farben des Verlaufs einstellen

Die DECKKRAFT können Sie über den gleichnamigen Schieberegler am unteren Rand oder durch direkte Eingabe eines Wertes festlegen. Damit legen Sie die Transparenz des Farbverlaufs in Prozent fest.

Die Art des Farbverlaufs können Sie über die Kontextleiste über das Listenfeld TYP festlegen. Hier haben Sie die Wahl zwischen LINEAR, ELLIPTISCH, RADIAL und KONISCH.

Abb. 4.18: Einen Verlauf definieren

Wenn Sie die Variante RADIAL verwenden, können Sie recht einfach Lichteffekte wie bei einem 3D-Objekt erzeugen. Zeigen Sie dazu auf den mit der hellen Farbe versehenen Anfasser und ziehen Sie ihn an die Position, an der Sie den Lichteinfall simulieren möchten.

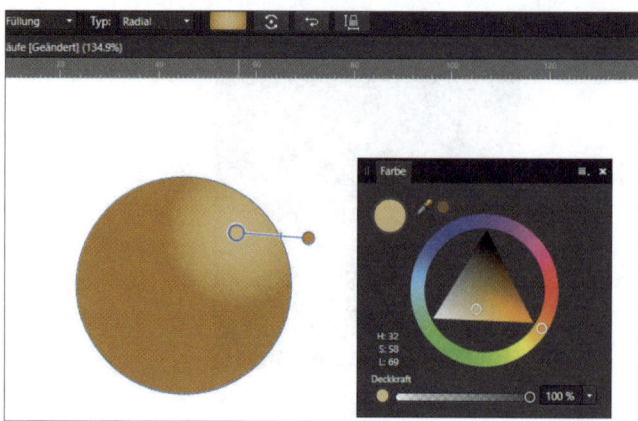

Abb. 4.19: Arbeiten mit Lichteffekten

Workshop: Blume, Teil 2

Mithilfe von Verläufen und Transparenzen kann man sehr gut plastische Elemente erstellen. Im Folgenden soll die Blume aus dem Workshop des vorherigen Kapitels angepasst werden.

Nachdem Sie die Ellipse erstellt haben, aktivieren Sie das Werkzeug Füllung, um einen Verlauf anzulegen. Ziehen Sie von außerhalb der Ellipse nach innen und legen Sie anschließend über das Panel Farbe die Farben der beiden Enden fest. Für die innere Farbe wählen Sie einen dunkleren Farbton und für den äußeren einen helleren.

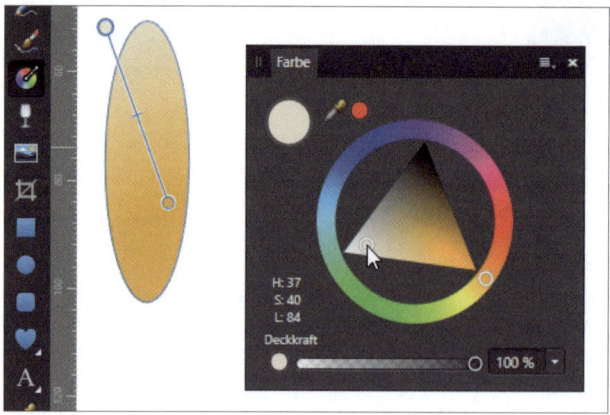

Abb. 4.20: Die äußere Farbe des Verlaufs festlegen

Anschließend duplizieren Sie die Ellipse mit ⌊Strg⌋ + ⌊J⌋. Das Duplikat ziehen Sie dann über einen der Eckanfasser mit gedrückter ⌊⇧⌋- und ⌊Strg⌋-Taste etwas nach innen.

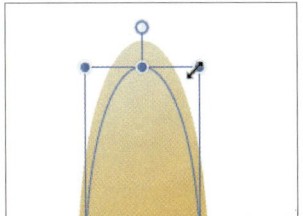

Abb. 4.21: Das Duplikat nach innen ziehen

Als Nächstes ändern Sie den Farbverlauf der inneren Ellipse, indem Sie den inneren Anfasser aufhellen.

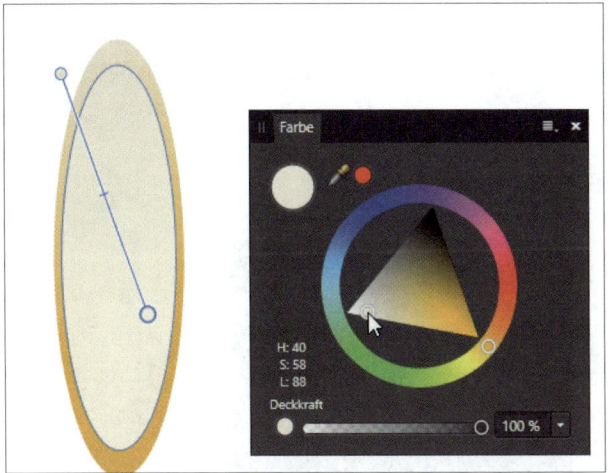

Abb. 4.22: Den inneren Anfasser des Verlaufs des Duplikats aufhellen

Lassen Sie sich zunächst durch das gegenwärtige Aussehen nicht irritieren. Jetzt kommt nämlich noch das Werkzeug Transparenz zum Einsatz. Ziehen Sie damit über die innere Ellipse.

Abb. 4.23: Die Transparenz für die innere Ellipse einstellen

Auch das führt noch zu einem etwas strengen Aussehen. Deshalb kommt jetzt noch ein Effekt zum Einsatz. Aktivieren Sie im Panel EFFEKTE den Effekt GAUSSSCHE UNSCHÄRFE und ziehen Sie den Regler RADIUS soweit nach rechts, bis Sie mit dem Aussehen zufrieden sind.

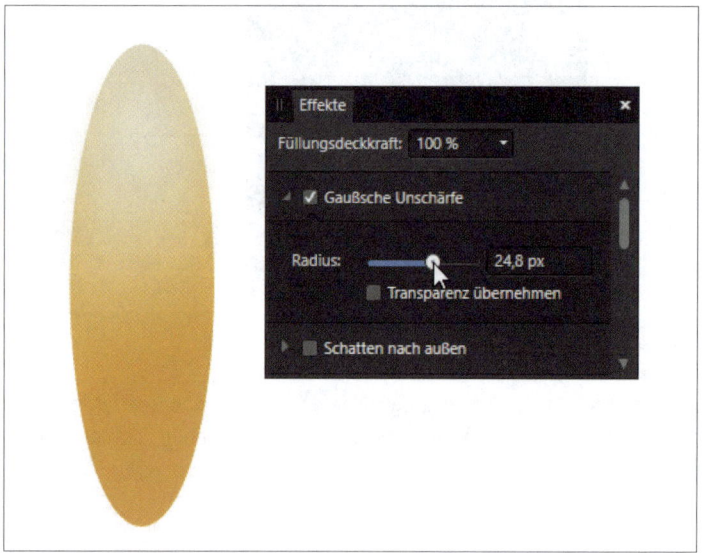

Abb. 4.24: Der Effekt vollendet das Werk.

Hinweis

Weitere Ausführungen zu den Effekten finden Sie weiter hinten in diesem Kapitel.

Abschließen gruppieren Sie beide Ellipsen und erstellen die Blume wie im ersten Workshop gezeigt. Sollten Sie hierbei den Rotationspunkt nicht ausmachen können, klicken Sie zuerst in der Kontextleiste auf die Schaltfläche ROTATIONSMITTELPUNKT ANZEIGEN und legen dann los.

Farbeinstellungen

Die Farben und die Verläufe lassen sich vielfältig gestalten. Wie Sie gesehen haben, erschien beim Klicken auf die Schaltfläche FÜLLUNG in der Kontextleiste ein Panel mit fünf Registerkarten.

Hinweis

Das gleiche Dialogfenster erscheint beim Anklicken der Schaltfläche KONTUR. Die Arbeitsschritte sind für beide Varianten gleich.

Über die erste Registerkarte OHNE können Sie die Farbe wieder entfernen, während ein Klick auf die letzte Registerkarte mit der Pipette dazuführt, dass Sie das Objekt mit einer weißen Füllung versehen.

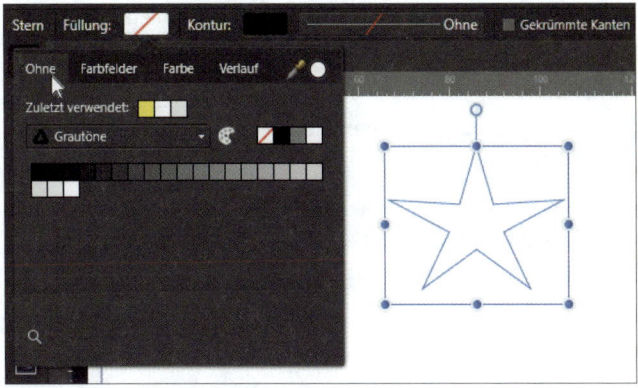

Abb. 4.25: Die Füllung für das Grafikobjekt festlegen

Über die drei Registerkarten FARBFELDER, FARBE und VERLAUF können Sie entsprechenden Einfluss auf die Gestaltung der Objekte nehmen.

Farbfelder

Farben können Sie zunächst direkt über das Panel FARBFELDER auswählen. Dazu klicken Sie einfach auf die gewünschte Farbe, worauf diese als Vordergrundfarbe eingestellt wird.

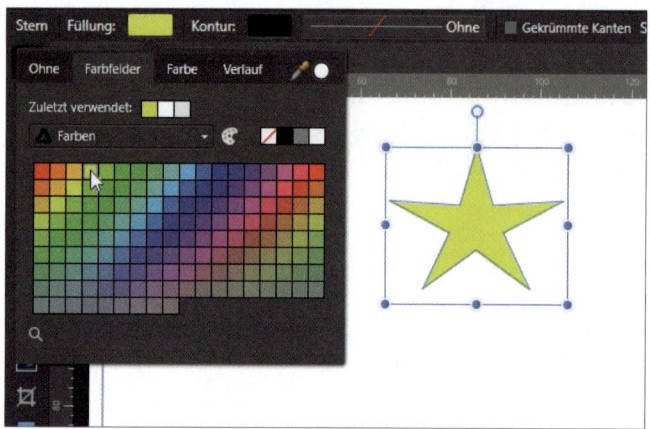

Abb. 4.26: Die gewünschte Farbe einstellen

Bevor Sie sich für eine Farbe entscheiden, sollten Sie sich ein klein wenig mit den verschiedenen Farbsystemen beschäftigen. Beim Arbeiten mit Farben auf einem Computersystem gilt es nämlich ein Dilemma zu beachten: Unter den Farben, die sich am Bildschirm darstellen lassen, gibt es einige, die sich nicht ausdrucken lassen, und umgekehrt gibt es Druckfarben, die sich nicht am Bildschirm darstellen lassen.

Diese Einstellungen können Sie vornehmen, wenn Sie auf den Listenpfeil des Feldes FARBEN klicken (siehe Abbildung 4.27).

Haben Sie – wie Sie gleich sehen werden – eine eigene Farbe erstellt, dann können Sie diese mithilfe eines Klicks auf die Schaltfläche AKTUELLE FÜLLUNG ZUR PALETTE HINZUFÜGEN in das Panel FARBFELDER aufnehmen und so in Zukunft dort schnell darauf zugreifen (siehe Abbildung 4.28).

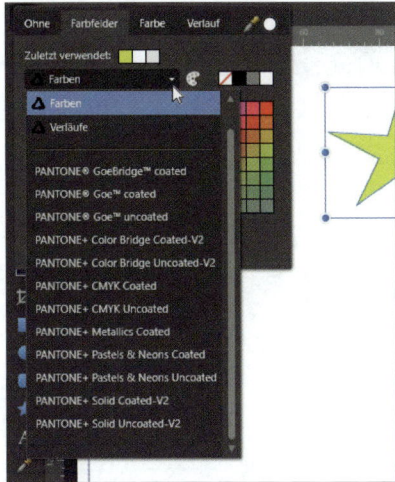

Abb. 4.27: Gegebenenfalls eine Volltonfarbe verwenden

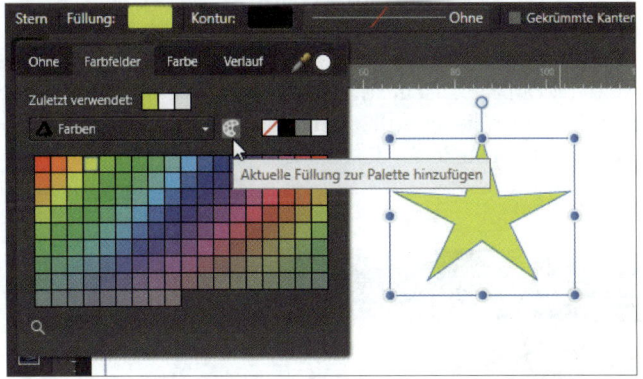

Abb. 4.28: Eine gemischte Farbe in die Palette aufnehmen

Farbe

Wenn Sie die Farbe intuitiv oder ganz exakt durch Eingabe von Werten einstellen wollen, verwenden Sie das Panel Farbe. Um die entsprechenden Optionen zu treffen, klicken Sie zunächst auf den Listenpfeil des Feldes, das gegenwärtig mit Grauheit bezeichnet wird.

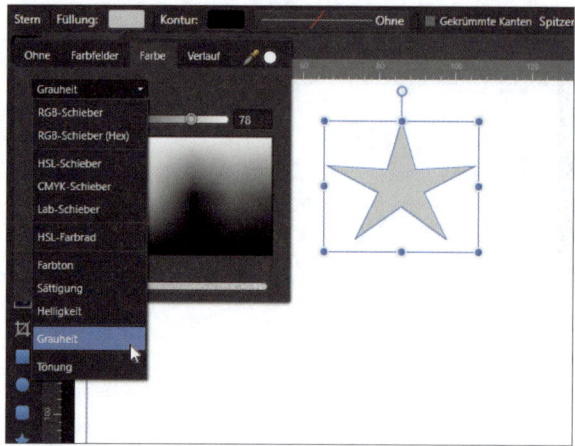

Abb. 4.29: Das Farbmodell wählen

Anschließend können Sie in dem entsprechenden Dialogfenster die gewünschten Einstellungen vornehmen.

Verlauf

Wünschen Sie einen weiteren Farbverlaufspunkt, dann können Sie einen ausgewählten Farbverlaufspunkt einfach über die Schaltfläche KOPIEREN vervielfältigen oder Sie klicken einfach an der gewünschten Stelle auf die Linie und nehmen die gewünschten Einstellungen vor.

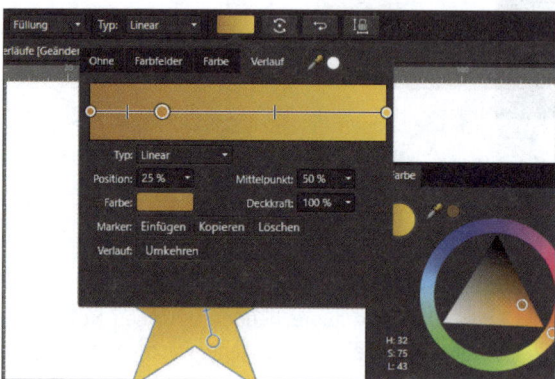

Abb. 4.30: Einen weiteren Farbverlaufspunkt definieren

Haben Sie einen Reglerpunkt zu viel angelegt oder benötigen Sie ihn nicht mehr, ziehen Sie diesen mit gedrückter Maustaste einfach aus dem Dialogfenster heraus. Alternativ können Sie ihn auch markieren und dann auf die Schaltfläche Löschen klicken.

4.2   Objekte gestalten

Neben dem Färben können Sie Objekte auch mithilfe von Stilen oder Texturen gestalten.

Stile

Gerade das Färben von Objekten kann recht zeitaufwändig sein. Sehr oft helfen hierbei Stile weiter. Dabei handelt es sich um eine Kombination verschiedener Eigenschaften wie Füllung, Konturen, Transparenzen und Effekte, die Sie mit einem Mausklick zuweisen können.

Markieren Sie das betreffende Objekt. Rufen Sie das Panel Stile auf und klicken Sie auf den betreffenden Grafikstil.

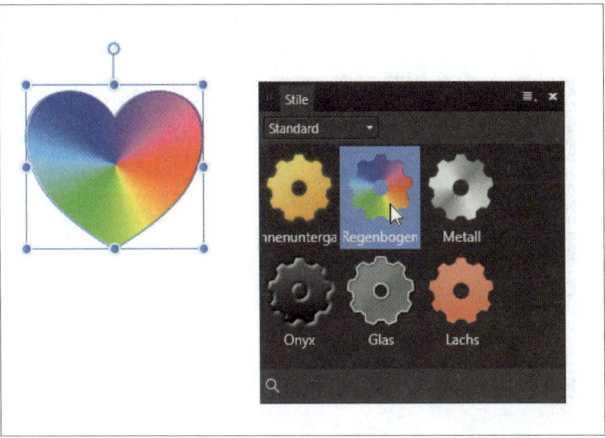

Abb. 4.31: Einen Stil zuweisen

Recht einfach lassen sich auch eigene Stile entwerfen. Haben Sie beispielsweise ein Objekt entsprechend formatiert, dann rufen Sie das Panelmenü auf. Dort finden Sie den Eintrag Stil aus Auswahl hinzufügen.

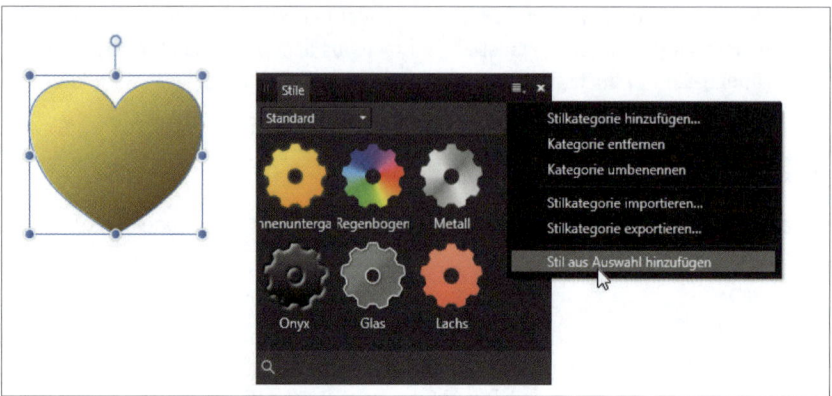

Abb. 4.32: Einen eigenen Stil kreieren

Und schon befindet sich der Stil im Panel STILE. Wenn Sie mögen, können Sie den Namen des Stils aussagekräftiger gestalten, indem Sie aus dem Kontextmenü des Stils den Eintrag STIL UMBENENNEN wählen und einen entsprechenden Namen eingeben.

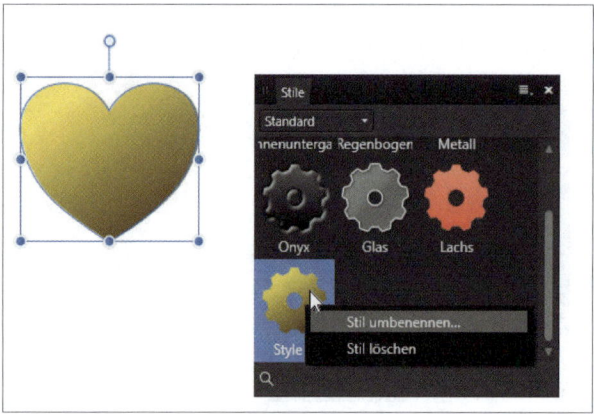

Abb. 4.33: Den eigenen Stil anpassen

Textur

Mithilfe von Texturen kann man Objekte ebenfalls sehr interessant gestalten. Eine Textur bezeichnet ein Bild, das auf der Oberfläche eines Objektes wird und diesem dadurch ein interessantes Aussehen gibt.

Zunächst legen Sie ganz normal ein Textobjekt an. Aktivieren Sie das Werkzeug GRA-FIKTEXT und ziehen Sie die gewünschte Größe auf. Anschließend geben Sie noch den gewünschten Text ein.

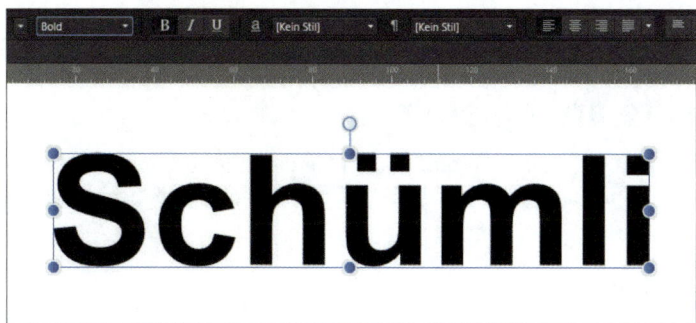

Abb. 4.34: Den Text anlegen

Dieser Schriftzug soll nun mit einer Textur gefüllt werden. Dazu wird im Beispiel ein Foto von Kaffeebohnen verwendet.

Wählen Sie als Nächstes das Werkzeug FÜLLUNG aus und klicken Sie in der Kontextleiste auf den Listenpfeil des Feldes TYP. Hier finden Sie an letzter Stelle den Eintrag BITMAP, den Sie auswählen. Im folgenden Dialogfenster ÖFFNEN wählen Sie die entsprechende Grafikdatei aus und bestätigen mit einem Klick auf die gleichnamige Schaltfläche.

Die Textur wird augenblicklich in den Text eingefügt und kann nun noch über die Schieberegler wunschgemäß ausgerichtet werden.

Abb. 4.35: Den Text anlegen

Tipp

Recht interessante Ergebnisse können Sie erzielen, wenn Sie einem solchen Schriftzug einen der weiter hinten vorgestellten Effekte, etwa 3D, zuweisen.

4.3   Objekte arrangieren

Wenn Sie mit mehreren Objekten arbeiten, werden Sie diese des Öfteren in die richtige Position bringen müssen. Dazu stehen Ihnen die folgenden Möglichkeiten zur Verfügung.

Objekte anordnen

Der Designer bietet Ihnen die Möglichkeit, Objekte übereinander zu stapeln, bestimmte Objekte in den Vordergrund und andere dagegen in den Hintergrund zu setzen. Das ist besonders dann von Bedeutung, wenn Sie beispielsweise eine Grafik hinter einen Textabschnitt legen oder durch die Anordnung der Objekte eine andere Aussage treffen wollen.

Wenn Sie mehrere Objekte an der gleichen Stelle erzeugen, werden diese – wie Spielkarten – übereinander abgelegt. Diesen Effekt können Sie jedoch nur bei gefüllten oder bei Textobjekten ausmachen. Darunter liegende Objekte werden dann ganz oder teilweise verdeckt.

Über die Schaltflächen der Gruppe REIHENFOLGE können Sie die entsprechenden Aktionen durchführen.

Das Objekt, das sich im Vordergrund befindet, ist immer sichtbar und überlagert die Objekte im Hintergrund. Möchten Sie es nach hinten versetzen, so klicken Sie auf die Schaltfläche GANZ NACH HINTEN VERSCHIEBEN.

Merken Sie sich hierfür die Tastenkombination ⬆ + Strg + J. Möchten Sie ein Objekt in den Vordergrund bringen, dann betätigen Sie ⬆ + Strg + C. Alternativ können Sie diese Schritte auch durch Aufruf der Menüfolge EBENE / ANORDNUNG und Auswahl des entsprechenden Unterpunkts durchführen. Im umgekehrten Fall nehmen Sie die Schaltfläche GANZ NACH VORNE VERSCHIEBEN.

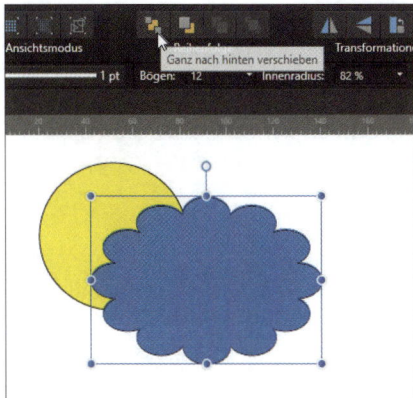

Abb. 4.36: Objekte neu anordnen

Möchten Sie das Objekt zwischen bestimmte Objekte bewegen, wählen Sie dagegen den Befehl Eins nach vorne (oder die Tastenkombination [Strg] + []] bzw. Eins nach hinten ([Strg] + [[].

Tipp

Im siebten Kapitel im Abschnitt »*Einstellungen*« erfahren Sie, wie Sie diese etwas umständlichen Tastenkombination anpassen können.

Objekte gruppieren

Wenn Sie mehrere Objekte auf die eben dargestellte Art und Weise markieren, werden diese vorübergehend als Einheit behandelt. Diesen praktischen Zustand können Sie dauerhaft anlegen, indem Sie die verschiedenen Objekte zu einer Gruppe zusammenfassen. Anschließend können Sie die Objekte verschieben oder transformieren, ohne dass sich dies auf die einzelnen Positionen oder Attribute auswirkt.

Um eine Gruppe zu erzeugen, wählen Sie zunächst mithilfe des Werkzeugs Verschieben die Objekte aus, indem Sie entweder einen Auswahlrahmen um die Objekte ziehen oder sie nacheinander mit gedrückter [⇧]-Taste anklicken. Wählen Sie dann über das Menü Ebene den Befehl Gruppieren oder klicken Sie alternativ in der Kontextleiste auf die Schaltfläche Gruppieren.

Abb. 4.37: Zwei markierte Objekte gruppieren

Tipp

Noch schneller geht es mit der Tastenkombination ⌊Strg⌋ + ⌊G⌋.

Durch das Gruppieren werden Objekte zu einer einzigen Einheit verschmolzen und entsprechend nur als Einheit verschoben.

Um eine markierte Gruppe wieder aufzuheben, wählen Sie im Menü EBENE den Menüpunkt GRUPPE AUFLÖSEN an oder klicken in der Kontextleiste auf die Schaltfläche GRUPPE AUFLÖSEN.

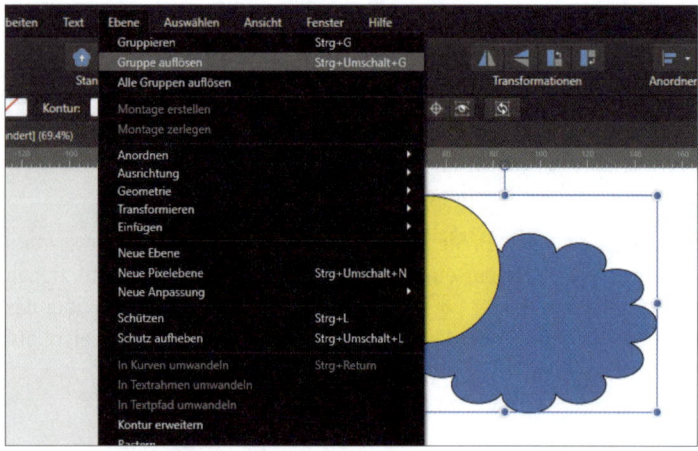

Abb. 4.38: Eine Gruppe auflösen

Tipp

Eine markierte Gruppe können Sie schnell mit der Tastenkombination $\boxed{\texttt{Strg}}$ + $\boxed{⇧}$ + $\boxed{\texttt{G}}$ auflösen.

Klicken Sie danach zuerst einmal auf eine freie Stelle, um die Markierung von den ehemals gruppierten Objekten zu entfernen. Danach sind die Objekte wieder einzeln markierbar.

Wenn Sie mit dem Werkzeug VERSCHIEBEN eine Gruppe anklicken, wird stets die komplette Gruppe markiert. Möchten Sie ein einzelnes Objekt verändern, müssten Sie an sich die Gruppe aufheben und die Änderungen vornehmen. Es geht aber auch anders.

Um ein einzelnes Objekt innerhalb einer Gruppe auszuwählen, halten Sie die $\boxed{\texttt{Strg}}$-Taste gedrückt und klicken das gewünschte Objekt der Gruppe an.

Abb. 4.39: Ein gruppiertes Objekt markieren

Das gruppierte Objekt ist nun ausgewählt und kann von Ihnen bearbeitet werden.

Objekte ausrichten und verteilen

Affinity Designer bietet Ihnen eine hilfreiche Möglichkeit, Objekte auf das Genaueste anzuordnen und auszurichten.

Markieren Sie zunächst die Objekte. In der Kontextleiste finden Sie in der Gruppe ANORDNEN die für das horizontale bzw. vertikale Ausrichten benötigten Symbole. Dazu verwenden Sie jeweils die ersten drei Schaltflächen.

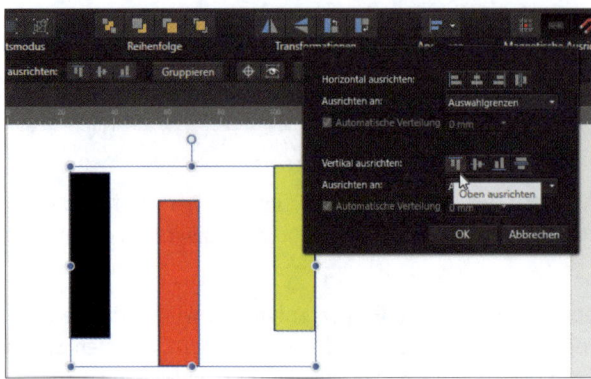

Abb. 4.40: Objekte aneinander ausrichten

Tipp

Verweilen Sie eine kurze Weile auf den jeweiligen Schaltflächen, damit Ihnen die erklärende QuickInfo angezeigt wird.

Klicken Sie auf das Symbol, welches das Ergebnis darstellt.

Die Objekte verteilen Sie mithilfe der jeweils letzten Schaltfläche. Je nach gewünschtem Ergebnis klicken Sie auf die Schaltfläche HORIZONTAL VERTEILEN bzw. VERTIKAL VERTEILEN.

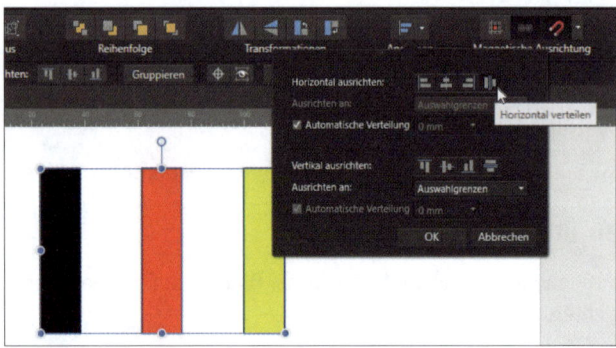

Abb. 4.41: Die Objekte horizontal verteilen

Die Objekte werden daraufhin automatisch innerhalb der Markierung verteilt.

Wünschen Sie die Abstände exakt festzulegen, deaktivieren Sie die jeweiligen Kontrollkästchen und stellen die Abstände individuell über den jeweiligen Regler ein.

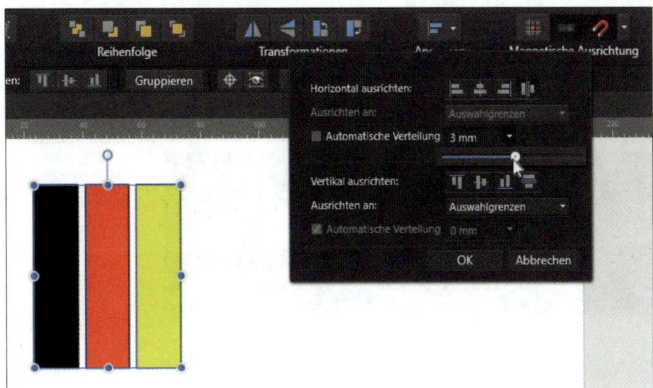

Abb. 4.42: Die Abstände individuell einstellen

Workshop: Affinity Logo, Teil 2

Im Folgenden wird das Affinity-Logo aus dem Workshop des vorherigen Kapitels fortgeführt.

Zunächst erstellen Sie die Stifte. Sie bestehen aus gedrehten Rechtecken.

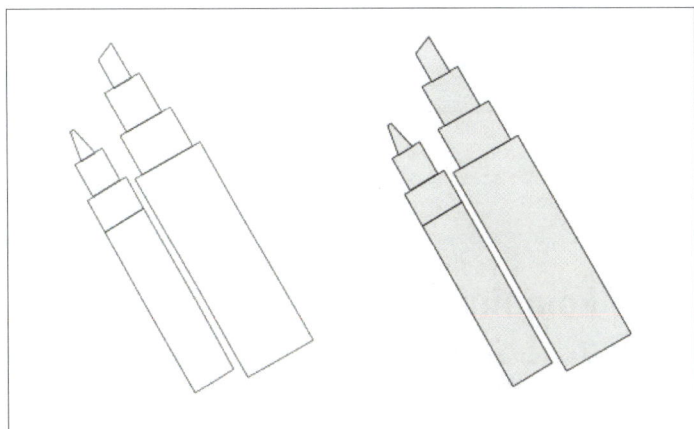

Abb. 4.43: Die Stifte erstellen (links Drahtgitter-Ansichtsmodus)

Haben Sie diese entsprechend angeordnet, ziehen Sie einen Auswahlrahmen um diese und führen mit ⌷Strg⌷ + ⌷G⌷ eine Gruppierung durch.

Ziehen Sie die Stifte auf das stilisierte Dreieck des Affinity-Logos. Wie Sie sehen, befindet sich die Stiftgruppe komplett im Vordergrund. Das muss noch ein wenig angepasst werden. Markieren Sie das untere Rechteck des Logos und führen Sie einen Klick auf die Schaltfläche GANZ NACH VORNE VERSCHIEBEN in der Gruppe REIHENFOLGE aus.

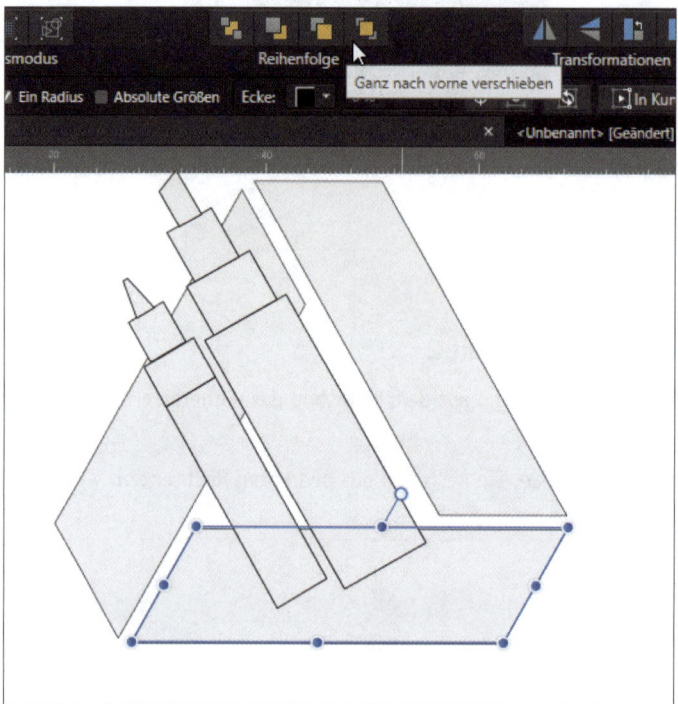

Abb. 4.44: Die Objekte anordnen

4.4   Objekte kombinieren

Sie können weitere Objekte nicht nur durch das bloße Arrangieren erstellen, sondern auch durch die Kombination mehrerer Objekte zu einem neuen oder auch dadurch gestalten, dass Sie die Form einfach umwandeln.

Tipp

Wenn Sie mehr als zehn Objekte gleichzeitig bearbeiten, strapazieren die folgenden Schritte den Arbeitsspeicher. Teilen Sie deshalb größere Projekte in kleine Arbeitseinheiten auf.

Varianten

Am Schnellsten lassen sich verknüpfte Formen mithilfe der Schaltflächen der Gruppe BEFEHLE herstellen. Diese geben Ihnen die Möglichkeit, Objekte zu neuen zusammengesetzten Objekten oder Formen zu kombinieren.

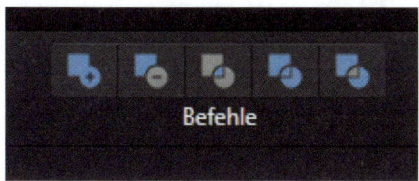

Abb. 4.45: Die Schaltflächen, die verknüpfte Formen ermöglichen

Erstellen Sie zunächst die beiden Grafikobjekte, die Sie miteinander verknüpfen wollen, und markieren Sie diese. Anschließend klicken Sie noch auf die entsprechende Schaltfläche, um die Aktion durchzuführen.

Hier stehen Ihnen die folgenden Möglichkeiten zur Verfügung:

- ◼ HINZUFÜGEN: Diese Option zeichnet die Kontur aller Objekte nach, sodass eine Einzelform entsteht.

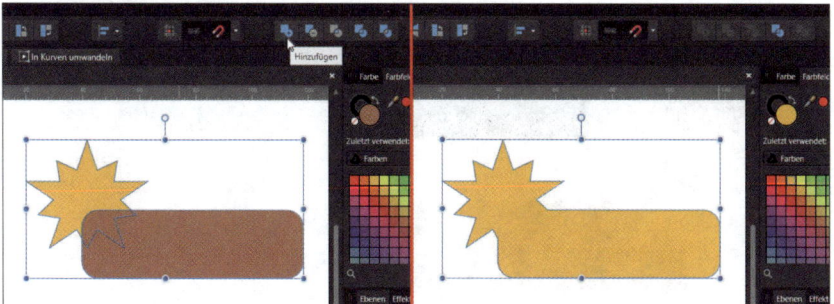

Abb. 4.46: Objekte zu einer Einzelform hinzufügen

■ SUBTRAHIEREN: In diesem Fall stanzen die Objekte im Vordergrund Bereiche aus dem untersten Objekt heraus.

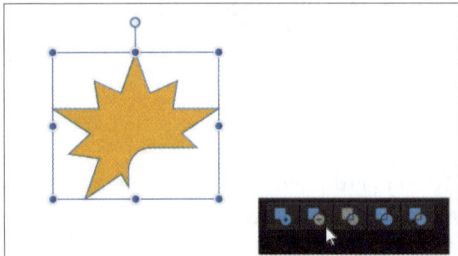

Abb. 4.47: Die Formen wurden subtrahiert.

■ ÜBERLAPPEN: Aus der Schnittmenge der beiden Objekte entsteht eine neue Form.

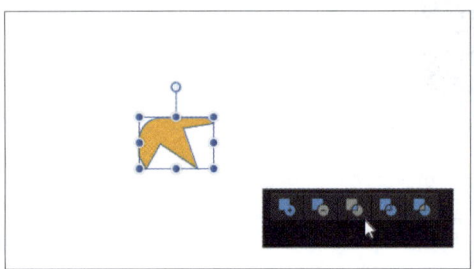

Abb. 4.48: Es bleibt ein Schnittmengenobjekt übrig.

■ AUFTEILEN: Die Objekte werden in gefüllte Teilflächen zerschnitten und es wird eine neue Form aus den Bereichen erstellt, die sich überlappten.

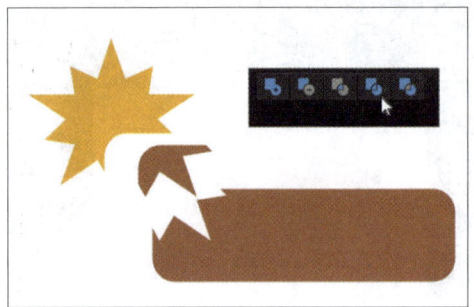

Abb. 4.49: Eine neue Form entsteht zusätzlich.

■ KOMBINIEREN: Der Bereich, in dem sich die Objekte überlappen, wird nebst dessen Kontur entfernt und die Formen werden zu einer vereinigt.

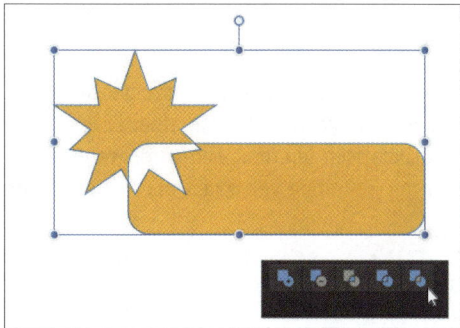

Abb. 4.50: Die beiden Formen werden kombiniert.

Workshop Schümlibär, Teil 3

Mit den zuvor gezeigten Optionen können Sie dem Schümlibär die Schnauze eindrucksvoller gestalten. Konkret soll das Lächeln durch die Zunge verstärkt werden.

Kopieren Sie dazu den Kreis für das Maul und decken Sie ihn mit einer weiteren Ellipse im unteren Bereich ab. Markieren Sie dann beide Objekte und klicken Sie den Befehl AUFTEILEN an. Anschließend entfernen Sie den Kreis und die Ellipse und färben das verbliebene Objekt rot. Nun müssen Sie es nur noch an die entsprechende Stelle schieben.

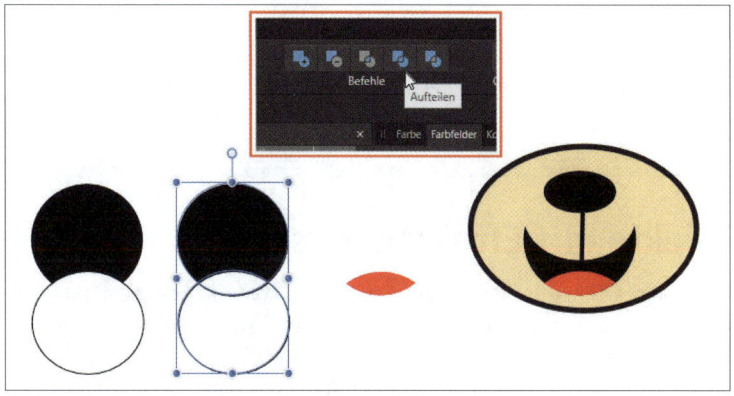

Abb. 4.51: Aus zwei Objekten eine Zunge erstellen

4.5   Objekte zuschneiden

Möchten Sie unerwünschte Teile eines ausgewählten Objekts oder von gruppierten Objekten nach bestimmten Seitenverhältnissen entfernen, kommt das Werkzeug VEKTORZUSCHNITT zum Einsatz.

Nachdem Sie das Werkzeug aktiviert haben, bewegen Sie den Mauszeiger auf einen der Eck- oder Seitengriffe. Im ersten Fall können Sie das Bild von einer Ecke aus zuschneiden, wobei das Seitenverhältnis automatisch übernommen wird. Wenn Sie an einem der Seitengriffe ziehen, dann erhalten Sie einen vertikalen oder horizontalen Zuschnitt.

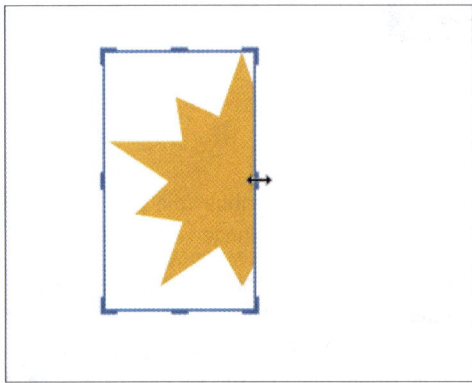

Abb. 4.52: Eine Form horizontal zuschneiden

Tipp

Um einen Zuschnitt von der Mitte der Form aus zu erhalten, drücken Sie die [Strg]-Taste.

4.6   Objekte mit Effekten versehen

Möchten Sie Elemente Ihres Designs kreativ verändern, kommen Ebeneneffekte zum Einsatz. Diese lassen sich zum einen auf die gesamte Ebene als auch auf ausgewählte Objekte anwenden. Im ersten Fall greifen Sie auf die einzelnen Effekte über die Schaltfläche EBENENEFFEKTE, die Sie am unteren Rand des Panels EBENEN finden, im zweiten Fall direkt über das Panel EFFEKTE zu.

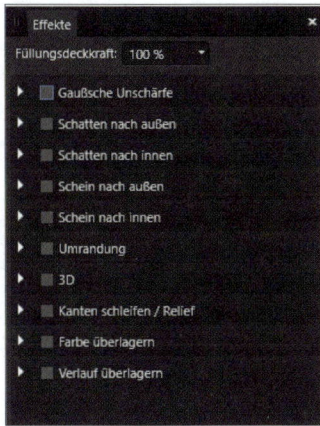

Abb. 4.53: Das Panel Effekte

Tipp

Die Funktionsweise der verschiedenen Einstellungen wird sich Ihnen schneller erschließen, wenn Sie diese an einer Beispieldatei ein wenig ausprobieren.

Gaußsche Unschärfe

Mit dem Effekt Gaussssche Unschärfe können Sie eine gleichmäßige Unschärfe erzeugen, die auf einem gewichteten Mittelwert beruht.

Mithilfe des Reglers Radius legen Sie dabei fest, wie weit sich der Effekt erstreckt.

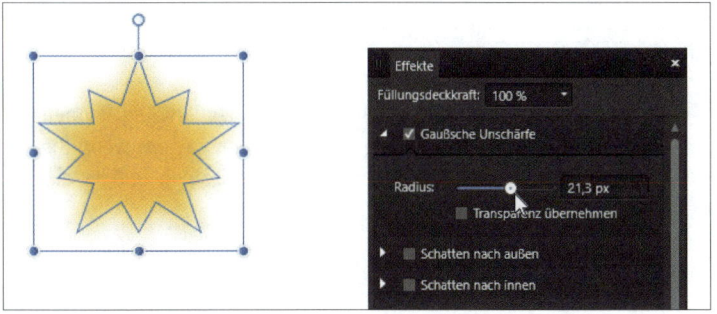

Abb. 4.54: Der Effekt Gaussssche Unschärfe

Möchten Sie die Kanten der Objekte nicht weichgezeichnet wissen, aktivieren Sie das Kontrollkästchen Transparenz übernehmen.

Schatten nach außen

Mit dem Effekt Schatten nach aussen legen Sie einen Schlagschatten an, der ein Objekt plastischer erscheinen lässt. Dabei handelt es sich um eine Kopie des Objekts, die im Hintergrund angebracht wird und auf deren Eigenschaften Sie Einfluss haben.

Über das Feld Farbe legen Sie die zu verwendende Farbe für den Effekt fest. Standardmäßig ist Schwarz voreingestellt. Die Transparenz der Farbe legen Sie durch den Regler Deckkraft fest und wie weit sich der Effekt erstreckt über den Regler Radius. Die Entfernung zwischen dem Objekt und dem Effekt wiederum können Sie über den Regler Versatz bestimmen.

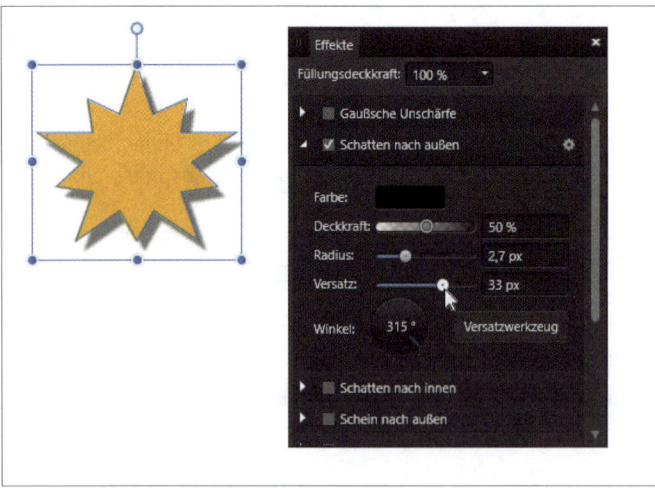

Abb. 4.55: Der Effekt Schatten nach aussen

Einfluss auf den Winkel der Lichtquelle, des Schatten oder des Verlaufs können Sie über den Regler Winkel nehmen. Intuitiver geht das Ganze vonstatten, wenn Sie die Schaltfläche Versatzwerkzeug aktivieren, damit auf das Objekt zeigen und in die gewünschte Richtung ziehen.

Abb. 4.56: Intuitives Arbeiten mit dem Versatzwerkzeug

Weitere Einstellungen erhalten Sie, wenn Sie auf das kleine Zahnradsymbol EBENEN-EFFEKTE am rechten Rand der Effektbezeichnung klicken. In dem dadurch angezeigten Panel EBENENEFFEKTE finden Sie eine Reihe an weiteren Einstellungsmöglichkeiten, mit denen Sie den Effekt weiter einstellen können.

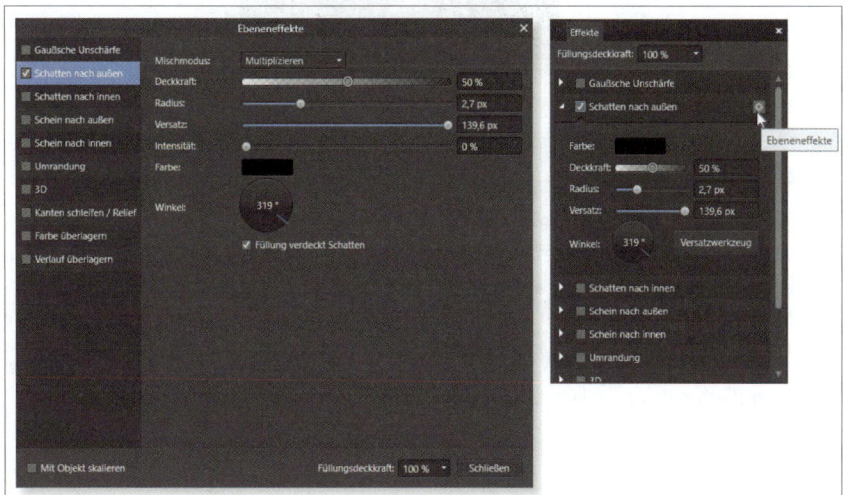

Abb. 4.57: Umfassende Einstellungsmöglichkeiten über die Ebeneneffekte

Hinweis

Bei den folgenden Effekten können Sie nach einem Klick auf diese Schaltfläche ebenfalls weitere Einstellungen vornehmen.

Schatten nach innen

Möchten Sie einen Schatten in einem Objekt erzeugen, dann nehmen Sie den Effekt SCHATTEN NACH INNEN, dessen Einstellungen denen des Effekts SCHATTEN NACH AUSSEN entsprechen.

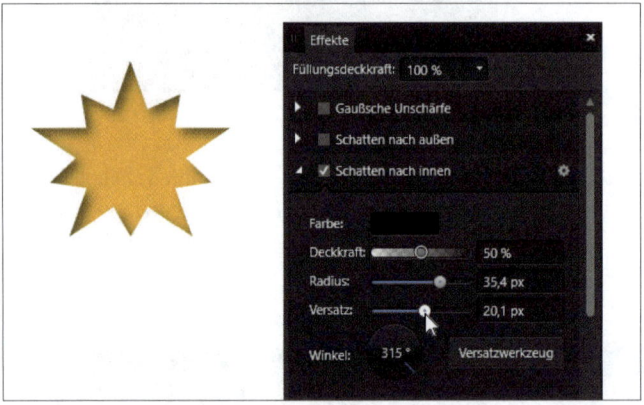

Abb. 4.58: Einen Schatten nach innen erzeugen

Schein nach außen

Um einen Farbschimmer um ein Objekt zu erzeugen, kommt der Effekt SCHEIN NACH AUSSEN zum Einsatz. Die dabei verwendete Farbe legen Sie über die gleichnamige Schaltfläche fest. Klicken Sie auf das Farbfeld, um die Farbe mit dem Einblendmenü festzulegen. Innerhalb dessen finden Sie unter anderem die Optionen RGB-SCHIEBER oder CMYK-SCHIEBER oder das HSL-FARBRAD.

Über den Regler RAUSCHEN können Sie die Körnigkeit des Effekts einstellen.

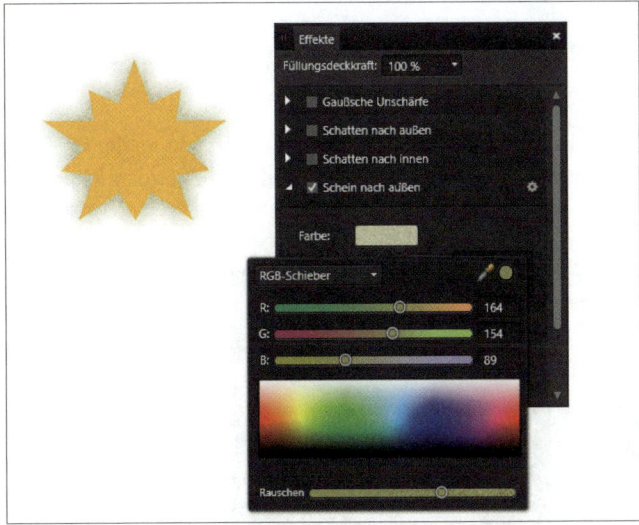

Abb. 4.59: Der Effekt SCHEIN NACH AUSSEN

Schein nach innen

Beim Effekt SCHEIN NACH INNEN verhält es sich umgekehrt. Es wird ein Farbschimmer in einem Objekt erzeugt. Die Einstellungen entsprechen dem Effekt SCHEIN NACH AUSSEN.

Abb. 4.60: Der Effekt SCHEIN NACH INNEN

Umrandung

Wenn eine farbige Linie um Objekte gelegt werden soll, kommt der Effekt Umrandung zum Einsatz.

Über das Feld Farbe legen Sie die Farbe für den Effekt fest, mit dem Regler Deckkraft bestimmen Sie, wie transparent der Effekt dargestellt wird, und über den Regler Radius, wie weit sich der Effekt erstreckt.

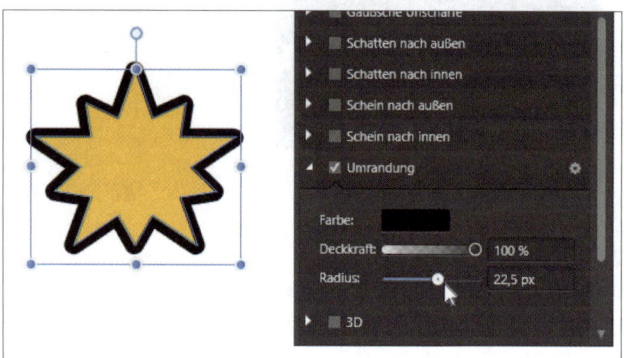

Abb. 4.61: Eine Umrandung mittels Effekt erzeugen

3D

Die Illusion einer texturierten Oberfläche erzeugen Sie über den Effekt 3D. Dieser Effekt wäre beispielsweise etwas für das Affinity-Logo, welches weiter oben vorgestellt wurde.

Ziehen Sie den Regler Radius nach rechts, um den Effekt zu verstärken.

Im Dialogfenster Ebeneneffekte finden Sie eine Reihe an weiteren Optionen, um den Effekt noch zu verfeinern.

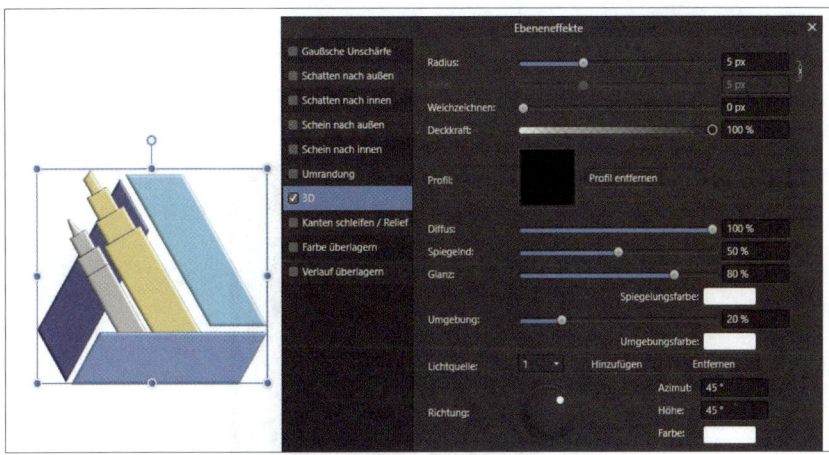

Abb. 4.62: Der Effekt 3D im Einsatz

Kanten schleifen / Relief

Mit dem Effekt Kanten schleifen / Relief kann man Objekte mit abgerundeten Ecken und Schatten versehen, sodass diese dreidimensional wirken.

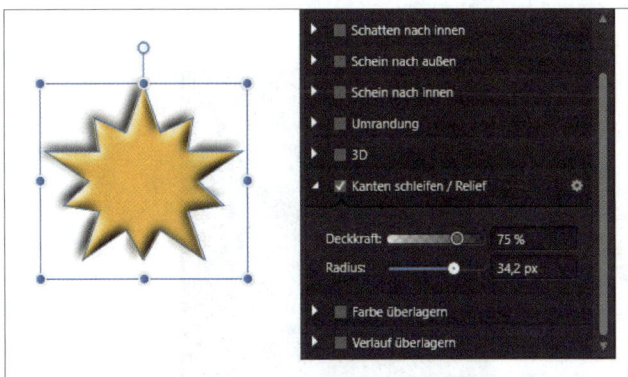

Abb. 4.63: Der Effekt Kanten schleifen / Relief

Farbe überlagern

Mit diesem Effekt können Sie über eine bestehende Farbe eine gleichmäßige Farbe legen. Die Stärke des Effekts stellen Sie über den Regler DECKKRAFT ein.

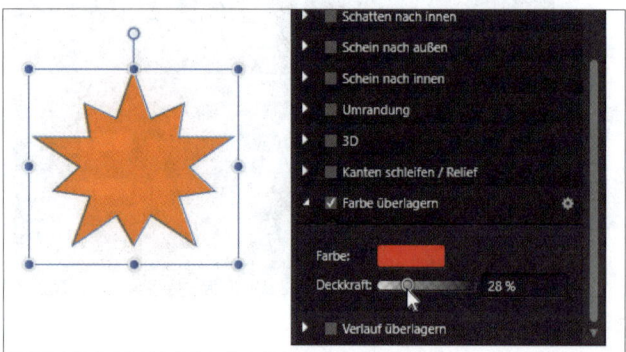

Abb. 4.64: Ein Objekt mit einer Farbe überlagern

Verlauf überlagern

Der Effekt VERLAUF ÜBERLAGERN arbeitet ähnlich wie der zuvor gezeigte, nur wird hier ein Farbverlauf über die bestehenden Farben gelegt.

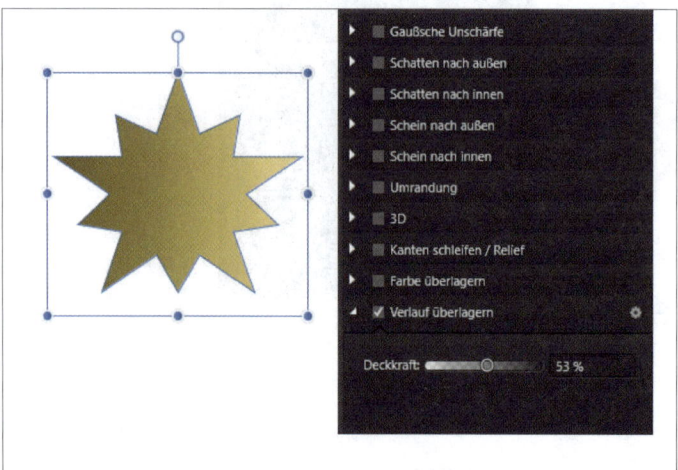

Abb. 4.65: Das Objekt mit einem Verlauf überlagern

Workshop Schümlibär, Teil 4

Das Maskottchen des Cafehauses Schümli eignet sich gleich einmal, um die Effekte praktisch anzuwenden. Ziehen Sie um den Bären einen Auswahlrahmen und probieren Sie einmal den Effekt 3D aus.

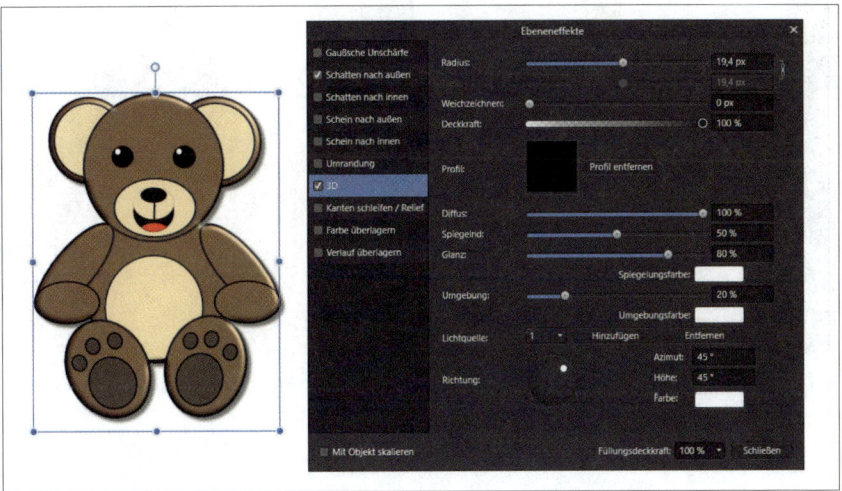

Abb. 4.66: Der Schümlibär im 3D-Look

4.7   Objekte rastern

Bei einer Druck- oder Webausgabe von Objekten können die gefürchteten Pixeltreppeneffekte eintreten oder man stellt fest, dass die Linien für den Druck zu dünn sind. Deshalb können Objekte wie Formen, Kurven, Linien und Texte gerastert und in Pixelebenen umgewandelt werden.

Zunächst sollten Sie die Objekte per Ansicht prüfen. Dazu klicken Sie in der Gruppe Ansichtsmodus auf die Schaltfläche Pixel-Ansichtsmodus. Nun erfolgt die Darstellung der Vektorobjekte als einzelne Pixel und Sie können das vermutliche Ergebnis begutachten.

Abb. 4.67: Ein Objekt in der normalen Ansicht und im Pixel-Ansichtsmodus

---

Tipp

Erscheint das Objekt stark verpixelt, kann es sein, dass die Linien oder Verläufe auf halben Pixeln liegen. Hier erzielt man oft ein besseres Ergebnis, wenn man die Grafik ein wenig verkleinert.

Sind Sie mit dem Ergebnis zufrieden, können Sie die Objekte rastern und exportieren. Dazu markieren Sie zunächst das betreffende Objekt mit aktivierten Werkzeug VERSCHIEBEN mit einem Rechtsklick und wählen aus dem Kontextmenü den Eintrag RASTERN an.

Hinweis

Möchten Sie die Objekte einer Ebene rastern, markieren Sie die betreffende Ebene im gleichnamigen Panel.

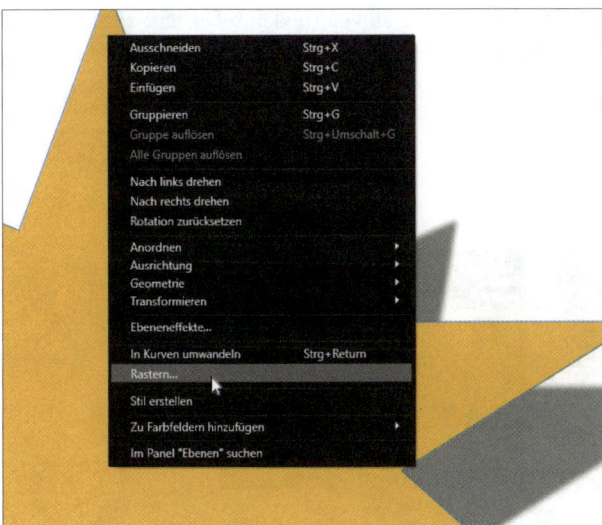

Abb. 4.68: Die Vorbereitung für das Rastern

Im folgenden Dialogfenster bestätigen Sie Ihren Wunsch mit einem Klick auf die Schaltfläche RASTERN.

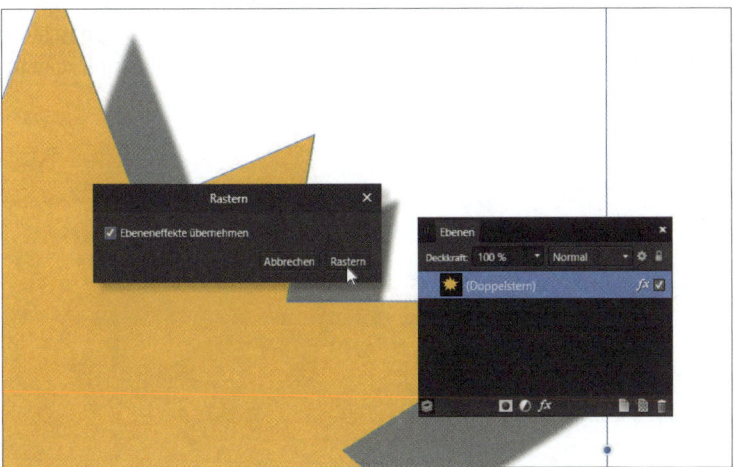

Abb. 4.69: Das Rastern starten

Der Designer führt Ihren Befehl aus und alle Kurven (und ggf. Ebenen) werden gerastert und als Pixel-Ebene angezeigt.

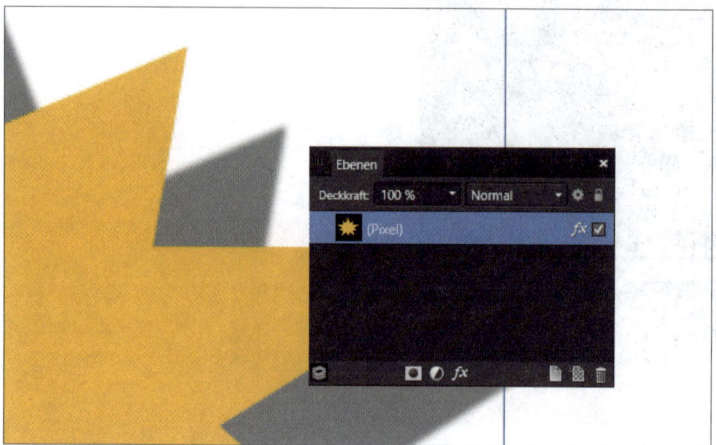

Abb. 4.70: Und schon ist die Umwandlung als Pixel-Ebene erfolgt.

Nach erfolgreichen Rastern können Sie die Objekte nicht mehr in der Draw Persona bearbeiten, sondern Sie müssten, da es sich nun um Pixelgrafiken handelt, in die Pixel Persona oder mit der Datei in das Schwesterprogramm Affinity Photo wechseln. Sollten Sie mit dem Ergebnis nicht zufrieden sein und die Datei noch nicht geschlossen haben, können Sie natürlich über das Panel Protokoll die Umwandlung rückgängig machen.

Kapitel 5

Freies Gestalten: Pfade (Kurven)

Im Folgenden werden Sie die so genannten *Pfade* näher kennen lernen, die Ihnen das Erstellen komplexerer Formen ermöglichen. In Affinity Designer werden diese als *Kurven* bezeichnet und die Linien als *Kontur*. Bei *Pfaden* handelt es sich um Linienzüge, die aus geraden und/oder gekrümmten Segmenten bestehen und durch Ankerpunkte an beiden Seiten begrenzt sind. Die Pfade bilden die Grundlage für alle Formen. Ein Pfad ist somit die Verbindung aller Ankerpunkte, aus denen eine Grafikform besteht. Die Ankerpunkte treten dabei in zwei Varianten auf: als Eck- und als Glättungspunkte. Und auch die Pfade kommen in zweierlei Erscheinungsformen vor: als geschlossene und als offene Pfade.

Pfade kann man beispielsweise einsetzen, um

- Objekte zu zeichnen oder um
- Texte daran entlanglaufen zu lassen.

Pfade werden im Designer mit den Werkzeugen Zeichenstift, Bleistift und Vektorpinsel erzeugt. Mit dem ersten Werkzeug können Sie dabei sehr präzise Kurven erstellen, während die beiden anderen Werkzeuge für das freihändige Ziehen von Kurven bzw. Malen von Strichen gedacht sind.

5.1 Funktionsweise von Pfaden

Der Zeichenstift ist das Werkzeug, das Sie für die Gestaltung mit Pfaden am häufigsten benötigen werden. Es ermöglich Ihnen nämlich, bereits vorhandene Objekte Ihren Wünschen gemäß neu zu gestalten.

Im Prinzip bestehen alle Objekte in Affinity Designer aus Pfaden. Deshalb ist es hilfreich, zunächst das Funktionsprinzip von Pfaden zu verstehen. Dazu sollten Sie zunächst mit dem Werkzeug Ellipse einen Kreis erstellen. Anschließend aktivieren Sie durch Anklicken bzw. Betätigen der Taste [P] das Werkzeug Zeichenstift.

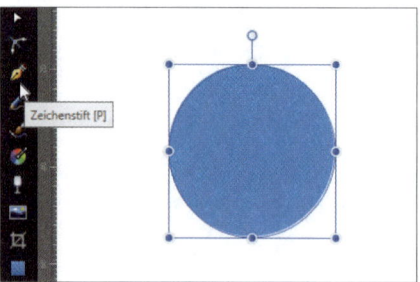

Abb. 5.1: Das Rechteck nach Aktivierung des Werkzeugs Zeichenstift

Knoten

Wie Sie bemerken werden, erscheinen an den Ecken vier kleine Rechtecke. Sie werden als *Knoten* bezeichnet. Die Linien, die diese Punkte verbinden und so das Objekt umschließen, sind die so genannten *Pfade*.

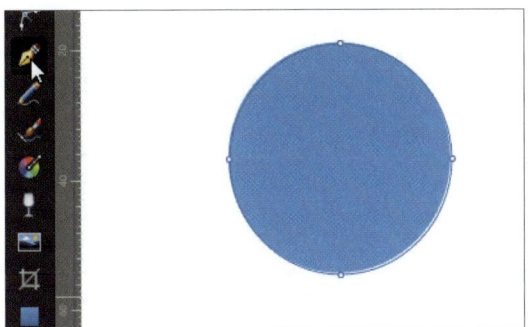

Abb. 5.2: Die Ankerpunkte sind deutlich zu erkennen.

Ein solcher Pfad besteht aus einem oder mehreren *Segmenten*. Anfang und Ende der einzelnen Segmente werden jeweils durch Knoten markiert, die wie Halterungen für Drähte funktionieren.

Funktionsweise

Durch Bearbeiten der Knoten können Sie die Form eines Pfades ändern. Dazu müssen Sie eine geometrische Form, welche Sie mit den Formwerkzeugen gezeichnet haben, zunächst in Kurven umwandeln. Aktivieren Sie das Werkzeug VERSCHIEBEN und klicken Sie in der Kontextleiste auf die Schaltfläche IN KURVEN UMWANDELN.

Tipp

Es lassen sich auch Fotos, also Pixelgrafiken, in Kurven umwandeln. Dazu müssen Sie lediglich mit der rechten Maustaste auf das Foto klicken und den Kontextmenüpunkt IN KURVEN UMWANDELN anwählen. Danach lässt sich die Form des Fotos mithilfe des KNOTENWERKZEUGS an jede beliebige Objektform anpassen und somit recht interessante Effekte erzielen.

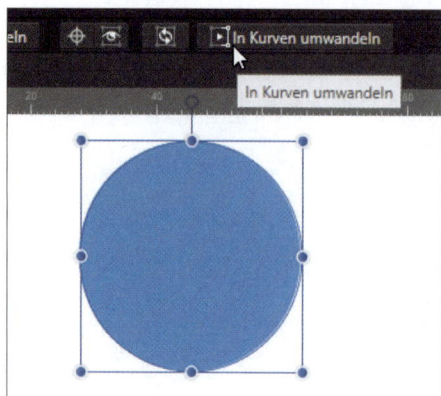

Abb. 5.3: Das Rechteck in Kurven umwandeln

Das betreffende Objekt wird daraufhin mit seinen Knotenpunkten dargestellt. Ein Kreis verfügt beispielsweise nun über vier Knoten. Wenn Sie einen dieser Knoten markieren, erscheinen die so genannten *Richtungslinien,* mit denen man nun Einfluss auf den Kurvenverlauf nehmen kann.

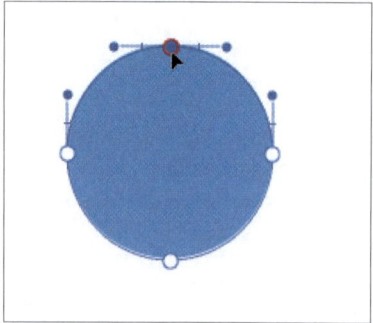

Abb. 5.4: Die vier Knoten eines Kreises

Zeigen Sie mit dem Mauszeiger auf einen der kleinen Kreise, sie befinden sich am Ende der jeweiligen Grifflinie, und ziehen Sie mit gedrückter Maustaste vom Objekt weg.

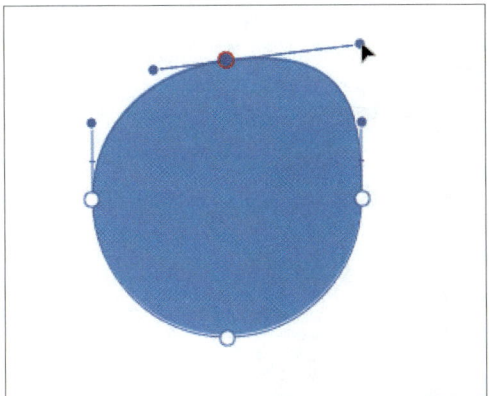

Abb. 5.5: Den Verlauf der Kurve beeinflussen

Dabei gelten folgende Regeln: Das Verlängern der Richtungslinie führt zu einer Verstärkung der Kurvenkrümmung. Die Zugrichtung des Anfassgriffs bestimmt dagegen den Winkel der Kurve.

Diese Verhaltensweisen hängen von der Eigenschaft des jeweiligen Knotens ab. Wie man darauf Einfluss nimmt und welche Auswirkungen das hat, erfahren Sie im folgenden Abschnitt.

Knotenformen

Objekte bestehen, wie dargestellt, aus einer oder mehreren geraden oder gekrümmten Strecken, die durch Knotenpunkte verbunden sind. Durch Bearbeiten dieser Punkte können Sie die Form eines Objekts ändern.

Standardmäßig verwendet der Designer den glatten Knoten, bei dem die Kontrollpunkte unterschiedlich weit vom Knoten weggezogen werden können. Bei einem glatten Knoten nehmen die Linien, die durch den Knoten verlaufen, die Form einer Kurve an und erzeugen so weiche Übergänge zwischen den Liniensegmenten. Die Steuerpunkte eines glatten Knotens liegen einander stets direkt gegenüber, sie können jedoch unterschiedlich weit vom Knoten entfernt sein. Dabei sind sie nicht symmetrisch und die Folgestrecken können unterschiedlich ausgeformt werden.

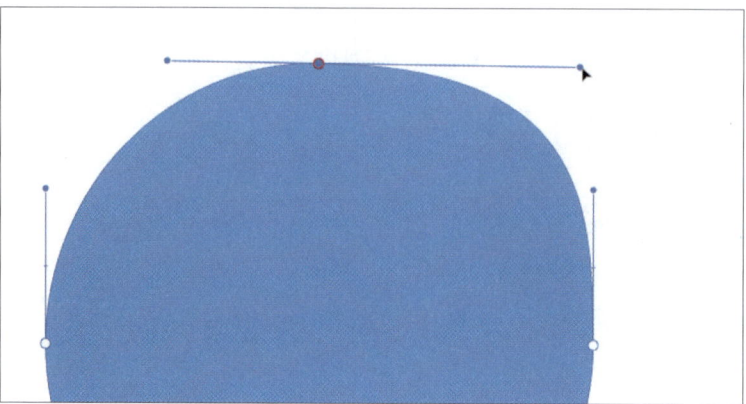

Abb. 5.6: Deutlich zu erkennen: unterschiedlich lange Richtungslinien

Möchten Sie beide Kontrolllinien unabhängig voneinander positionieren, wandeln Sie den betreffenden Knoten in einen spitzen Knoten um. Mit einem spitzen Knoten kann man scharfe Übergänge in einem Kurvenobjekt erzeugen, beispielsweise Ecken und spitze Winkel. Diese Knotenform verfügt über keine Richtungslinien.

Um einen solchen Knoten zu erhalten, markieren Sie mit dem KNOTENWERKZEUG den Knotenpunkt und führen einen Klick auf die Schaltfläche IN SPITZ UMWANDELN aus.

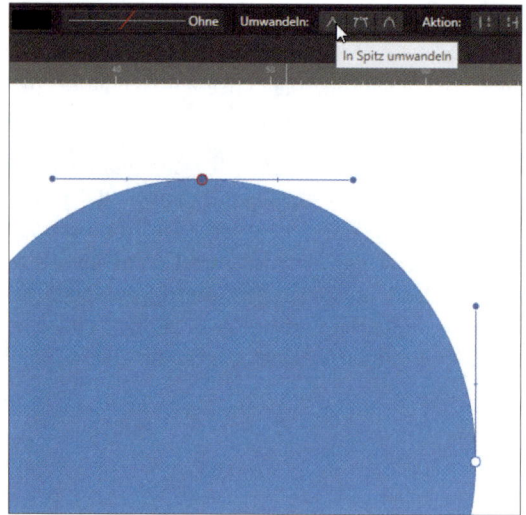

Abb. 5.7: Einen Knoten umwandeln

Anschließend zeigen Sie auf einen Knoten und ziehen ihn in einem spitzen Winkel weg.

Abb. 5.8: Den Knoten spitz wegziehen

Wie Sie sehen, wird nun die Kurve mit einem scharfen Winkel versehen.

Mit der zweiten Schaltfläche konvertieren Sie den Knoten in die Form IN GLATT UMWAN-DELN. Dadurch können Sie Bézierkurven erstellen, da der Knoten nun seine angrenzenden Segmente zu einer fortlaufenden Kurve verbindet. Ein Klick auf die dritte Schaltfläche IN SMART UMWANDELN sorgt ebenfalls für eine fortlaufende Kurve, optimiert jedoch gleichzeitig auch den Kurvenverlauf.

Knoten löschen

Neben den Knoteneigenschaften lassen sich auch die Knoten selbst bearbeiten und damit die Form des Kurvenobjekts verändern. Das Bearbeiten von Objekten erfolgt unter anderem auch durch Entfernen von Knoten. Um einen Knoten zu entfernen, markieren Sie diesen mit dem KNOTENWERKZEUG und betätigen die Taste $\boxed{\text{Entf}}$.

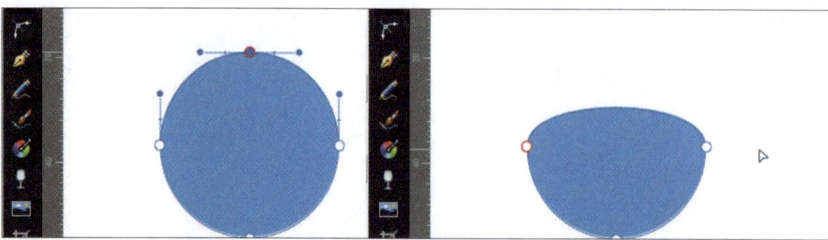

Abb. 5.9: Einen Ankerpunkt entfernen (vorher / nachher)

Tipp

Das KNOTENWERKZEUG können Sie auch über die Taste [A] aktivieren.

Der Punkt wird entfernt und der Designer schließt die Lücke automatisch.

Knoten hinzufügen

Umgekehrt können Sie jederzeit einen Knoten (wieder) hinzufügen. Dazu müssen Sie lediglich mit dem KNOTENWERKZEUG an der gewünschten Stelle auf den Rand des Objekts klicken.

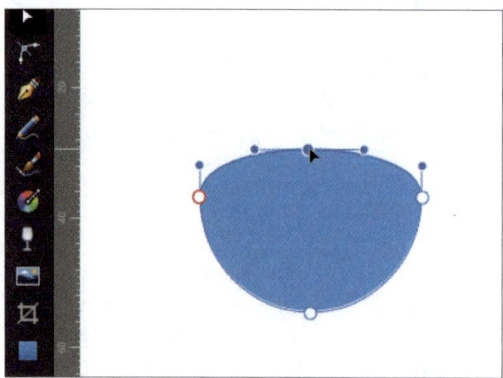

Abb. 5.10: Neuen Ankerpunkt anlegen

Es entsteht ein neuer Knoten, den Sie an seiner Füllung erkennen, denn er ist noch markiert.

Diesen Knoten können Sie (wie alle Knoten) verschieben. Zeigen Sie einfach mit aktiviertem KNOTENWERKZEUG darauf und ziehen Sie ihn an die gewünschte Position.

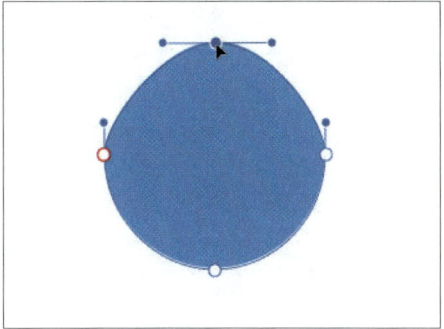

Abb. 5.11: Einen Ankerpunkt verschieben

Dort lassen Sie ihn los und das Objekt nimmt augenblicklich seine neue Form an.

Tipp

Effizienter lassen sich markierte Knoten – nachdem Sie diese mit dem Werkzeug VERSCHIEBEN markiert haben – mithilfe der Cursortasten verschieben. Halten Sie dabei die ⬆-Taste gedrückt, legen Sie ein Zehnfaches an Entfernung zurück.

Pfade verändern

Pfade bestehen, wie dargestellt, aus einem oder mehreren geraden oder gekrümmten Segmenten. Durch Bearbeiten der Knoten können Sie die Form eines Pfades ändern.

Knoten halten sozusagen zwei Linien zusammen. Wenn man diese Verbindung unterbricht, erhält man bei einem Objekt einen so genannten *offenen Pfad*.

Hinweis

Entfernen Sie zunächst die Füllung des Objekts, da Sie den Pfad so besser erkennen können.

Markieren Sie mit dem KNOTENWERKZEUG den Knoten an der Stelle, an der Sie die Kurve unterbrechen wollen, und führen Sie einen Klick auf die Schaltfläche KURVE ÖFFNEN aus.

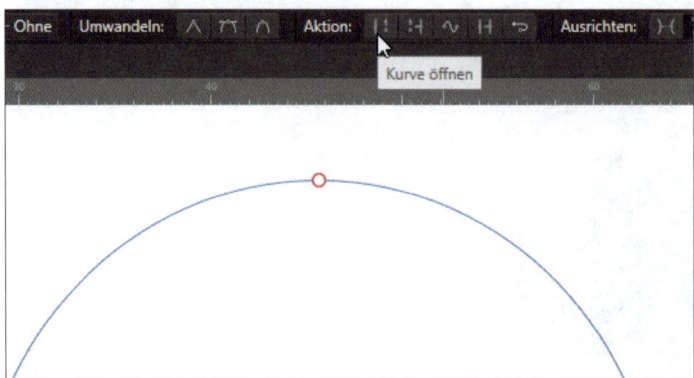

Abb. 5.12: Eine Kurve öffnen

Zeigen Sie anschließend auf den Knoten und ziehen Sie ihn mit gedrückter Maustaste von seiner Position.

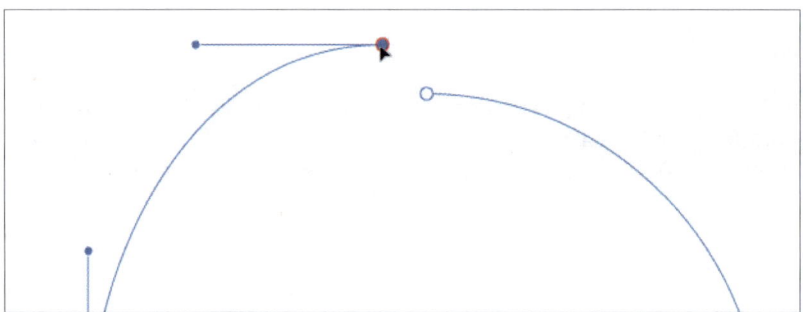

Abb. 5.13: Ziehen Sie den Knoten von den anderen weg.

Zwei Knoten können Sie dergestalt verbinden, dass sie wieder zu einem einzigen werden. Dazu müssen Sie lediglich mit dem KNOTENWERKZEUG den einen Knoten auf den anderen ziehen. Liegen beide übereinander, wird die Kontur in grüner Farbe dargestellt.

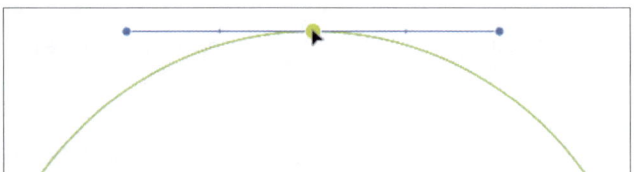

Abb. 5.14: Die Knoten liegen (wieder) übereinander.

Nun müssen Sie nur noch die Aktion KURVE SCHLIESSEN ausführen und beide Knoten werden verbunden. Ein offenes Objekt wird dabei zusammengefügt.

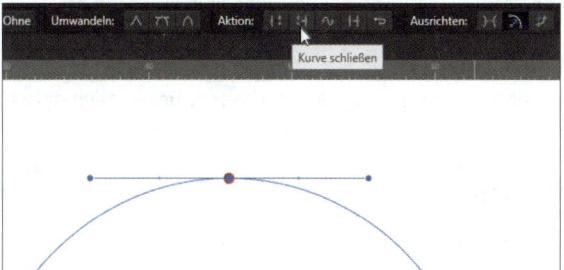

Abb. 5.15: Beide Knoten werden (wieder) verbunden.

Liegen die beiden Endpunkte nicht übereinander, dann können Sie diese mit einem weiteren Segment verbinden.

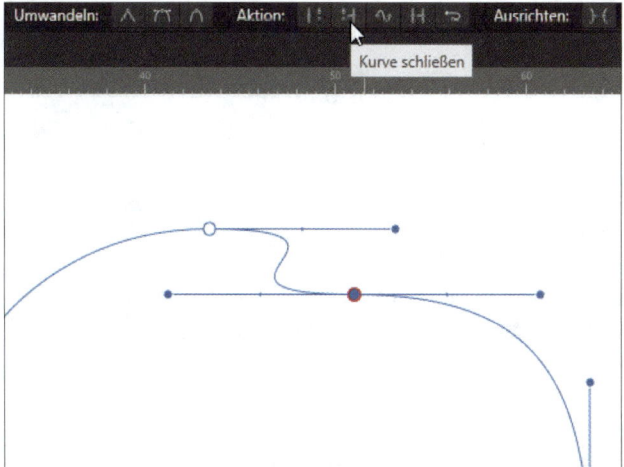

Abb. 5.16: Einen offenen Pfad schließen

5.2 Gerade Pfade

Mit dem Werkzeug ZEICHENSTIFT können Sie einen Pfad zeichnen, der mit den einfacheren Zeichenwerkzeugen nicht erstellt werden kann. Allerdings braucht es ein bisschen Übung im Umgang mit diesem Werkzeug. Aber dann können Sie gerade Linien und glatte, fließende Kurven mit großer Genauigkeit zeichnen. Linien sind offene Kurven, die mindestens zwei Knoten (Anfangs- und Endknoten) enthalten. Der Bereich dazwischen wird als *Kurvensegment* bezeichnet.

Zeichnen einer geraden Linie

Recht schnell können Sie mit dem WERKZEUG ZEICHENSTIFT eine gerade Linie ziehen. Dazu bewegen Sie den Mauszeiger an die Stelle auf der Arbeitsfläche, an der das gerade Segment beginnen soll, und klicken dort einmal. Es entsteht ein Knoten. Bewegen Sie nun den Stift an den Punkt, an dem die Linie enden soll. Die dünne rote Linie hilft Ihnen, dass eine wirkliche gerade Strecke entsteht, und zugleich können Sie damit den Abstand festlegen.

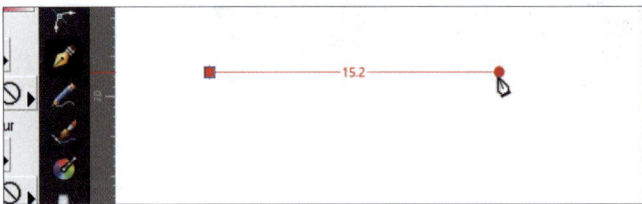

Abb. 5.17: Eine gerade Linie mit dem Werkzeug ZEICHENSTIFT erstellen

Am gewünschten Ende angekommen, klicken Sie abermals. Dadurch erstellen Sie einen Pfad, bei dem gerade Liniensegmente durch Eckpunkte verbunden werden.

Abb. 5.18: Die Linie ist erstellt.

Zeichnen eines geraden Objekts

Auf die gleiche Art, wie Sie eine gerade Linie zeichnen, können Sie auch ein geschlossenes Objekt erstellen.

Klicken Sie dazu an einem Eckpunkt einmal mit der Maus und ändern Sie dann die Richtung. Den aktuellen Stand Ihrer Arbeit können Sie der Markierung der Punkte entnehmen. Der jeweils letzte hinzugefügte Ankerpunkt wird als ausgefülltes Quadrat und somit als markierter Punkt angezeigt. Bestehende Ankerpunkte werden beim Hinzufügen weiterer Ankerpunkte als deaktiviert angezeigt.

Das Objekt wird dadurch geschlossen, dass Sie den Stiftzeiger über dem ersten (nicht ausgefüllten) Ankerpunkt positionieren. Wenn sich der Cursor genau darüber befindet, wird ein kleiner Kreis neben dem Werkzeug ZEICHENSTIFT als Zeichen angezeigt.

Führen Sie jetzt einen Klick aus und das Objekt ist geschlossen.

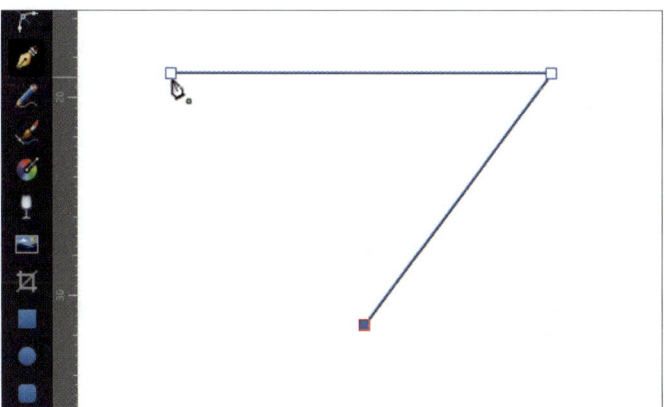

Abb. 5.19: Mit einem Klick wird das Objekt geschlossen.

Möchten Sie das Objekt nicht schließen, dann halten Sie die [Strg]-Taste gedrückt und klicken auf eine Stelle, an der sich keine Objekte befinden. Alternativ können Sie auch den Befehl AUSWAHL AUFHEBEN aus dem BEARBEITEN-Menü aufrufen oder einfach ein anderes Werkzeug auswählen.

Beim Zeichnen mit Pfaden kann ein Raster hilfreich sein. Bringen Sie es zunächst über ANSICHT / RASTER EINBLENDEN auf den Schirm und achten Sie darauf, dass in der Kontextleiste die magnetische Ausrichtung aktiviert ist.

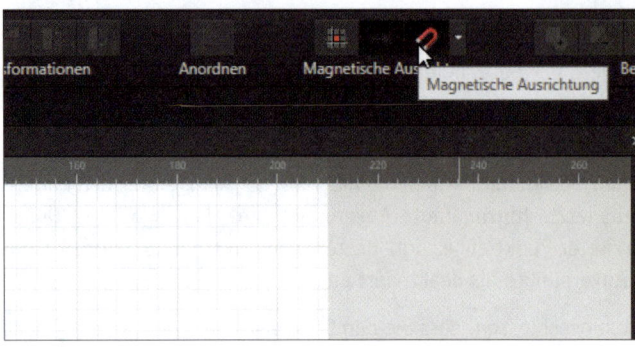

Abb. 5.20: Ist die magnetische Ausrichtung des Rasters aktiviert?

Nun können Sie symmetrische Objekte zeichnen. Bewegen Sie den Mauszeiger über die Fläche. Wenn Sie einen Schnittpunkt der Rasterlinien passieren, wird Ihnen ein roter Punkt angezeigt.

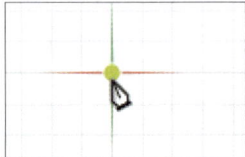

Abb. 5.21: Der Mauszeiger rastet im Schnittpunkt der Linien ein.

Führen Sie an dieser Stelle einen Klick aus, bewegen Sie den Mauszeiger zu der nächsten Stelle und klicken Sie dort erneut.

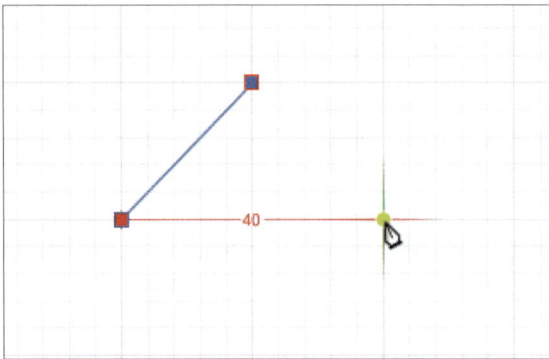

Abb. 5.22: Zeichnen mithilfe des Rasters

Möchten Sie zu einem späteren Zeitpunkt den Verlauf der Linien ändern, dann aktivieren Sie das KNOTENWERKZEUG und ziehen den Knotenpunkt an eine andere Stelle. Auch dort rastet er wieder auf einem Schnittpunkt der Linien ein.

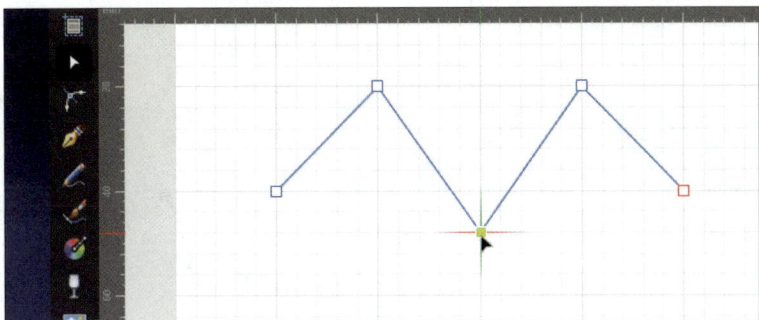

Abb. 5.23: Den Verlauf mit dem Knotenwerkzeug ändern

Zeichnen eines gekrümmten Segments

Mit dem Werkzeug ZEICHENSTIFT können Sie des Weiteren recht komfortabel Kurven zeichnen. Dazu fügen Sie lediglich Ankerpunkte an den Stellen hinzu, an denen sich die Richtung der Kurve ändern soll.

Nachdem Sie das Werkzeug aktiviert haben, positionieren Sie die Stiftspitze an der gewünschten Anfangsstelle der Krümmung. Klicken Sie mit der Maus und halten Sie die Maustaste gedrückt. Ziehen Sie nun diesen Zeiger in die gewünschte Richtung, um die Neigung der Linie festzulegen.

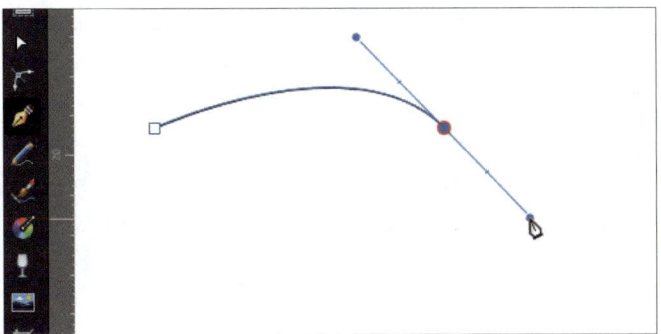

Abb. 5.24: Der erste Ankerpunkt

Wenn Sie die gewünschte Krümmung erreicht haben, lassen Sie die Maustaste los.

Setzen Sie nun den Stift an den gewünschten Endpunkt. Klicken Sie mit der Maus darauf und halten Sie sie fest. Jetzt ist das Kurvensegment sichtbar und Sie können mithilfe der Richtungslinie den gewünschten Verlauf der Linie herstellen.

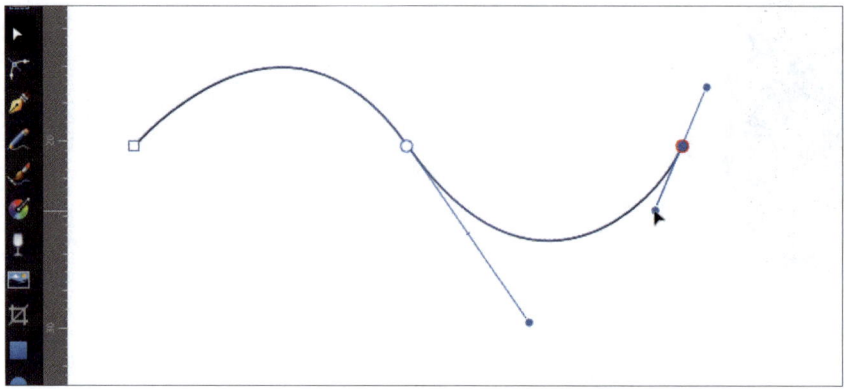

Abb. 5.25: Den Verlauf mit dem Ankerpunkt bestimmen

Wenn Sie die gewünschte Krümmung erreicht haben, lassen Sie die Maustaste los.

Verfahren Sie nun auf diese Art und Weise mit den anderen Ankerpunkten, bis das gewünschte Objekt fertig ist.

Möchten Sie ein geschlossenes Objekt erstellen, dann positionieren Sie abschließend den Zeiger über dem ersten (nicht ausgefüllten) Ankerpunkt. Wenn dann neben dem Symbol ein kleiner Kreis angezeigt wird, ist dieser korrekt positioniert und Sie können mit einem weiteren Klick das Objekt schließen.

Soll das Objekt geöffnet bleiben, halten Sie die [Strg]-Taste gedrückt und klicken lediglich auf eine Stelle, an der sich keine Objekte befinden.

Tipp

Bei geometrischen und symmetrischen Formen sollten Sie auch hier das Raster einsetzen.

5.3 Freihand-Pfade erstellen

Um Freihand-Pfade zu erstellen, greifen Sie zum Werkzeug BLEISTIFT oder VEKTORPINSEL. Mithilfe dieser Werkzeuge können Sie – wie mit einem gewöhnlichen Stift auf Papier – geöffnete und geschlossene Pfade zeichnen. Diese Werkzeuge sind ideal für das schnelle freihändige Skizzieren oder das Erstellen einer Zeichnung mit Handzeichnungscharakter.

Zeichnen eines Freiformpfades

Um einen Freiformpfad zu zeichnen, aktivieren Sie zunächst das Werkzeug und führen den Cursor an die Stelle auf der Arbeitsfläche, an der der Pfad beginnen soll. Klicken Sie dort und halten Sie die Maustaste gedrückt. Führen Sie die Maus so, als würden Sie auf Papier zeichnen.

Aktivieren Sie einmal das Werkzeug BLEISTIFT und zeichnen Sie freihändig die folgende Abbildung nach.

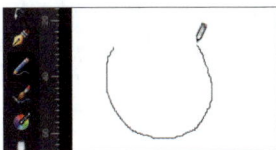

Abb. 5.26: Einen Pfad mit dem BUNTSTIFT zeichnen

Sind Sie fertig, lassen Sie die Maus los. Wie Sie sehen, werden an beiden Enden und an verschiedenen Punkten entlang des Pfades Knoten angezeigt.

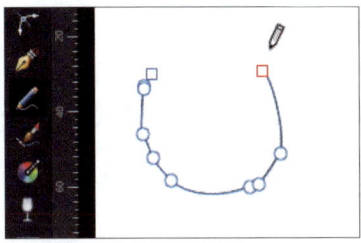

Abb. 5.27: Deutlich sichtbar: die Knoten

Die Eigenschaften der Linie können Sie über die Kontextleiste verändern. Dort können Sie beispielsweise die FARBE der KONTUR und deren BREITE einstellen. Aktiveren

Sie das Kontrollkästchen MIT FÜLLUNG, wird das Objekt mit einer Farbe, zunächst der Standardfarbe, gefüllt dargestellt.

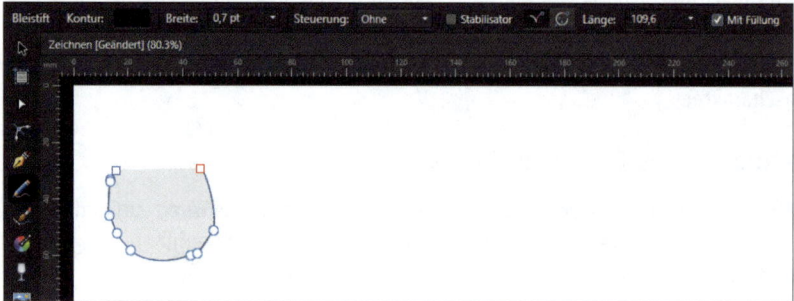

Abb. 5.28: Die Freihandzeichnung wurde gefüllt.

Da das Zeichnen mit der Maus nicht gerade einfach ist, können Sie auch den STABILISATOR einsetzen. Wenn Sie das Kontrollkästchen aktiviert haben, entscheiden Sie sich noch für die Variante SEIL- oder FENSTERSTABILISATOR. Bei der ersten Variante wird die Kontur durch Ziehen (wie mit einem Seil) des Endes geglättet. Bei der zweiten Variante werden Eingabepositionen innerhalb eines Fensters gemittelt, um die Kontur zu glätten.

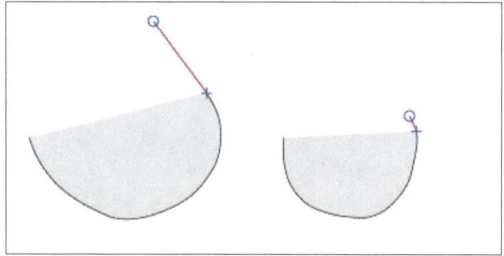

Abb. 5.29: SEILSTABILISATOR / FENSTERSTABILISATOR

Workshop: Kleine freihändige Zeichnung

Das freihändige Zeichen fällt Ungeübten zunächst schwer. Wenn Sie jedoch ein paar Skizzen erstellt haben, werden Sie sehen, dass man schnell zu interessanten Ergebnissen kommt. Also nur Mut. In der folgenden Abbildung finden Sie ein paar Anregungen für das erste Ausprobieren.

Abb. 5.30: Freihändige Zeichnungen mit dem Bleistift

Zeichnen eines geschlossenen Pfades

Möchten Sie einen geschlossenen Pfad zeichnen, gehen Sie zunächst ganz normal vor: Nachdem Sie das Werkzeug BLEISTIFT aktiviert haben, positionieren Sie den Zeiger an der Stelle, an der der Pfad anfangen soll, und beginnen dann zu zeichnen. Um einen geschlossenen Pfad zu zeichnen, positionieren Sie den letzten Knoten über den ersten und klicken auf die Schaltfläche KURVE SCHLIESSEN.

Glätten eines Pfades

Das Zeichnen mit dem Werkzeug BLEISTIFT ist so eine Sache. Wie auf dem Papier auch gelingt es einem öfter nicht, die Linie in einem Rutsch zu zeichnen, und man erhält Unebenheiten.

Mit der Aktion KURVE GLÄTTEN können Sie diese aus einem vorhandenen Pfad oder Pfadabschnitt verfeinern. Diese Aktion verändert eine Linie oder Form durch Hinzufügen und Entfernen von Knoten, sodass sie gefälliger wirkt. Dabei werden die ursprünglichen Formen des Pfades so weit wie möglich beibehalten. Sie erhalten Pfade, die aus weniger Punkten bestehen und somit meist leichter bearbeitet, angezeigt und gedruckt werden können.

Zunächst müssen Sie den zu glättenden Pfad mit dem Werkzeug KNOTENWERKZEUG auswählen.

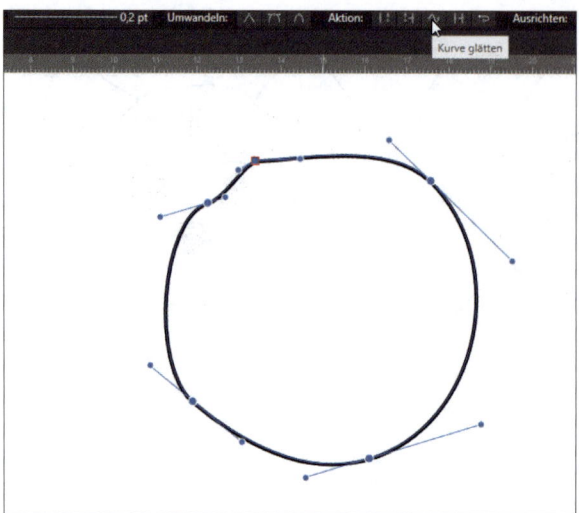

Abb. 5.31: Glätten vorher

Wenn Sie die Maustaste loslassen, wird das Segment geglättet, was Sie daran erkennen, dass die geänderten Konturen oder Pfade weniger Ankerpunkte als das Original
haben.

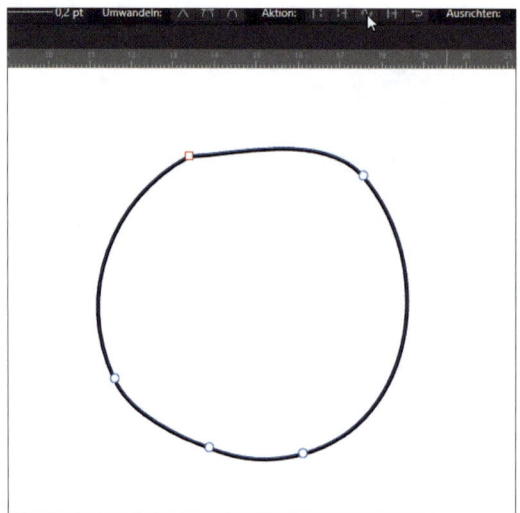

Abb. 5.32: Glätten nachher

Die Linien lassen sich aber auch direkt mithilfe des KNOTENWERKSZEUGS glätten. Führen Sie das Werkzeug an die Linie heran, bis unterhalb des Zeigers eine gewellte Linie erscheint. Nun können Sie mit gedrückter Maustaste den Verlauf der Linie ändern.

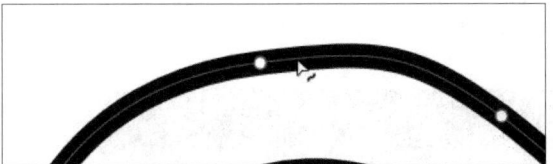

Abb. 5.33: Die Linie mit dem Knotenwerkzeug ausrichten

Darüber hinaus lässt sich eine Linie auch über die Anfassgriffe eines Knotens ausrichten. Nachdem Sie mit aktiviertem KNOTENWERKZEUG den betreffenden Knoten angeklickt haben, erscheinen die beiden Anfasslinien. Klicken Sie auf einen der beiden runden Endanfasser und ziehen Sie mit gedrückter Maustaste die Linie in die entsprechende Richtung.

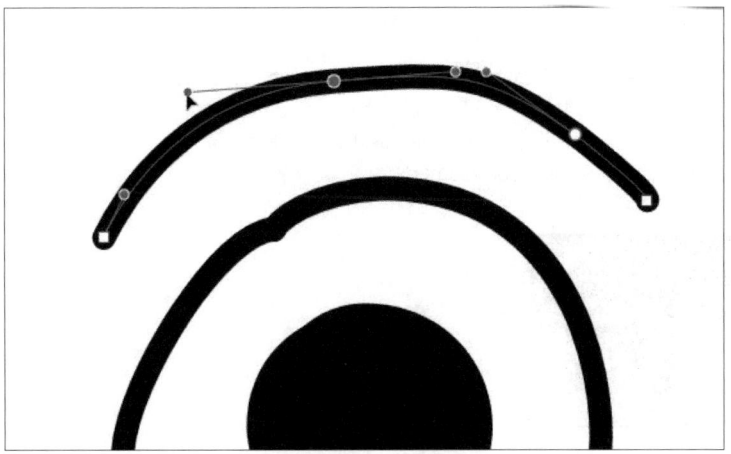

Abb. 5.34: Die Linie über die Anfassgriffe ausrichten

Tipp

Beim Malen können Sie direkt die Knoten bearbeiten, wenn Sie die Strg -Taste betätigen.

Malen mit dem Vektorpinsel

Mit dem *Vektorpinsel* kann man ebenfalls freihändig malen. Dabei werden ebenfalls Knoten erstellt, die angepasst werden können. Das Arbeiten mit diesem Werkzeug läuft zunächst wie beim Werkzeug BLEISTIFT ab. Sie wählen es aus, nehmen ein paar Einstellungen wie FARBE, BREITE oder DECKKRAFT in der Kontextleiste vor und legen los.

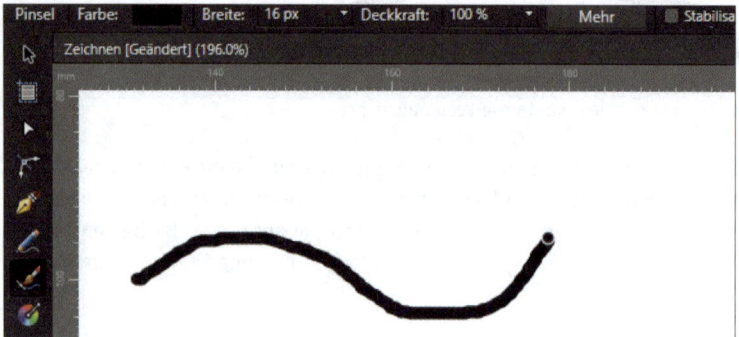

Abb. 5.35: Arbeiten mit dem Vektorpinsel

Beim Arbeiten mit dem Pinsel kommt es oft darauf an, die verschiedenen Situationen zu simulieren. Hier helfen Ihnen die Einstellungen des Befehls STEUERUNG in der Kontextleiste weiter, da Sie mit diesen Optionen bestimmen können, wie der Pinselstrich auf verschiedene Eingabemethoden reagiert.

Abb. 5.36: Den Pinselstrich steuern

Bei der Wahl der Option PINSELSTANDARDS gilt es zu beachten, dass das Eingabegerät (Grafiktablett, Touchpad oder Maus) erkannt wird und nur die Einstellungen für die Pinselvarianz verwendet werden. Das Programm ignoriert dabei die Einstellungen für die Steuerung des Pinsels und so können Sie abwechselnd mit verschiedenen Geräten arbeiten. Entscheiden Sie sich für die Option DRUCK, reagiert der Pinselstrich nur auf den Druck, der von dem Grafiktablett übertragen wird. Bei der Option Tempo reagiert der Pinselstrich nur auf die Geschwindigkeit der Mausbewegungen.

Den Pinsel selber können Sie über das Panel Pinsel verändern. Hier finden Sie Pinsel, die verschiedene Formen wie Tusche, Malfarbe oder Aquarell simulieren oder die verschiedenen Pinselformen mit Druck oder Deckkraft nachahmen.

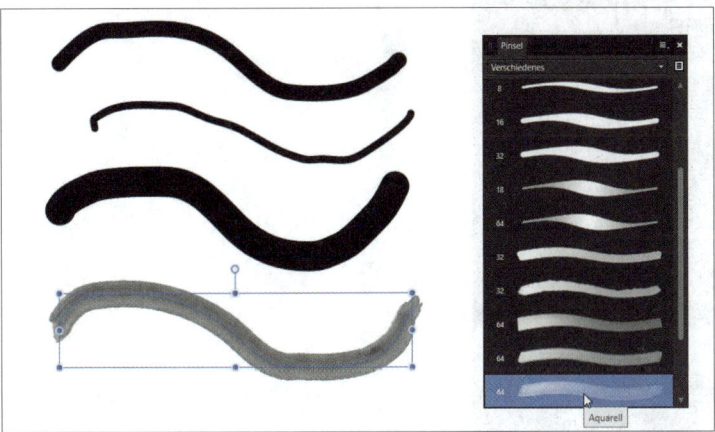

Abb. 5.37: Die Art des Pinsels verändern

Weitere Pinsel finden Sie, wenn Sie auf den Listenpfeil des Panels Pinsel klicken. So können Sie mithilfe der Pinsel Texturiert beispielsweise Texturen auf Linien auftragen oder diesen ein pastelliertes Aussehen verleihen.

Abb. 5.38: Weitere Pinsel einstellen

Bᴵʟᴅ-Pinsel ermöglichen dagegen recht interessante Effekte, die Sie über die Optionen des Palettenmenüs noch weiter ausgestalten können.

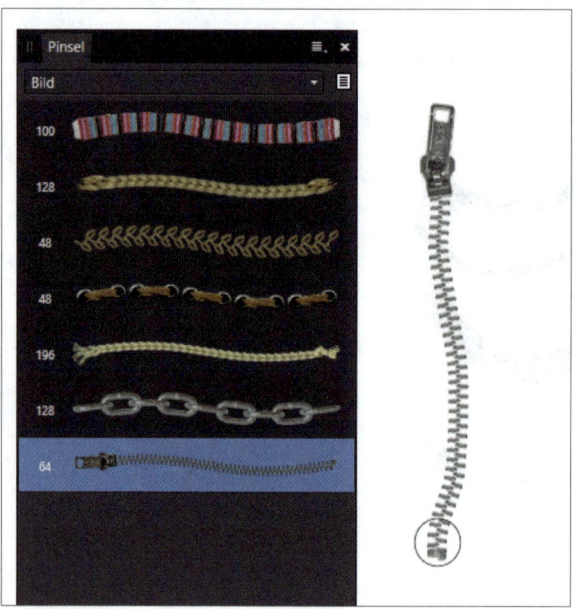

Abb. 5.39: Hingucker: die Bᴵʟᴅ-Pinsel

5.4   Vektorisierung

Mit dem Affinity Designer erstellt man normalerweise Vektorgrafiken und mit Affinity Photo Pixelbilder. Möchte man eine Pixelgrafik in eine Vektorgrafik umwandeln, nennt man das vektorisieren. Gegenwärtig verfügt der Designer (noch?) nicht über eine ähnliche automatische Nachzeichenfunktion, wie sie beispielsweise die Programme Illustrator oder CorelDRAW mitbringen. Die folgenden Ausführungen sollen Ihnen zeigen, wie man trotzdem – mit entsprechendem Arbeitsaufwand – eine Pixelgrafik in eine Vektorgrafik umwandeln kann. Dabei werden Sie die zuvor gezeigten Schritte gleich einmal praktisch umsetzen. Aber seien Sie gewarnt: Je nach gewünschtem Ergebnis und Ihren Ansprüchen an das Endergebnis können solche Arbeiten sehr arbeitsintensiv werden.

Im Folgenden soll die Fotografie eines Kaffeecups in eine Vektorgrafik umgewandelt werden, da der Cup beliebig skalier- und anpassbar sein soll.

Abb. 5.40: Eine Pixelgrafik im Affinity Designer

Nachdem Sie das Foto der Tasse über den Menüpunkt DATEI / PLATZIEREN in eine neue Datei eingefügt haben, aktivieren Sie das Werkzeug ZEICHENSTIFT. Dieses platzieren Sie an die erste Stelle und führen einen Klick aus. Nun bewegen Sie den Mauszeiger an die nächste Stelle, an der die Strecke ein wenig die Richtung ändert, und setzen den zweiten Klick.

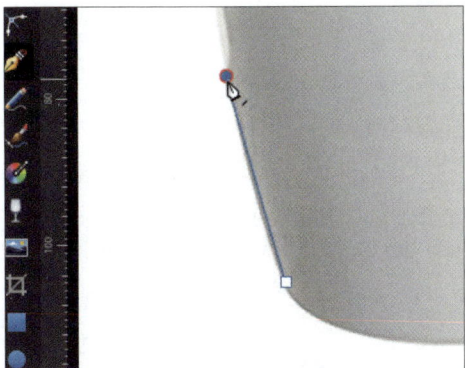

Abb. 5.41: Die erste Strecke ist geschafft.

Auf diese Weise umfahren Sie nun das gesamte Objekt. Möchten Sie eine Kurve erzielen, dann halten Sie beim Abklicken die Maustaste gedrückt und ziehen die Griffe solange, bis Sie den Verlauf der Kurve nachbilden.

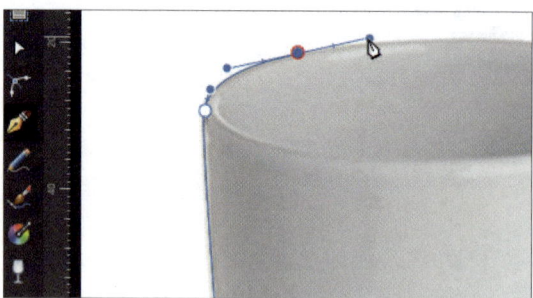

Abb. 5.42: Bei den Kurven müssen Sie die Griffe entsprechend ziehen.

Zum Schluss klicken Sie noch auf den ersten Knoten, um die Strecke zu schließen.

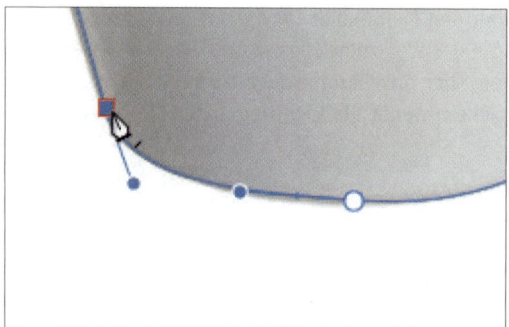

Abb. 5.43: Zum Schluss wird der Pfad geschlossen.

Danach können Sie noch Verfeinerungsarbeiten mithilfe des Knotenwerkzeugs und dessen Optionen der Kontextleiste (etwa den Schaltflächen UMWANDELN und AKTION) durchführen.

Tipp

Achten Sie darauf, dass der entsprechende Knoten ausgewählt ist. Man erkennt das daran, dass dieser mit einer blauen Füllung versehen wird.

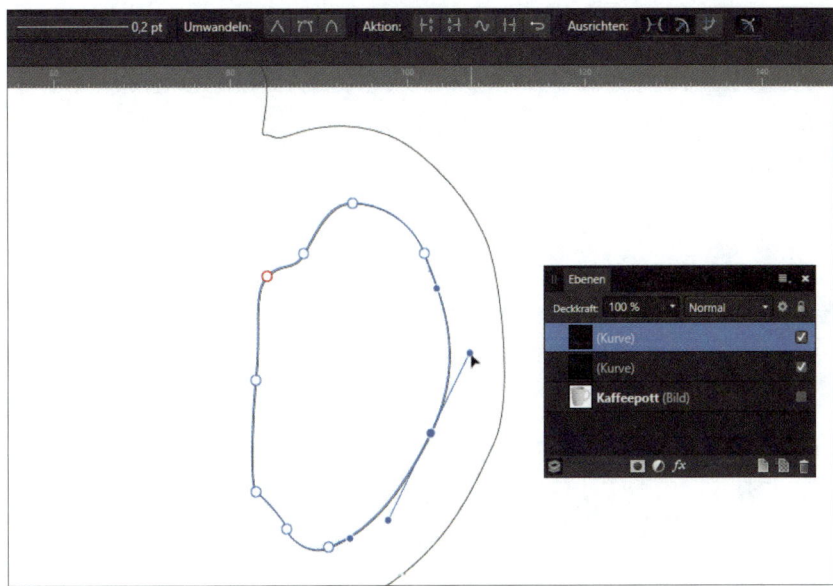

Abb. 5.44: Feinarbeiten mit dem Knotenwerkzeug und dessen Optionen

Nachdem Sie das Objekt soweit abgepaust haben, können Sie es noch gleich färben. Dazu ist es hilfreich, wenn Sie eine Kopie des nachgezeichneten Objekts daneben platzieren. Dann können Sie die jeweilige Kurvenebene markieren und über die Pipettenfunktion des Panels FARBFELDER den gewünschten Farbton aufnehmen und weiterreichen.

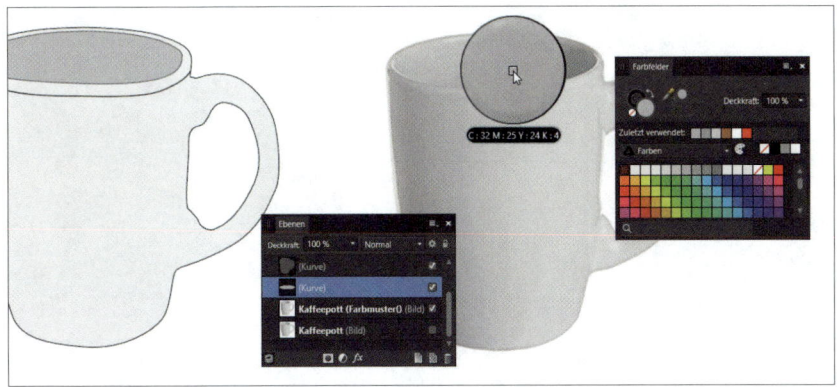

Abb. 5.45: Die Farbe von der Pixelgrafik aufnehmen

Kapitel 6

Wer schreibt, bleibt: Texte

In diesem Kapitel werden Sie erfahren, wie Sie Text mit dem Designer ver- und bearbeiten. Zum Erfassen oder Einfügen von Text stellt Ihnen das Programm drei Varianten mit unterschiedlichen Möglichkeiten zur Verfügung:

- GRAFIKTEXT: Dieser Text wird im Regelfall für einzeiligen Text wie beispielsweise Überschriften oder Logos verwendet, wobei man einfach mit dem Werkzeug auf die Zeichnungsfläche klickt und dann den Text eingibt.

- RAHMENTEXT: Bei diesem Text handelt es sich um mehrzeiligen Text, den man mithilfe von Absätzen unterteilt. Hierzu wird ein Rahmen aufgezogen und dann der entsprechende Text eingegeben oder eingefügt.

- PFADTEXT: Hierbei handelt es sich um Text, der an einem offenen oder einem geschlossenen Pfad entlangläuft.

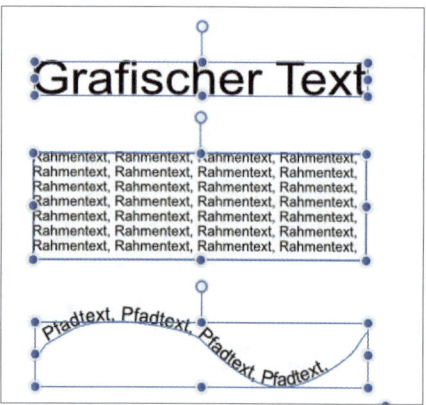

Abb. 6.1: Die drei Textarten

6.1   Texteingabe

Die Texteingabe im Designer funktioniert im Prinzip wie bei einem gängigen Textverarbeitungsprogramm und unterscheidet sich nur für die vorgesehene Art. Hierfür stehen Ihnen die Werkzeuge GRAFIKTEXT und RAHMENTEXT zur Verfügung.

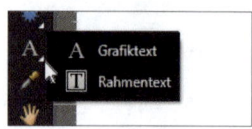

Abb. 6.2: Die beiden Werkzeuge für die Texteingabe

Grafiktext

Um einen grafischen Text zu erstellen, müssen Sie zunächst mit dem Werkzeug GRA-FIKTEXT an die Stelle des Dokuments klicken, an der der Text platziert werden soll.

Tipp

Nehmen Sie gegebenenfalls die vorgesehenen Formatierungseinstellungen zunächst über die Schaltflächen der Kontextleiste vor.

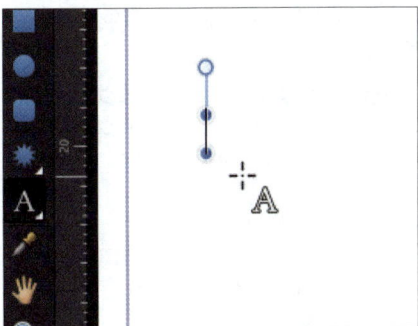

Abb. 6.3: Einen Grafiktext durch Abklicken anlegen ...

Eine zweite Variante ist, das Sie abklicken und dann sofort die Maus diagonal vom Abklickpunkt wegziehen. Anhand des Buchstabens A wird Ihnen dabei gezeigt, wie groß der Text erscheint, wenn Sie die Maustaste loslassen würden.

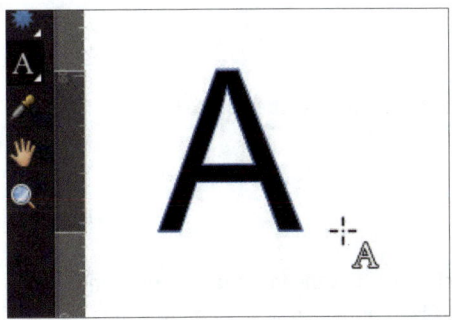

Abb. 6.4: ... oder durch Klicken und ziehen ...

Wenn Sie die gewünschte Größe erreicht haben, lassen Sie die Maustaste los. Anschließend schreiben Sie einfach los.

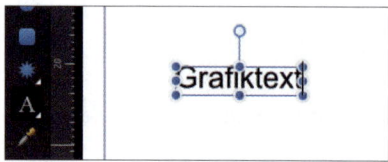

Abb. 6.5: ... und einfach losschreiben

Die Texteingabe und -bearbeitung schließen Sie mit einem Mausklick auf die Zeichenfläche ab oder Sie wählen ein anderes Werkzeug.

Bei einem solchen grafischen Textobjekt können Sie nun intuitiv die Größe verändern. Dazu aktivieren Sie das Werkzeug VERSCHIEBEN, platzieren dann den Cursor über einem der Eckgriffe und ziehen das Textobjekt auf die gewünschte Größe.

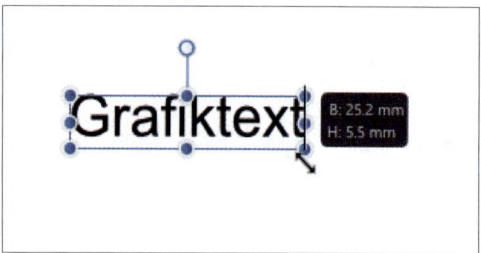

Abb. 6.6: Ein Textobjekt intuitiv anpassen

Tipp

Wenn Sie den Mauszeiger auf einem der Seitengriffe platzieren, wird das Objekt entweder gedehnt oder gestaucht.

Rahmentext

Möchten Sie einen mehrzeiligen Text erstellen, verwenden Sie den so genannten RAHMENTEXT. Bei dieser Textart können Sie auf Funktionen zurückgreifen, die Sie von Ihrer Textverarbeitung her kennen und die es ermöglichen, Text optisch aufzubereiten.

Rahmentext befindet sich immer in einen Rahmentextrahmen. Diesen erstellen Sie indem Sie das Werkzeug RAHMENTEXT aktivieren, dann auf die Stelle im Dokument klicken, an der sich die linke obere Ecke befinden soll, und ziehen dann mit gedrückter Maustaste einen rechteckigen Textrahmen auf.

Abb. 6.7: Einen Rahmentext erstellen ...

Sobald Sie die Maustaste loslassen, befindet sich der Cursor ganz links oben in einem gestrichelten Rahmen und Sie können mit der Eingabe beginnen.

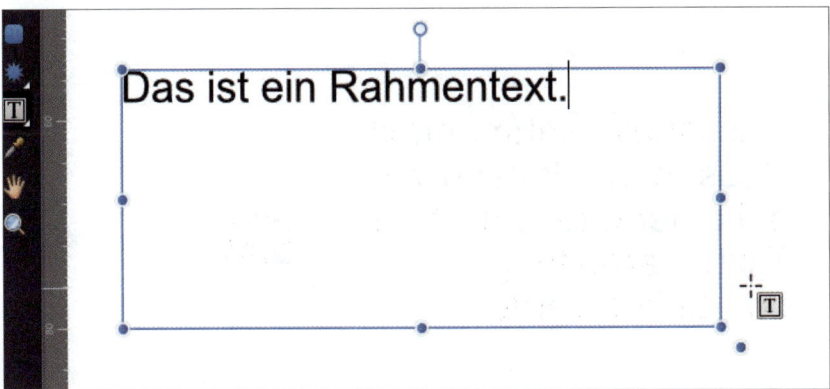

Abb. 6.8: ... und ebenfalls gleich den Text eingeben

Wenn Sie anschließend einen längeren Beispielsatz eingeben, werden Sie sehen, dass innerhalb des Textrahmens ein automatischer Umbruch erfolgt.

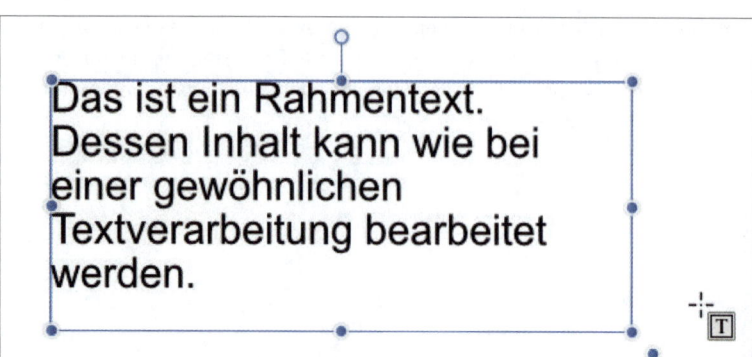

Abb. 6.9: Fast wie in der Textverarbeitung

Möchten Sie den Text an einer bestimmten Stelle in die nächste Zeile stellen, drücken Sie einfach die ⏎-Taste.

Bei der Anpassung der Größe eines Textrahmens gilt zu beachten, dass es zwei Varianten gibt. Bei der ersten behält der Text seine festgelegte Größe und fließt durch den Rahmen. Dieses Verhalten zeigt der Rahmen, wenn Sie die Eckgriffe des Objekts verwenden.

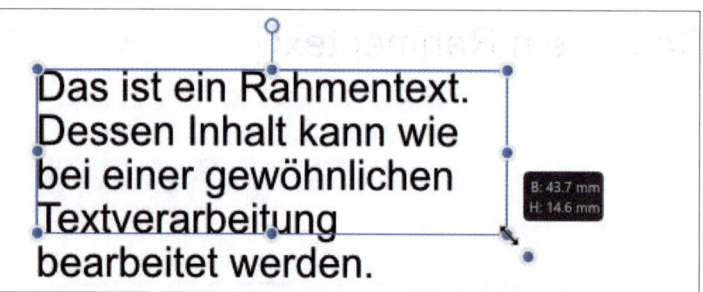

Abb. 6.10: Den Textrahmen über einen Eckgriff anpassen

Bei der zweiten Variante ändern Sie die Größe über den außen liegenden Seitengriff, dann wird bei einer Veränderung der Rahmengröße automatisch die Textgröße angepasst.

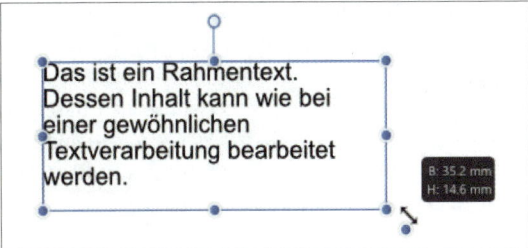

Abb. 6.11: Den Textrahmen über den Seitengriff anpassen

Platzhaltertext

Oftmals möchte man schon das Grundlayout entwerfen, aber die Texte liegen noch nicht vor. In einem solchen Fall füllt man einfach die Textrahmen mit *Platzhalter-* bzw. *Fülltext*. Solche Texte bestehen oft aus sinnlosen lateinischen Wörtern. Belassen Sie den Textrahmen markiert und rufen Sie die Menüfolge TEXT / FÜLLTEXT EINFÜGEN vor, damit ein automatisch generierter Text mit sinnlosen lateinischen Wörtern eingefügt wird.

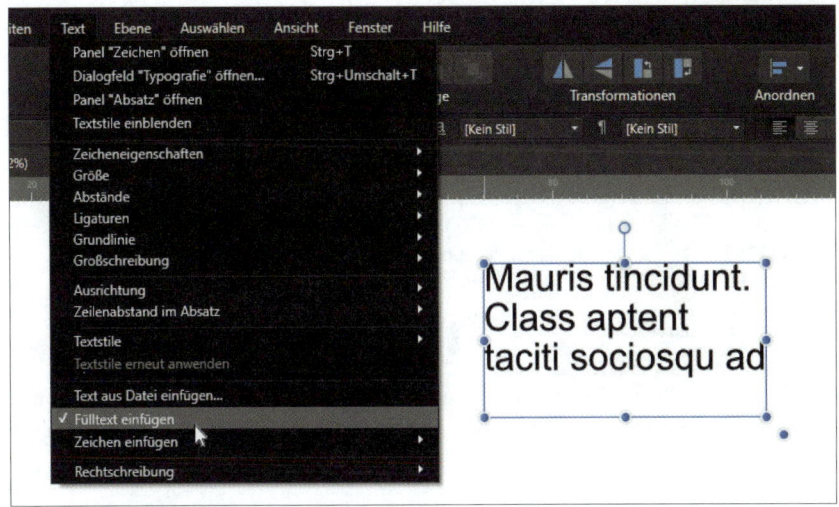

Abb. 6.12: Fülltext einsetzen

Liegt die Endfassung des vorgesehenen Textes vor, können Sie ihn auf zweierlei Art einfach austauschen: Sie kopieren ihn in der Quellanwendung (z.B. der Textverarbeitung *Word*) über die Zwischenablage mit ⌷Strg⌷ + ⌷C⌷ und fügen ihn über ⌷Strg⌷ + ⌷V⌷ in den Textrahmen ein oder Sie platzieren ihn aus einer vorhanden Datei. In letzten Fall wählen Sie die Menüfolge DATEI / TEXT AUS DATEI EINFÜGEN und wählen im folgenden Dialogfenster den Speicherort an und die gewünschte Datei aus. Beachten Sie allerdings, dass diese im Format *.txt oder *.rtf vorliegen muss.

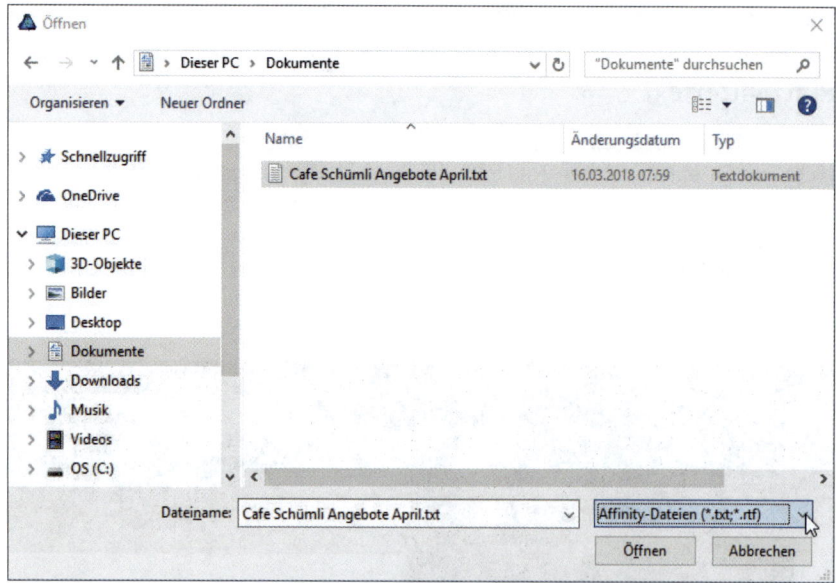

Abb. 6.13: Text aus einer externen Datei einfügen

Tipp

Alle gängigen Textverarbeitungen können ihre Texte in diesen beiden Formaten speichern. Dazu müssen Sie lediglich im Feld DATEITYP den besagten Typ einstellen.

Text in Objekt

Besondere Aufmerksamkeit kann man dadurch erzeugen, dass man ein Objekt mit Text füllt. Nachdem Sie das Objekt mit dem entsprechenden Werkzeug gezeichnet haben, aktivieren Sie das Werkzeug RAHMENTEXT und bewegen den Mauszeiger über das Objekt. Wie Sie sehen, nimmt das vorher rechteckige Symbol unter dem Werkzeug eine fünfeckige Form an.

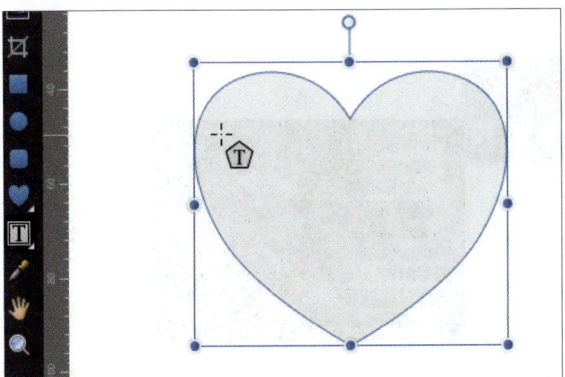

Abb. 6.14: Der veränderte Cursor zeigt es an!

Jetzt müssen Sie nur einmal klicken und können sofort beginnen, das Objekt mit dem gewünschten Text – beispielsweise zunächst mit Fülltext – zu füllen.

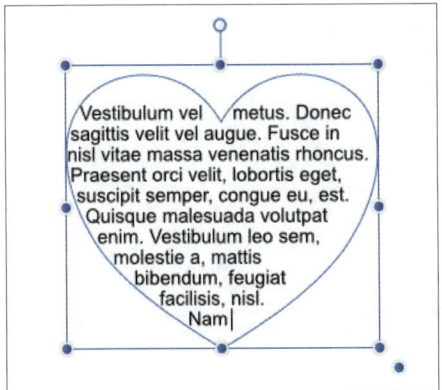

Abb. 6.15: Ein mit Platzhaltertext (Menü TEXT) gefülltes Objekt

Zeichen

Gebräuchliche Zeichen wie lange und einfache Gedankenstriche, Gevierte und Halbgevierte sowie verschiedene Arten von Leer- und Trennzeichen werden über das Menü

ZEICHEN EINFÜGEN eingefügt. Sie erhalten es über das Menü TEXT, nachdem Sie die Einfügemarke an die Stelle gesetzt haben, an der Sie ein Sonderzeichen einfügen möchten.

Über das Untermenü ZEICHEN EINFÜGEN können Sie nun aus Untermenüs das entsprechende Sonderzeichen auswählen.

Abb. 6.16: Bestimmte Zeichen einfügen

Konkret haben Sie folgende Möglichkeiten:

Art	Erläuterung
Zeilenwechsel	Bricht den Text an der Stelle in eine neue Zeile um.
Geviert	Ein Geviert ist eine besondere typografische Maßeinheit und entspricht der Breite des kleinen Buchstabens »m«.
	Es wird sehr oft bei Preisangaben anstelle der Nullen verwendet, z. B. 20,– €.
Halbgeviert	Dient als Gedanken- oder Minusstrich.
Nullbreites Leerzeichen	Das Steuerzeichen zum Markieren einer Wortgrenze durch einen Abstand, der im Allgemeinen nicht sichtbar ist.
Geschütztes Leerzeichen	Verhindert einen automatischen Zeilenumbruch an der Position des Leerzeichens.
Weiches Trennzeichen	Ermöglicht die Trennung eines Wortes, wenn es an ein Zeilenende gerät.
Geschützes Trennzeichen	Verhindert die ungewollte Trennung eines Wortes an einem Zeilenende.

Rechtschreibung

Die integrierte Rechtschreibprüfung hilft Ihnen, dass Ihre Texte vor der Veröffentlichung von vermeidbaren Tippfehlern befreit werden.

Zum einen verfügt Affinity Designer über eine automatische Fehlerüberprüfung, die Ihre Tippfehler bzw. unbekannte Wörter mit einer roten Wellenlinie versieht. In diesem Fall klicken Sie einfach mit der rechten Maustaste in das falsche Wort und können meist einen der Vorschläge zur Korrektur auswählen.

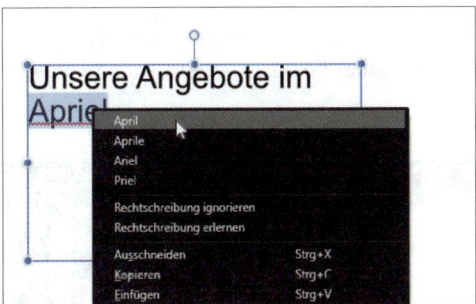

Abb. 6.17: Die automatische Rechtschreibprüfung

Darüber hinaus können Sie die Rechtschreibung auch über die Menüfolge Text / Rechtschreibung regeln.

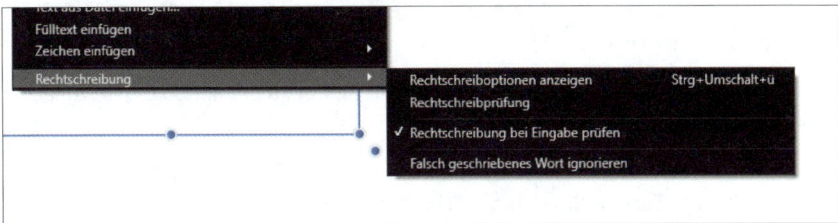

Abb. 6.18: Die Optionen für die Rechtschreibung

Ist das Häkchen vor Rechtschreibung bei Eingabe prüfen gesetzt, wird der Text laufend gecheckt. Bei Wahl des Menüpunkts Rechtschreiboptionen anzeigen wird die Rechtschreibung des gerade markierten Textrahmens geprüft und bei Aktivierung des Menüpunkts Rechtschreibprüfung die des gesamten Dokuments. Bestimmte Schreibweisen, die nicht zu häufig vorkommen, aber genauso geschrieben werden sollen, können Sie mit Wahl FALSCH GESCHRIEBENES WORT IGNORIEREN von der Rechtschreibprüfung in diesem Dokument ausschließen.

6.2 Formatierungen

Die grundlegende Gestaltung der Texte können Sie im Affinity Designer auf vielfältige Weise vornehmen und so für ein ansprechendes Aussehen der Texte sorgen.

Kontextleiste

Die grundlegenden Formatierungen können Sie direkt über die Kontextleiste vornehmen. Im Regelfall legen Sie vor der Texteingabe die gewünschten Formatierungen fest.

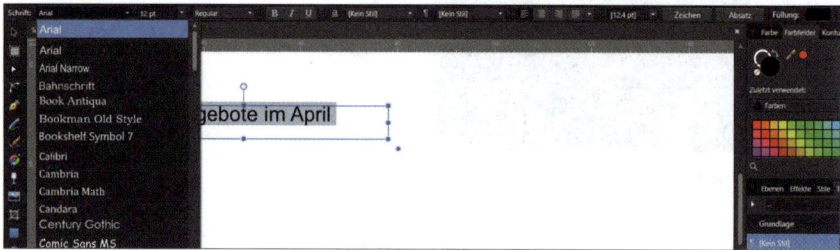

Abb. 6.19: Die Kontextleiste bei aktiviertem TEXTWERKZEUG

Um die Formatierungsmerkmale nachträglich zu ändern, markieren Sie den betreffenden Text mit dem jeweiligen Textwerkzeug und nehmen die Änderungen vor.

Im Rahmen der Zeichenformatierung können Sie innerhalb der Kontextleiste zunächst folgende Einstellungen vornehmen:

- SCHRIFTLISTE: In diesem Listenfeld finden Sie alle verfügbaren, sprich installierten Schriftarten. Suchen Sie sich die Schrift für Ihre Texte aus.

- SCHRIFTGRÖSSE: Den Schriftgrad, auch unter der Bezeichnung Schriftgröße bekannt, können Sie durch Auswahl eines Wertes in der Liste oder durch direkte Eingabe einstellen.

- SCHRIFTSTILE: Über diese Liste stellen Sie ein, ob der Text beispielsweise fett oder kursiv erscheinen soll. Dabei steht REGULAR für Normal, BOLD für Fett und ITALIC für Kursiv.

- B, I, U: Mit einem Klick auf diese Schaltflächen können Sie den Text direkt fett oder kursiv stellen oder unterstreichen.

- ZEICHENSTIL: In diesem Listenfeld finden Sie fertige Zeichenformatvorlagen, mit denen Sie die markierten Zeichen rasch formatieren können.

- ABSATZSTIL: Dieses Listenfeld enthält eine Reihe an Absatzformatvorlagen, die ein rasches Gestalten eines Absatzes ermöglichen.

- ABSATZAUSRICHTUNG: Über die entsprechenden Schaltflächen und das Listenfeld der letzten Schaltfläche können Sie die Absatzausrichtung festlegen.

- ZEILENABSTAND: Den gewünschten Zeilenabstand legen Sie durch Auswahl eines der Werte der Liste fest.

Zeichenformatierung

Neben den üblichen Einstellungen wie Schriftart, -größe und -schnitt können Sie über das Panel ZEICHEN weitere Zeichenformatierungseinstellungen vornehmen. Dieses erhalten Sie durch Anklicken der gleichnamigen Schaltfläche in der Kontextleiste oder durch Aufruf der Menüfolge ANSICHT / STUDIO / ZEICHEN oder rasch durch die Tastenkombination [Strg] + [T].

Abb. 6.20: Das Panel ZEICHEN bietet viele Möglichkeiten.

Dieses Panel bietet Ihnen unter anderem die folgenden Möglichkeiten:

- SCHRIFT: In diesem Listenfeld finden Sie alle verfügbaren Schriftfamilien, sprich alle installierten Schriftarten.

- TEXTHÖHE: Die Texthöhe, auch unter der Bezeichnung Schriftgrad bekannt, können Sie aus der Liste wählen oder direkt eingeben. Erfolgt eine Angabe, dann nimmt

Designer standardmäßig die Einheit PUNKT. Wünschen Sie eine andere Einheit, dann setzen Sie deren Bezeichnung, z.B. MM, dahinter. Affinity Designer nimmt dann automatisch die Umrechung in Punkt vor.

■ SCHRIFTSTIL: In dem separaten Feld neben dem Feld TEXTHÖHE können Sie den gewünschten Schriftschnitt einstellen.

■ SCHRIFTFARBE: Hier stellen Sie die Farbe der Schrift ein.

■ HINTERGRUNDFARBE: Über dieses Feld können Sie die Schrift mit einem farbigen Hintergrund versehen, der so aussieht, als hätte man sie mit einem Farbmarkierer gekennzeichnet.

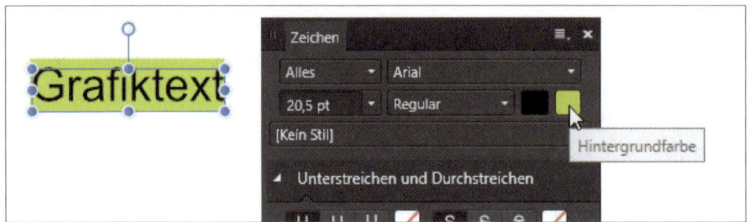

Abb. 6.21: Text mit einer Hintergrundfarbe versehen

■ ZEICHENSTIL: Durch einen Klick können Sie ein Bündel von Formatierungen durch die Auswahl eines Stils vornehmen.

■ Gruppe UNTERSTREICHEN UND DURCHSTREICHEN: Mit den Schaltflächen können Sie vielfältige Unterstreichungs- und Durchstreichungsaktionen durchführen.

■ Die Gruppe POSITIONIERUNG UND TRANSFORMATION ermöglicht Ihnen die folgenden Einstellungen:

   ■ UNTERSCHNEIDUNG: Den Abstand der einzelnen Zeichen einer Schrift, auch LAUFWEITE genannt, können Sie über dieses Feld festlegen. Positive Werte vergrößern den Abstand, wohingegen negative ihn verringern.

   ■ NEIGEN: Über die Drehpfeile können Sie die Neigung der markierten Zeichen verändern und bestimmen, inwieweit der Text gedreht werden soll.

   ■ ZEICHENABSTAND: Diese Option dient dazu, Probleme bei unerwünschten optischen Leerräumen zu beseitigen.

   ■ HORIZONTALE SKALIERUNG: In diesem Listenfeld legen Sie die horizontale Skalierung des Textes fest. Dabei bleiben die ursprüngliche Breite der Zeichen sowie die der Zeichenzwischenräume erhalten.

   ■ GRUNDLINIE: Mit dieser Funktion können Sie die Grundlinie auf- oder abwärts verschieben.

- VERTIKALE SKALIERUNG: wie HORIZONTALE SKALIERUNG, nur dass hier die Zeichenhöhe verändert wird.
- ABSTANDSKORREKTUR: Der Zeilenabstand wird in Punkt angegeben. Der vorgegebene Wert entspricht rund 125 % des Schriftgrads.
- Gruppe TYPOGRAFIE: Mit den Schaltflächen dieser Gruppe können Sie typografische Auszeichnungen wie Ligaturen, Ordnungszahlen, Brüche, Hoch- und Tiefstellungen, Großbuchstaben und Kapitälchen erzeugen.

Abb. 6.22: Typografie und Sprache

- GRUPPE SPRACHE: Über das Listenfeld der letzten Gruppe können Sie die gewünschte Sprache einstellen.

Absatzformatierung

Über das Panel ABSATZ, das Sie nach Anklicken der gleichnamigen Schaltfläche in der Kontextleiste oder durch Aufruf der Menüfolge ANSICHT / STUDIO / ABSATZ erhalten, können Sie unter anderem weitere Absatzformatierungseinstellungen vornehmen.

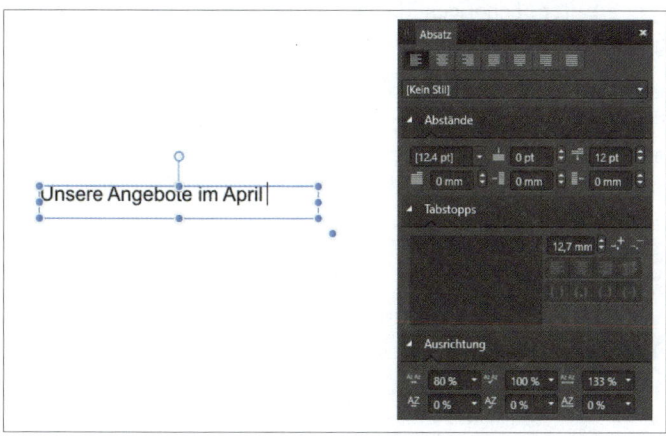

Abb. 6.23: Das Panel ABSATZ bietet weitere Optionen.

■ Gruppe ABSATZ: Diese Gruppe bietet Ihnen die Schaltfläche für die Absatzausrichtung. Als da sind:

   ■ LINKSBÜNDIG: In diesem Fall werden alle Zeilen bündig entlang einer Achse am linken Rand ausgerichtet.

   ■ ZENTRIERT: Hier werden alle Zeilen entlang einer Mittelachse ausgerichtet.

   ■ RECHTSBÜNDIG: Die Ausrichtung erfolgt hier entlang einer Achse am rechten Rand.

   ■ BLOCKSATZ LINKS: Bei dieser Variante werden alle Zeilen bündig entlang einer linken und rechten Achse ausgerichtet. Sofern die letzte Zeile des Absatzes die Zeile nicht vollständig ausfüllt, wird diese linksbündig ausgerichtet.

   ■ BLOCKSATZ ZENTRIERT: Wie vor, nur dass die letzte Zeile zentriert wird.

   ■ BLOCKSATZ RECHTSBÜNDIG: Wie die erste Variante. nur mit Ausrichtung am rechten Rand.

   ■ BLOCKSATZ KOMPLETT: Sofern die letzte Zeile diese nicht vollständig ausfüllt, wird sie ebenfalls vollständig über die ganze Breite aufgeteilt.

Textstile

Mithilfe von Textstilen, die man in gängigen Textverarbeitungsprogrammen *Formatvorlagen* nennt, können Sie rasch Formatierungen vornehmem. Das hat des Weiteren den Vorteil, dass bei Änderungen an einem Textstil alle damit formatierten Textstellen automatisch umformatiert werden.

Um mit Textstilen zu arbeiten, benötigen Sie das entsprechende Panel. Rufen Sie es über die Menüfolge TEXT / TEXTSTILE EINBLENDEN auf.

Mit den hier aufgelisteten Formatvorlagen, die in *Zeichenstile, Absatzstile* und *Gruppenstile* unterteilt werden, können Sie rasch Texte formatieren. Dazu müssen Sie lediglich die betreffende Passage markieren bzw. den Cursor in dem Absatz platzieren und dann auf den gewünschten Textstil klicken. Daraufhin wird dieser Text gemäß den Einstellungen des Textstils formatiert.

Tipp

Für das effiziente Arbeiten mit Stilen ist es hilfreich, wenn Sie auch die Panels ZEICHEN und ABSATZ öffnen.

In dem Panel TEXTSTILE finden Sie zunächst eine Reihe an fertigen Standardstilen vor, die Sie sofort einsetzen können.

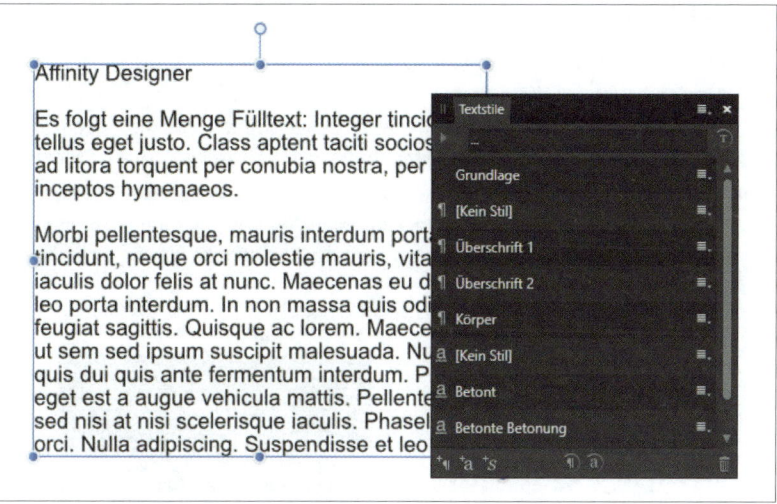

Abb. 6.24: Das Panel Textstile erlaubt das effiziente Formatieren.

Textstile anwenden

Um einen Textstil anzuwenden, markieren Sie mit dem Werkzeug Rahmentext ein Zeichen oder eine Textstelle bzw. setzen bei einer Absatzformatierung den Cursor in den Absatz und klicken im Panel auf die Bezeichnung des Stils.

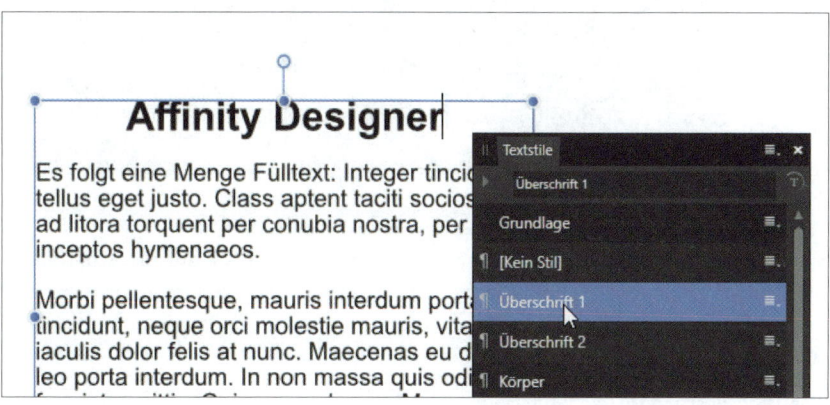

Abb. 6.25: Einen Stil zuweisen

Textstile bearbeiten

Nicht immer werden Sie mit dem Ergebnis zufrieden sein und der Wunsch nach anderen Einstellungen keimt auf. Kein Problem. Sie können einen fertigen Stil problemlos abändern. In diesem Fall klicken Sie einfach im Panel doppelt auf die Bezeichnung des Textstils, wodurch sich das Dialogfenster TEXTSTIL BEARBEITEN öffnet. In diesem finden Sie auf der linken Seite alle Formatierungen. Suchen Sie die Eigenschaft, die Sie ändern wollen, etwa die FARBE, und klicken Sie auf die Bezeichnung. Sie erhalten nun auf der rechten Seite die entsprechenden Optionen angezeigt und nehmen die gewünschten Änderungen vor.

Abb. 6.26: Einen Stil bearbeiten

Sind Sie fertig, schließen Sie die Bearbeitung mit einem Klick auf die Schaltfläche OK ab.

Textstile anlegen

Wenn Sie bestimmte Textformatierungen häufiger anwenden, ist es hilfreich, einen eigenen Textstil anzulegen. Das ist rasch erledigt. Je nach Stilart gehen Sie entsprechend vor.

Möchten Sie einen Zeichenstil erstellen, dann nehmen Sie zunächst händisch mithilfe des Panels ZEICHEN die Formatierung wie gewohnt vor. Anschließend markieren Sie diese Stelle und klicken im Panel TEXTSTILE auf die Schaltfläche ZEICHENSTIL ERSTELLEN.

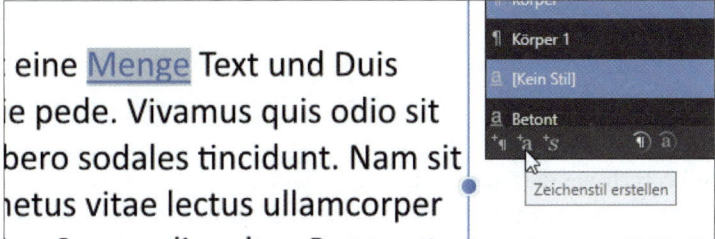

Abb. 6.27: Einen Stil bearbeiten

Im folgenden Dialogfenster TEXTSTIL BEARBEITEN vergeben Sie im Feld STILNAME eine passende Bezeichnung und nehmen gegebenenfalls noch weitere Einstellungen vor, bevor Sie den Vorgang mit einem Klick auf die Schaltfläche OK abschließen.

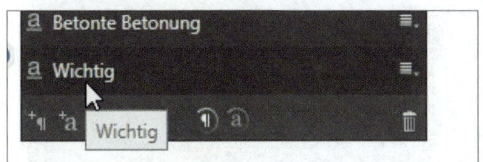

Abb. 6.28: Der neue Stil wird im Panel aufgelistet.

Der neue Stil wird augenblicklich erstellt, in die Panelliste eingepflegt und steht sofort zu Ihrer Verfügung.

Bei einem Absatzstil verfahren Sie ähnlich. Nach dem Platzieren des Cursors im Absatz stellen Sie zunächst die gewünschten Parameter im Panel ABSATZ ein und klicken dann auf die Schaltfläche EINEN ABSATZSTIL ERSTELLEN.

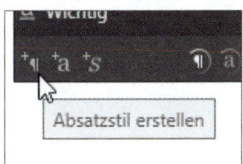

Abb. 6.29: Einen Absatzstil erstellen

Möchten Sie einer Gruppe von Textstilen die gleichen Eigenschaften, etwa eine Schriftart, zuweisen, erzeugen Sie einen Gruppenstil.

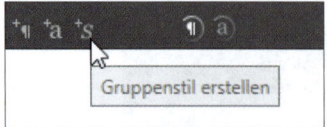

Abb. 6.30: Einen Gruppenstil erstellen

Ein solcher Stil enthält nur die Eigenschaften und wird nicht direkt auf die Zeichen oder die Absätze angewandt. Vielmehr kann man damit einzelne Stile erweitern bzw. mit einem Grundgerüst an Formatierungen mit nur einem einzigen Befehl zuweisen. Dazu müssen Sie lediglich in dem Dialogfenster TEXTSTIL BEARBEITEN des betreffenden Stils im Listenfeld BASIERT AUF den von Ihnen erstellten Gruppenstil eintragen.

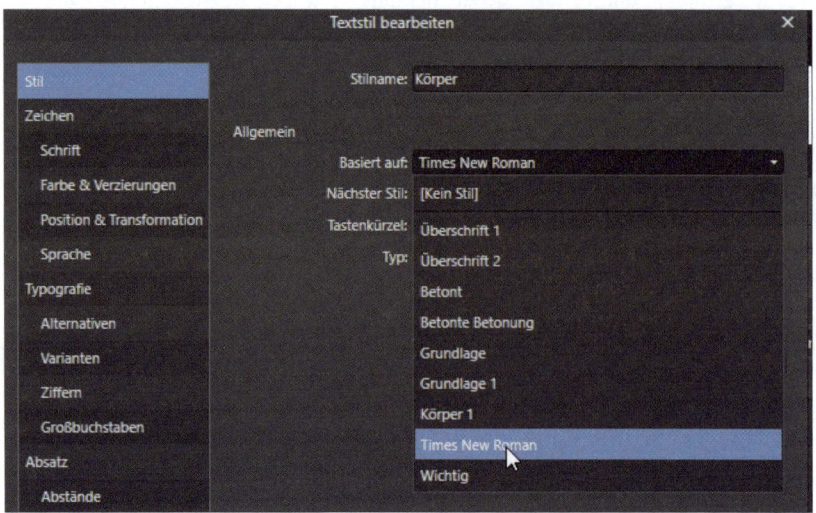

Abb. 6.31: Dem Stil KÖRPER werden hier die Eigenschaften des Gruppenstils TIMES NEW ROMAN übertragen.

Textstile löschen

Will man einen Textstil wieder entfernen, dann markiert man diesen im Panel TEXTSTILE und klickt auf die Schaltfläche STIL LÖSCHEN.

Abb. 6.32: Einen Textstil löschen

Davon ausgenommen bleiben die Textstellen, die bereits mit dem Stil formatiert waren. Möchten Sie deren Formatierung eliminieren, dann hängt es davon ab, ob der Textstil noch existent ist.

Ist der Textstil noch nicht gelöscht, dann trennen Sie die Zeichen von der Formatierung ab. Dazu markieren Sie die Textstelle und klicken im Panel TEXTSTILE auf das Bedienfeldmenü des betreffenden Stils. Im erscheinenden Menü suchen Sie den Eintrag ZEICHEN VON "TEXTSTILNAME" ABTRENNEN und klicken darauf.

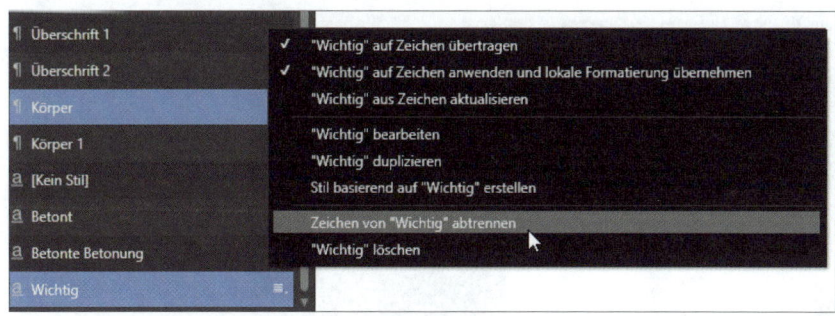

Abb. 6.33: Die Zeichen von der Formatierung trennen

Ist der Textstil nicht mehr vorhanden, dann klicken Sie nach den notwendigen Markierungsarbeiten auf die Schaltfläche FORMATIERUNG ZURÜCKSETZEN.

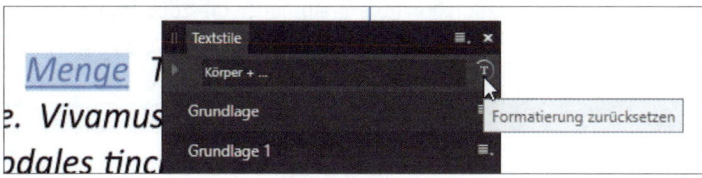

Abb. 6.34: Die Formatierung zurücksetzen

Tabstopps

In der Gruppe Tabstopps des Panels Absatz können Sie die Sprungmarken zum Ausrichten von Texten einrichten. Mithilfe der Tabstopps, der Tabulatoren, können Sie vielfältige Gestaltungen innerhalb eines Textes vornehmen. Bei Tabulatoren handelt es sich um Markierungen im Zeilenlineal, die sowohl für jeden Absatz vordefiniert sein können als auch von Ihnen individuell eingestellt werden können und die man durch Betätigen der [Tab]-Taste anspringen kann. Der Vorteil ist dabei, dass Tabulatoren nicht fest sind, sondern dass ihre Position sehr schnell verändert werden kann, was besonders bei der Gestaltung von Listen und Tabellen praktisch ist.

Tabstopps setzen

Tabstopps lassen sich recht einfach einsetzen. Ziehen Sie einen Textrahmen auf und schreiben Sie die komplette Tabelle nieder. Drücken Sie allerdings an jeder Stelle, an der Sie einen Abstand erzeugen wollen, die [Tab]-Taste. Der Designer richtet die Absätze zunächst an den vorgegebenen Standardwerten aus.

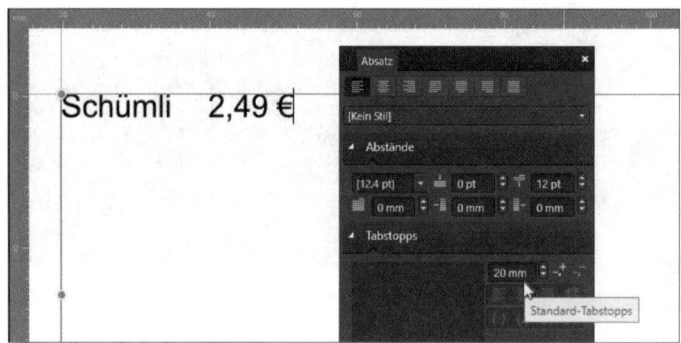

Abb. 6.35: Der Text wird zunächst an den Standardvorgaben ausgerichtet.

Um einen individuellen Tabstopp zu setzen, legen Sie im Panel Absatz zunächst den Abstand für den Tabstopp in dem Eingabefeld fest und klicken dann auf die Schaltfläche Neuen Tabstopp hinzufügen. Dadurch wird nun ein neuer Tabstopp in den Absatz eingefügt und links unter dem Abschnitt für Tabstopps (umgerechnet auf pt) aufgelistet.

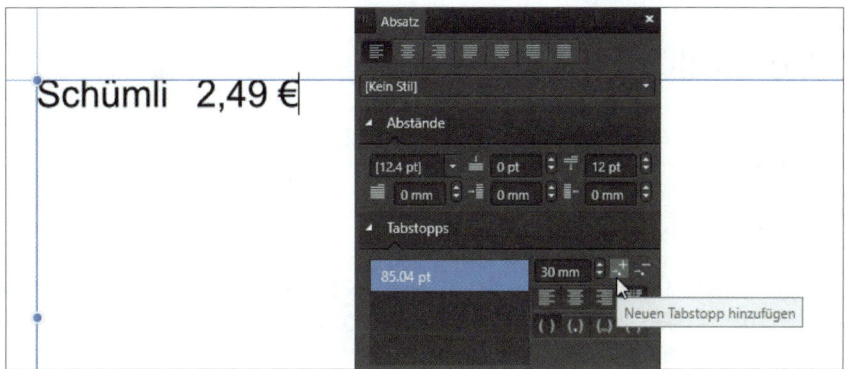

Abb. 6.36: Den individuellen Tabstopp setzen

Solange dieser in der Liste markiert ist, können Sie nun die weiteren Eigenschaften durch Anklicken der entsprechenden Schaltfläche festlegen. Über die erste Reihe legen Sie die Ausrichtung fest.

Abb. 6.37: Die Ausrichtung festlegen

Hier haben Sie die Wahl zwischen folgenden Tabulatoren:

- LINKSBÜNDIG: Die Zeichen werden linksbündig ausgerichtet.

- ZENTRIERT: Die Zeichen werden gleichmäßig verteilt links und rechts vom Tabulator ausgerichtet

- RECHTSBÜNDIG: Die Zeichen werden rechtsbündig ausgerichtet.

- DEZIMALE AUSRICHTUNG: Die Zeichen werden am Komma ausgerichtet, so dass dieser Tabulator ideal für Rechnungen oder ähnliches ist.

Schümli 2,49 €

Crema   2,79 €

Abb. 6.38: Tabstopps mit dezimaler Ausrichtung

Über die Schaltflächen der zweiten Reihe können Sie die Tabulator-Füllzeichen auswählen. Dabei handelt es sich um ein wiederholtes Muster von Zeichen, z.B. eine
Reihe von Punkten oder Gedankenstrichen, die zwischen dem Tabulator und dem
nachfolgenden Text eingefügt werden.

Abb. 6.39: Tabstopp mit Füllzeichen

Tabstopps löschen

Wenn Sie einen Tabulator an der definierten Position nicht mehr benötigen, markieren Sie einfach die entsprechende Position und betätigen die Schaltfläche AUSGEWÄHL-
TEN TABSTOPP LÖSCHEN.

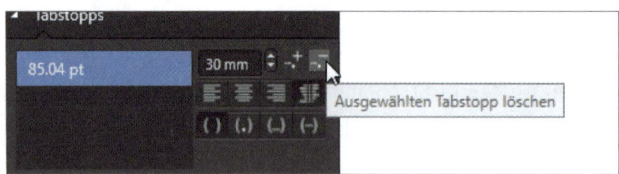

Abb. 6.40: Einen Tabstopp löschen

6.3 Text und Pfade

Grafische Texte kann man mithilfe von Pfaden interessanter gestalten. Sei es, dass man Grafiktexte an Linien, Kurven oder Objektumrissen langlaufen lässt oder dass man die Texte in Kurven umwandelt und damit kreativ gestaltet.

Pfadtexte

Wenn Sie Ihren Seiten das gewisse Etwas verleihen möchten, sind *Pfadtexte* sicherlich eine Überlegung wert. Wenn Sie Text auf einem Pfad erstellen, können Sie die Ausrichtung des Textes am Pfad präzise mithilfe von Schiebereglern steuern.

Um einen Pfadtext anzulegen, sollten Sie zunächst ein entsprechendes Objekt erstellen. Anschließend wählen Sie das Werkzeug GRAFIKTEXT aus.

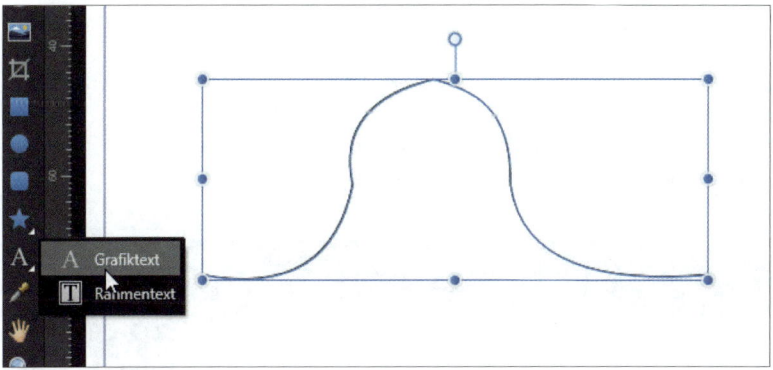

Abb. 6.41: Die Vorarbeiten für den Pfadtext

Bewegen Sie das Werkzeug in die Nähe des Pfades – es kann auch ein beliebiges anderes Objekt sein –, erscheint ein veränderter Cursor.

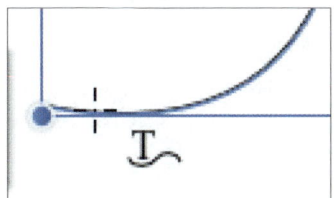

Abb. 6.42: Achten Sie auf den veränderten Cursor.

Ist er sichtbar, klicken Sie einmal und geben anschließend den gewünschten Text über die Tastatur ein.

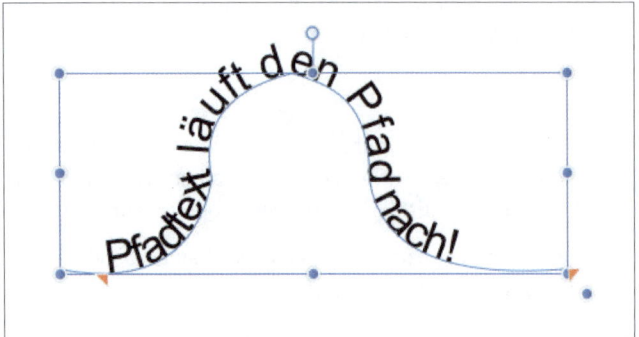

Abb. 6.43: Und schon läuft der Text.

Möchten Sie den Text verändern, nehmen Sie die entsprechenden Veränderungen in der Kontextleiste vor. Hier können Sie beispielsweise den Abstand des Textes von der Linie einstellen, indem Sie den Regler der Schaltfläche Grundlinienversatz für den Pfadtext ändern in die gewünschte Richtung ziehen.

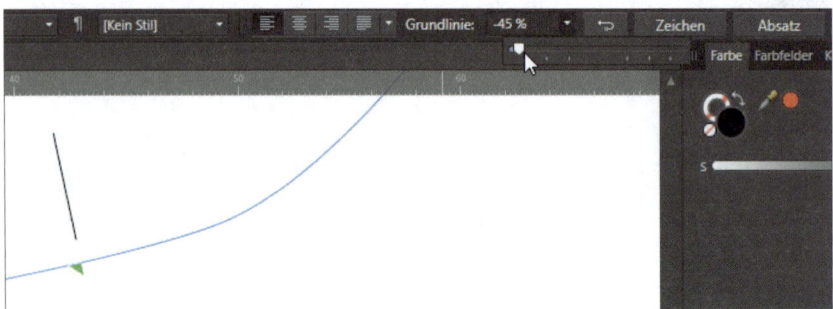

Abb. 6.44: Den Abstand von der Linie ändern

Über die Schaltfläche Textpfad umkehren können Sie auf die Laufrichtung des Textes Einfluss nehmen und über die beiden Schaltflächen Zeichen und Absatz entsprechend auf die Formatierung des Textes.

Schriften in Pfade umwandeln

Richtig kreativ können Sie werden, wenn Sie Text in Kurven verwandeln und damit beispielsweise einem Schriftzug den gewissen Pepp geben.

Nachdem Sie den Text geschrieben haben, wandeln Sie diesen in Kurven um. Die dazu benötigte Schaltfläche IN KURVEN UMWANDELN finden Sie allerdings nicht immer in der Kontextleiste, da sie erst durch Anklicken des kleinen Doppelpfeils sichtbar wird.

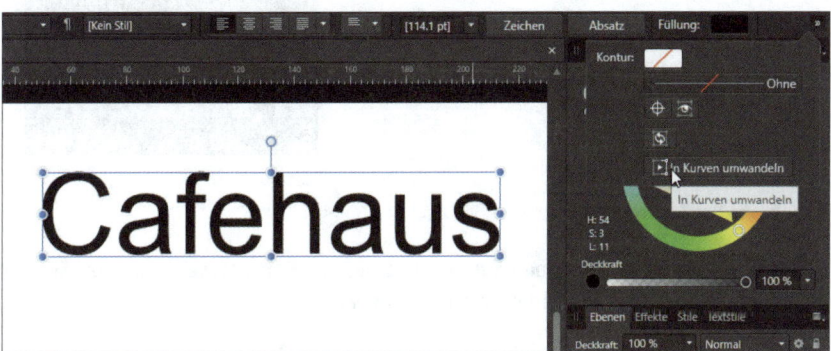

Abb. 6.45: Einen Text in Kurven umwandeln

Tipp

Je nach Monitorgröße kann es sein, dass Sie die Schaltfläche IN KURVEN UMWAN-DELN erst stehen, wenn Sie auf den kleinen Doppelpfeil am Ende der Kontextleiste klicken.

Dadurch wird das Objekt gruppiert. Das können Sie den Auflistungen des Panels EBENEN entnehmen. Hier finden Sie die einzelnen Kurven aufgelistet. Wenn Sie diese markieren, erkennen Sie diese sofort auf dem Zeichenblatt, da sie mit den üblichen Anfassern versehen werden.

Abb. 6.46: Der Text wurde in einzelne Bestandteile zerlegt.

Diese einzelnen Objekte können Sie nun bearbeiten. Beispielsweise können Sie mit dem Knotenwerkzeug die einzelnen Knoten verändern.

Abb. 6.47: Buchstaben durch Verschieben von Knoten verändern

Auf diese Art und Weise können Sie beispielsweise nun Logos oder eigene Schriftzüge kreieren.

Kapitel 7

Der richtige Dreh: Einstellungen und Publikationen

In diesem Kapitel erfahren Sie, was es mit den verschiedenen Arbeitsbereichen des Programms auf sich hat und wann man diese einsetzt. Anschließend lernen Sie die Assistenten von Affinity Designer kennen. Und zum Schluss bieten Ihnen einige Workshops die Möglichkeit, Ihr bislang mit diesem Buch erworbenes Wissen durch komplexere Workshops zu verfestigen.

7.1   Einstellungen

Beim Arbeiten mit Affinity Designer werden Sie sich vielleicht nach einiger Zeit wünschen, dass das ein oder andere Fenster ständig vorhanden ist oder von Ihnen gewohnte Maßeinheiten oder Speicherorte ständig zur Verfügung stehen.

Diese Dinge werden im Dialogfenster EINSTELLUNGEN geregelt, welches Sie über die Menüfolge BEARBEITEN / EINSTELLUNGEN oder schneller mit der Tastenkombination [Strg] + [,] auf den Schirm holen und mit dessen Hilfe Sie Ihr Programm in vielerlei Hinsicht Ihren Wünschen anpassen können.

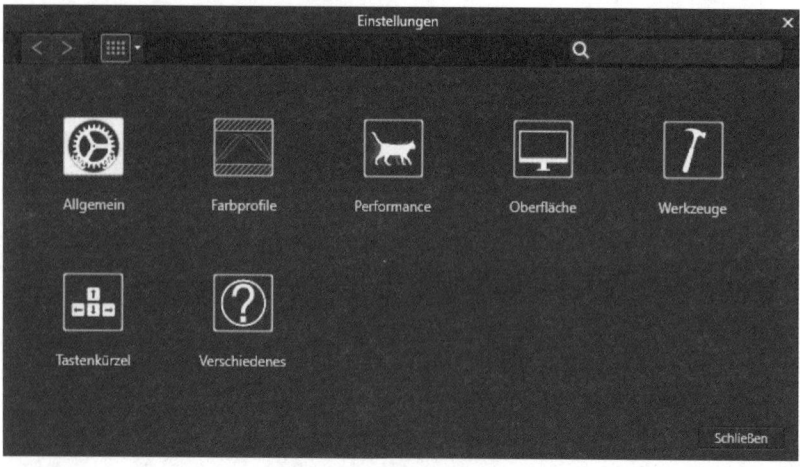

Abb. 7.1: Die Einstellungsmöglichkeiten auf einen Blick

Allgemein

Im Bereich ALLGEMEIN finden Sie grundlegende Einstellungsmöglichkeiten. Beispielsweise ist die Aktivierung des ersten Kontrollkästchen DOKUMENT BEIM START ERNEUT ÖFFNEN praktisch, wenn Sie längere Projekte bearbeiten und nicht ständig die Datei von der letzten Sitzung suchen wollen.

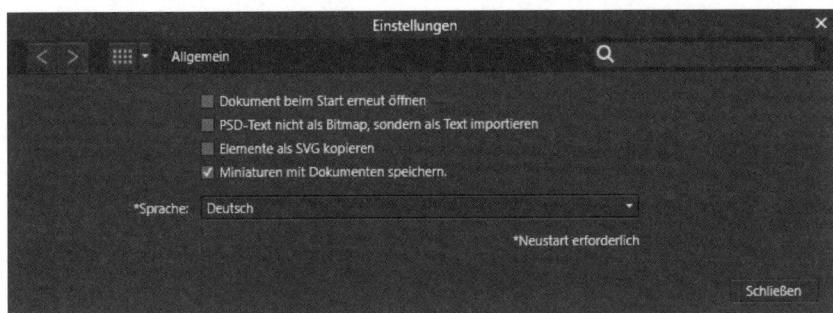

Abb. 7.2: Die allgemeinen Einstellungen

Hilfreich kann es auch sein, die Sprache umzustellen. Nach einem Neustart stehen Ihnen dann die Menüs in der gewünschten Sprache zur Verfügung.

Farbprofile

Die unterschiedlichen Parameter der einzelnen bei der Bildbearbeitung verwendeten Geräte unter einen Hut zu bringen ist nicht einfach. Affinity Designer löst dieses Problem mit einem so genannten Farbmanagementsystem. Ein solches System garantiert konsistente Farben zwischen unterschiedlichen Geräten und führt im Idealfall dazu, dass die Farben auf Ihrem Monitor exakt mit den Farben im gescannten und im gedruckten Bild übereinstimmen.

Das System, das der Designer verwendet, entspricht den Konventionen des ICC (*International Color Consortium*), dessen grundlegende Einstellungen Sie im Dialogfenster EINSTELLUNGEN vornehmen, Dieses Dialogfenster rufen Sie über den Menüpunkt BEARBEITEN oder schneller mit Strg + . auf und klicken auf die Schaltfläche FARBPROFILE.

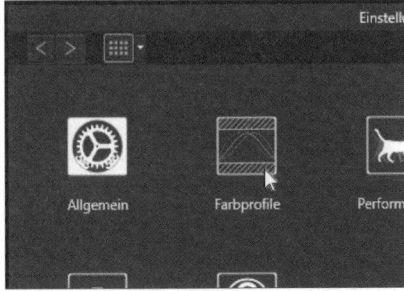

Abb. 7.3: Zu den Farbprofileinstellungen wechseln

Im folgenden Dialogfenster können Sie die entsprechenden Einstellungen vornehmen um festzulegen, ob Sie die Fotos auf einem Farbdrucker ausdrucken wollen oder ob Sie eine Vierfachseparation für einen professionellen Druck benötigen.

Abb. 7.4: Die Einstellungen der Farbprofile

Die beiden wichtigsten Profile sind das RGB- und das CMYK-Farbprofil.

Geht es um die Darstellung des Fotos am Monitor, sind die Einstellungen in den Listenfeldern RGB-FARBPROFIL und RGB-FARBPROFIL (32 BITS) zu treffen. Ein Farbprofil ist für die korrekte Anzeige von Farben unerlässlich. Dadurch wird der CMYK-Farbraum eines Farbdruckers an den RGB-Arbeitsraum von Bildschirmen und anderen Ausgabemedien angepasst.

Der Standardfarbraum für PCs ist der internationale sRGB-Standard. Dieser wurde von der Internationalen Elektrotechnischen Kommission (IEC) festgelegt. In den meisten Fällen werden Produkte wie Monitore, Drucker, Digitalkameras und verschiedenste Anwendungen so konfiguriert, dass sie den sRGB-Farbraum so genau wie möglich reproduzieren. Allerdings ist der mithilfe von sRGB (sRGB IEC61966.2.1) darstellbare Farbbereich eher klein. Insbesondere schließt sRGB den Bereich der hochgesättigten Farben aus. Aus diesem Grund und weil Geräte wie Digitalkameras und Drucker eine immer breitere Anwendung bieten und im Vergleich zum sRGB-Standard lebendigere Farben reproduzieren können, wird zunehmend der Adobe RGB (1988)-Standard mit seinem weiteren Farbraum eingesetzt. Dieser zeichnet sich durch einen größeren Bereich als sRGB aus, was sich beispielsweise durch lebendigere Grüntöne bemerkbar macht.

Tipp

Informieren Sie sich über die Möglichkeiten Ihres Monitors. Für die Arbeit mit Fotos sind bei Monitoren die sRGB-Kompatibilität und die Fähigkeit zur Wiedergabe des AdobeRGB-Farbraums entscheidend.

Für Druckerzeugnisse ist das *CMYK-Farbprofil* zu beachten.

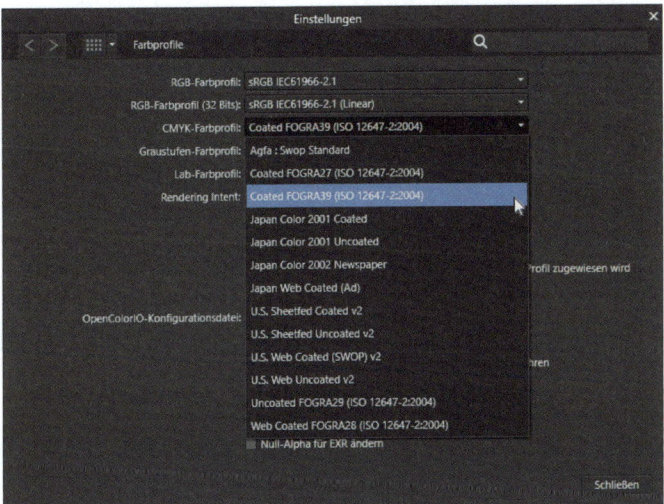

Abb. 7.5: Die möglichen Farbprofile für den Druck

Gegebenenfalls ist hier noch zwischen *Coated*, also gestrichenes Papier, und *Uncoated*, also ungestrichenes Papier, zu unterscheiden.

> **Hinweis**
>
> Bei ersterem handelt es sich um ein Papier, bei dem die Oberfläche mit einem Bindemittelauftrag (den so genannten *Strich*) veredelt ist. Ein solches Papier zeichnet sich durch eine glatte, geschlossene und insgesamt stabilere Oberfläche aus, wodurch eine hohe Detailwiedergabe und bessere Qualität beim Druck erreicht wird. Dieses Papier wird unter anderem im Buchdruck verwendet. Die zweite Art dürften Sie vom allgegenwärtigen Kopierpapier her kennen.

Wie Sie sehen, gibt es eine Reihe an Farbprofilen. Im europäischen Sprachraum spielt zumeist das Profil *Coated FOGRA39 (ISO 12647-2:2004)* eine Rolle. Bei einem externen professionellen Drucker sollten Sie sich allerdings erkundigen, welches Farbprofil zum Einsatz kommt. Oftmals bieten solche Druckerei eigene Farbprofile zum Download an, die Sie dann installieren und verwenden sollten.

Klicken Sie auf den gewünschten Eintrag, damit er ausgewählt wird, und beenden Sie die Einstellungen mit einem weiteren Klick auf SCHLIESSEN.

Performance

Power kann man beim Arbeiten am Computer nie genug haben und es gilt diese optimal einzuteilen. In den Programmeinstellungen PERFORMANCE finden Sie eine Reihe von Optionen, mit denen Sie die Software genau auf Ihre Arbeitsweise abstimmen können.

So lässt sich über den Regler MAX. RAM-NUTZUNG einstellen, wieviel Arbeitsspeicher das Programm nutzen soll. Hilfreich ist auch der Regler WARNUNG ZUR FESTPLATTENNUTZUNG BEI, mit dem Sie den Grenzwert festlegen, bei dem eine Warnung zur Auslastung der Festplatte erfolgen soll.

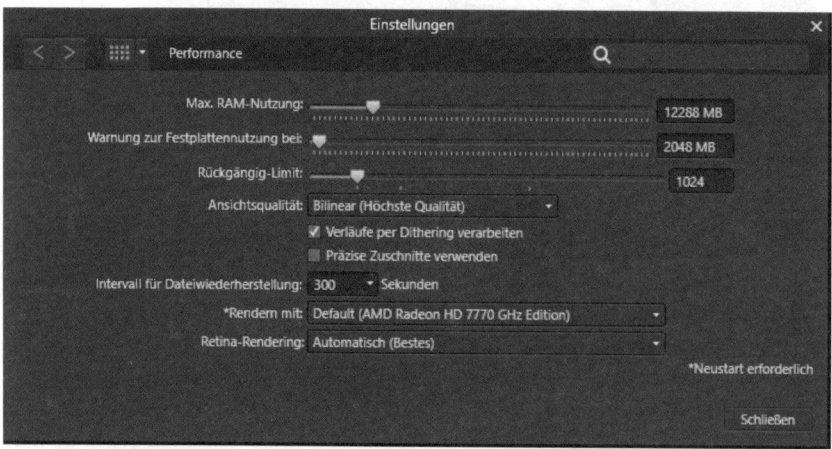

Abb. 7.6: Die Einstellungen für die Performance

Das Arbeiten an einer Grafik ist oft anstrengend und Müdigkeitsfehler schleichen sich ein. Oder man erkennt erst nach einer Anzahl von Schritten, dass man besser in eine andere Richtung gegangen wäre. Über den Regler RÜCKGÄNGIG-LIMIT legen Sie fest, wie lang das Protokoll für die *Rückgängig*-Funktion sein soll.

Affinity Designer verfügt zudem über eine automatische Speicherung. Im Listenfeld INTERVALL FÜR DATEIWIEDERHERSTELLUNG können Sie die Anzahl der Sekunden festsetzen, nach der eine automatische Speicherung erfolgt.

Oberfläche

Die Einstellungen für die Oberfläche haben Sie bereits im ersten Kapitel kennenge-
lernt, als es darum ging, die Darstellungsform an die persönlichen Vorlieben anzu-
passen.

Werkzeuge

Im Bedienfeld WERKZEUGE können Sie diese an Ihre Vorlieben und Bedürfnisse anpassen.

Hilfreich sind die Schaltflächen GRÖSSE DER WERKZEUGMARKER, da Sie hier die Marker
für den Begrenzungsrahmen einer ausgewählten Ebene sowie die Kurvenknoten und
Griffe in der gewünschten Darstellungsgröße einstellen können.

Praktisch ist die Einstellung MAUSRAD ZUM ZOOMEN VERWENDEN, da Sie so nicht mehr auf
das ZOOMWERKZEUG wechseln müssen, wenn Sie mal rasch den Überblick bekommen
möchten.

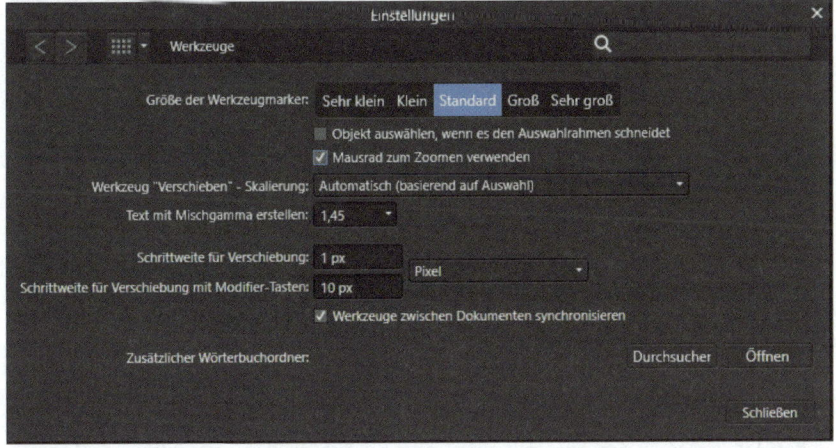

Abb. 7.7: Hilfreich: Scrollen per Mausrad

Für das präzise Arbeiten können Sie Einstellungen in den Feldern SCHRITTWEITE FÜR
VERSCHIEBUNG und SCHRITTWEITE FÜR VERSCHIEBUNG MIT MODIFIER-TASTEN tätigen. Im ersten
Fall legen Sie fest, wie weit ein Objekt verschoben wird, wenn Sie die Cursortasten
drücken, und im zweiten Feld können Sie Angaben machen, wie weit ein Objekt
verschoben wird, wenn Sie die Cursortasten zusammen mit der ⌂-Taste drücken.

Tastenkürzel

Wie Sie sicherlich beim Durcharbeiten des Buchs gemerkt haben, können Tastenkombination ganz schön Zeit sparen und sind oftmals sehr praktisch. In Affinity Designer können Sie rasch Einblick auf die vorhandenen Tastenkürzel nehmen, aber auch eigene für bestimmte Zwecke kreieren.

Klicken Sie auf die Schaltfläche Tastenkürzel, um an die entsprechenden Einstellungsmöglichkeiten zu gelangen.

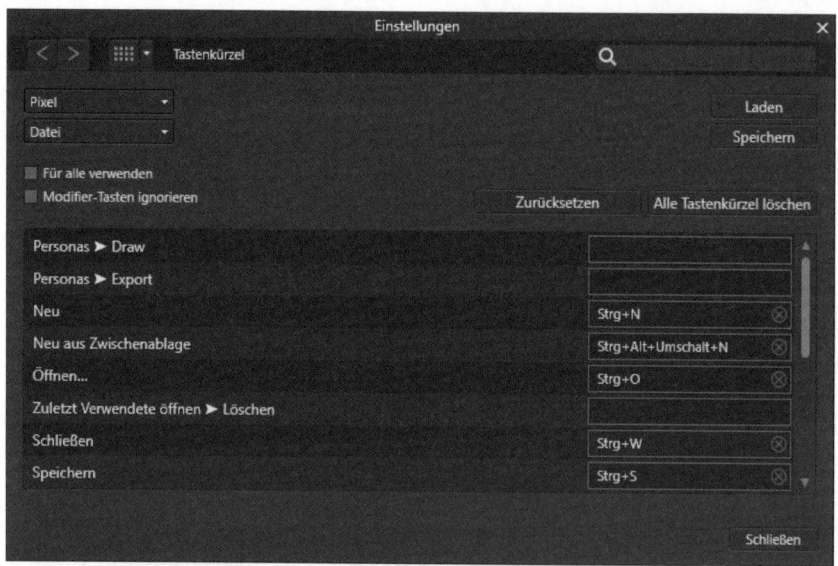

Abb. 7.8: Die Einstellungen für die Tastenkürzel

Verschiedenes

Haben Sie etwas zu viel verstellt oder möchten Sie zu den ursprünglichen Einstellungen zurückkehren, können Sie über die Schaltfläche des Bereichs Verschiedenes die aktuellen Füllungen, Pinsel, Objektstile, Benutzerstandards und Schriften auf die bei der Installation gültigen Standardwerte zurücksetzen.

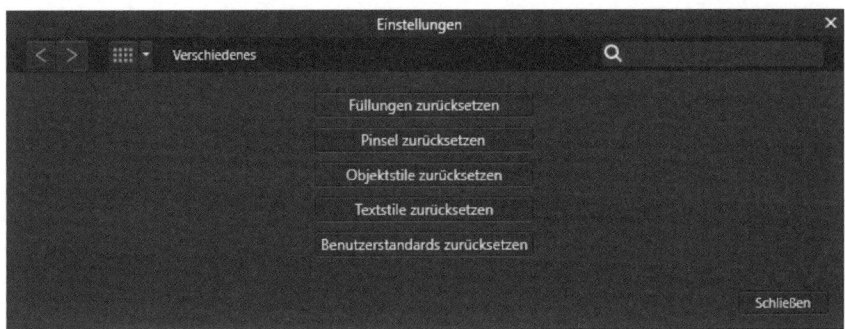

Abb. 7.9: Im Bedarfsfall alles zurück auf Anfang

7.2 Assistenten

Beim Arbeiten mit dem Programm werden Sie durch eine Reihe von Assistenten unterstützt. Beispielsweise legen diese automatisch Vektorebenen an, wenn Sie mit Vektorwerkzeugen arbeiten, und erzeugen eine Pixelebene, wenn Sie Pixel bearbeiten. Diese Aktionen können Sie im Dialogfenster Assistent im Einzelnen festlegen. Sie rufen es über die Menüfolge Ansicht / Assistenten-Einstellungen auf.

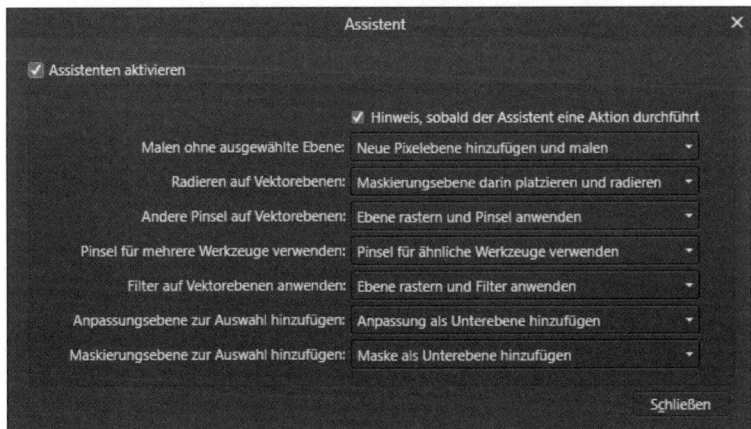

Abb. 7.10: Die Einstellungen für die Assistenten

Am Anfang ist es gewiss ratsam, alle Assistenten aktiviert zu lassen. Nerven Sie diese zu einem späteren Zeitpunkt oder wünschen Sie eine andere Herangehensweise, dann können Sie den jeweiligen Assistenten in den Listenfeldern über den Eintrag KEINE AKTION AUSFÜHREN abschalten.

7.3 Publikationen

In diesem Abschnitt soll das in den vorherigen Kapiteln erworbene Wissen anhand einiger komplexerer, durchgängiger Praxisbeispiele wie einer Visitenkarte mit Logo, einem Puzzle und einem Plakat angewendet und vertieft werden. Die Beispiele sind im Umfeld eines fiktiven Cafés, dem Cafehaus Schümli, angesiedelt und sollen Ihnen einen Weg aufzeigen, wie man mit dem Designer entsprechende Publikationen gestalten kann. Die dabei verwendeten Namen und Adressen sind frei erfunden und dienen nur als Platzhalter.

Hinweis

Aufgrund der etwas eingeschränkten Textfunktionen vom Affinity Designer ist das Programm nicht in erster Linie für das Gestalten von Zeitschriften oder Büchern gedacht. Diese Publikationen sollen mit dem kommenden Affinity Publisher möglich sein, der sich in Aufbau und Arbeitsweise an dem Gegenstück Adobe InDesign orientieren soll.

Firmenfarbe

Das Café verwendet eine eigene Firmenfarbe. Diese soll zunächst anlegt werden, damit Sie sofort darauf zugreifen können und sie nicht jedes Mal mischen müssen. Dementsprechend muss zunächst dieses neue Farbfeld angelegt werden. Rufen Sie das Bedienfeld FARBFELDER auf und klicken Sie im Bedienfeldmenü auf den Eintrag GLOBALE FARBE HINZUFÜGEN.

Im folgenden Dialogfenster tragen Sie in das Feld NAME den von Ihnen gewünschten Namen, z.B. Schümli, ein. Anschließend wählen Sie den Farbmodus CMYK aus, da die Visitenkarten gedruckt werden, und stellen über die Regler die vorgesehene Farbe ein. Die Werte für unser Beispiel können Sie der Abbildung entnehmen.

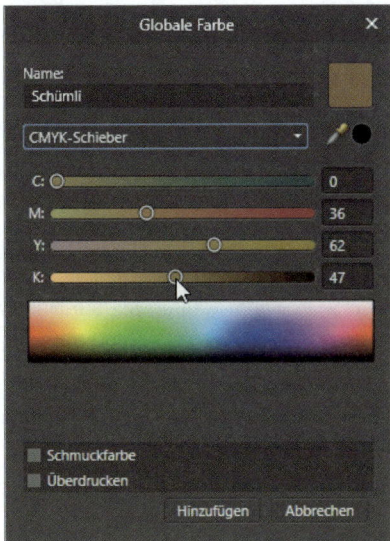

Abb. 7.11: Die Firmenfarbe anlegen

Mit einem Klick auf die Schaltfläche Hɪɴᴢᴜꜰüɢᴇɴ wird diese Farbe in das Panel aufgenommen und kann nun im Folgenden verwendet werden.

Da die Firmenfarbe auch noch in anderen Publikationen benötigt wird, sollten Sie das Farbfeld gleich in eine eigene Datei sichern. Wählen Sie im Panelmenü den Eintrag Pᴀʟᴇᴛᴛᴇ ᴇxᴘᴏʀᴛɪᴇʀᴇɴ und stellen Sie im folgenden Dialogfenster Sᴘᴇɪᴄʜᴇʀɴ ᴜɴᴛᴇʀ den gewünschten Speicherort ein. Anschließend vergeben Sie noch einen Dᴀᴛᴇɪɴᴀᴍᴇɴ und schließen mit einem Klick auf OK den Vorgang ab.

Hinweis

Wenn Sie auf Ihrem System die Dateinamenerweiterungen eingeblendet haben, sehen Sie, dass diese Dateien die Endung .afpalette tragen. Sichern Sie diese Datei an einem zentralen Ort, damit Sie im Bedarf schnell darauf zugreifen können.

Wie Sie im Folgenden sehen werden, wird Ihnen diese kleine Datei noch einige Arbeit ersparen und zu einem gleichmäßigen Aussehen Ihrer Publikationen führen.

Visitenkarte

Auch im Smartphone-Zeitalter werden oftmals noch Visitenkarten – hauptsächlich im Berufsleben – angefragt und ausgetauscht. Diese dienen beim Erstkontakt zwischen möglichen Geschäftspartnern als unaufdringlicher Informationsaustausch. Was liegt näher, als solche Karten für unser fiktives Café mit dem Affinity Designer zu erstellen?

Dokument

Wie üblich muss zunächst ein neues Dokument, also eine neue Datei, angelegt werden. Betätigen Sie die Tastenkombination [Strg] + [N] oder wählen Sie die Menüfolge DATEI / NEU, damit Sie im Dialogfenster NEUES DOKUMENT die entsprechenden Angaben vornehmen können.

Wählen Sie zunächst im Listenfeld TYP aus, ob Sie die Visitenkarten privat (etwa auf mikroperforierte Vorlagen) oder in einer Druckerei (Listenmenü DRUCKEN (DRUCKEREI)) drucken lassen wollen.

Im ersten Fall wählen Sie im Feld SEITENVORGABE den Eintrag SELBSTDEFINIERT aus und nehmen dann im Bereich ABMESSUNGEN die folgenden Einstellungen vor. Deaktivieren Sie das Kontrollkästchen HOCHFORMAT, da die Visitenkarte im Querformat gedruckt werden wird, und geben Sie dann als SEITENBREITE 85 mm ein. In das Feld SEITENHÖHE tragen Sie 55 mm ein. Zum Schluss entfernen Sie noch das Kontrollkästchen INKLUSIVE SEITENRÄNDER, da diese rundherum 0 mm betragen (siehe Abbildung 7.12).

> **Tipp**
>
> Bei mikroperforierten Visitenkarten könnten Sie zunächst erst eine Karte fertigstellen und dann mithilfe des Panels SYMBOLE für weitere Zwecke, etwa bei einer Adressänderung, auf einen Schlag ändern.

Falls Sie die Karten in einer professionellen Druckerei drucken lassen wollen, sollten Sie sich zunächst nach deren Vorgaben erkundigen. Bei Onlinedruckereien finden Sie oftmals Layoutvorlagen, die nähere Informationen enthalten. Oftmals benötigen Sie hier eine *Beschnittzugabe*. Diese wird bei einem so genannten Sammeldruck benötigt. Dabei werden viele Aufträge auf einen Druckbogen platziert, die dann nach dem Druck mit dem Schneidemesser separiert werden. Da die einzelnen Aufträge relativ dicht beieinanderliegen, ist eine gewisse Toleranz vonnöten. Denn schließlich soll nichts abgeschnitten werden, aber auch keine weißen Ränder, die so genannten *Blitzer*, zu sehen sein. Deshalb sollte man Hintergründe und randabfallende Objekte dann immer bis an den Rand des Datenformats anlegen. Je nach Größe des Endprodukts kann dieser Zusatz 1 - 10 mm betragen.

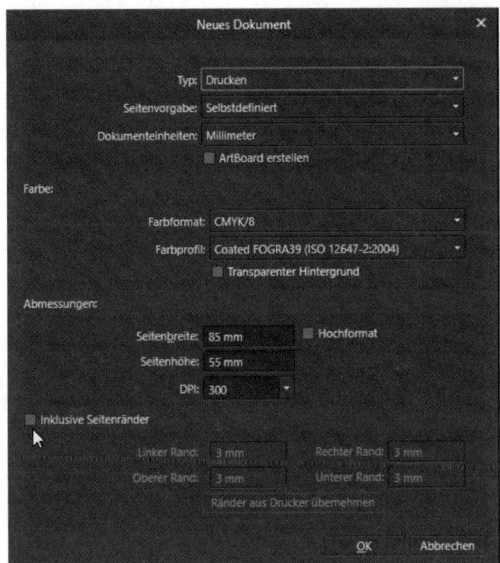

Abb. 7.12: Die Angaben für die Visitenkarte für mikroperforierte Vorlagen

Im Affinity Designer finden Sie jedoch keine direkte Eingabemöglichkeit für diese Werte, so dass Sie ein klein wenig anderes vorgehen müssen. Das ist auch nicht problematisch, wenn man weiß, dass beim Sammeldruck das Datenformat immer etwas größer als das Endformat ist.

Im Beispielsfall soll eine beidseitige farbige Visitenkarte im Querformat mit den Endmaßen von 85 x 55 mm erstellt werden. Wenn Sie keiner Pflichtvorgabe Ihres Druckers unterliegen, gehen Sie von dem üblichen Wert von jeweils 3 mm Beschnitt aus. Das bedeutet, dass in diesem Fall das Druckdatenformat 91 x 61 mm beträgt.

Diese Eingaben nehmen Sie im Dialogfenster NEUES DOKUMENT vor. Wählen Sie zuerst den Typ DRUCKEN (DRUCKEREI) aus und wählen dann im Listenfeld SEITENVORGABE den Eintrag SELBSTDEFINIERT. Im Bereit ABMESSUNGEN tragen Sie in das Feld SEITENBREITE den Wert 91 mm und in das Feld SEITENHÖHE 61 mm ein. Wichtig ist an dieser Stelle noch, dass Sie das Kontrollkästchen ARTBOARD ERSTELLEN aktivieren.

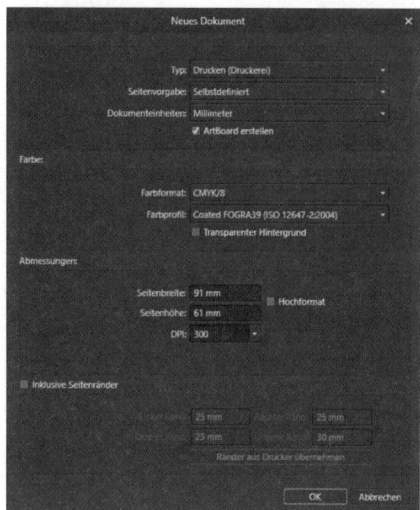

Abb. 7.13: Die Angaben für die Visitenkarte bei professionellem Druck

Sind die jeweiligen Einstellungen getätigt, bestätigen Sie mit OK.

Nun müssen Sie noch die Seitenränder einrichten. Das erfolgt durch Aufruf der Menüfolge DATEI / DOKUMENTEINSTELLUNG. Begeben Sie sich auf die Registerkarte RÄNDER, aktivieren Sie dort das Kontrollkästchen INKLUSIVE SEITENRÄNDER und tragen Sie in die Felder jeweils 3 mm ein.

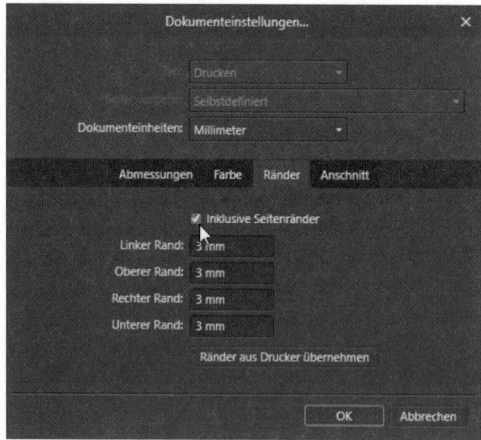

Abb. 7.14: Die Seitenränder anlegen

Nachdem Sie mit OK bestätigt haben, können Sie das Ergebnis Ihrer Einstellungen begutachten. Der innere Rand ist der Arbeitsbereich, auf dem die eigentliche Visitenkarte platziert wird, der Rest stellt den Anschnitt dar, der bei der Produktion wegfällt.

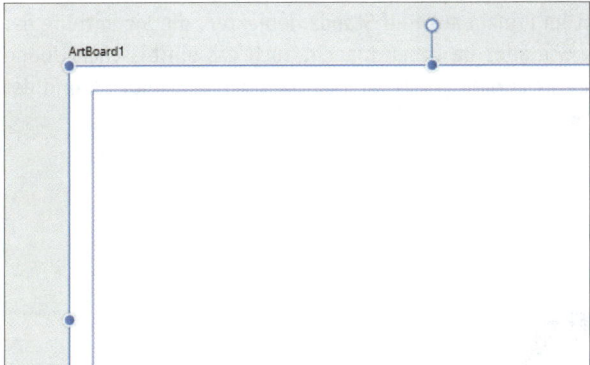

Abb. 7.15: Der Seitenrand ist der Arbeitsbereich.

Für das weitere Arbeiten ist es zudem leichter, wenn Sie das ArtBoard benennen. Das geschieht über das Panel EBENEN, in dem Sie die gewünschte Benennung vornehmen.

Abb. 7.16: Das ArtBoard umbenennen

Bevor es an die Gestaltung geht, speichern Sie das Ergebnis erst einmal unter dem Namen Visitenkarte quer zweiseitig.afdesign ab.

Logo

Wie Sie gleich sehen werden, kann man beeindruckende Grafiken durchaus mithilfe einfacher Formen und Anpassung der Pfade gestalten. Keine Sorge, wenn Ihnen das nicht auf Anhieb gelingt. Das Logo des Cafehauses Schümli zeigt eine stilisierte Kaffeetasse. Diese besteht im Prinzip aus fünf Standardobjekten, die Sie mithilfe der Pfadwerkzeuge anpassen. Wie alles im Leben braucht auch das ein bisschen Übung und damit Sie sich schon einmal eine Vorstellung machen können, finden Sie in der folgenden Abbildung das Endergebnis.

Abb. 7.17: Das Logo

Als Erstes wird die Untertasse erstellt. Diese besteht aus einem Kreis. Aktivieren Sie das Werkzeug Ellipse und stellen Sie eine braune Füllfarbe ein. Ziehen Sie dann den Kreis mit gedrückter ⓈⓗⒾⒻⓉ-Taste auf und bereiten Sie ihn für die Veränderung mit einem Klick auf die Schaltfläche In Kurven umwandeln entsprechend vor. Dann aktivieren Sie das Knotenwerkzeug und zeigen auf den oberen Ankerpunkt. Ziehen Sie diesen mit gedrückter Maustaste nach unten.

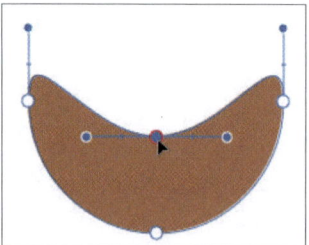

Abb. 7.18: Die Untertasse entsteht.

Zeigen Sie danach auf den linken Knoten und passen Sie die Kurve mithilfe der Griffe an.

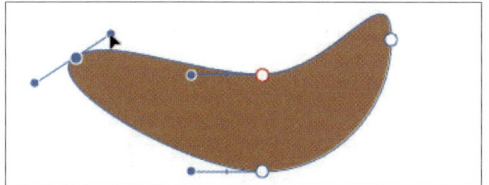

Abb. 7.19: Den Kurvenverlauf mit den Griffen anpassen

Verfahren Sie mit dem rechten Ankerpunkt ebenso. Passen Sie alle Kurven mithilfe der Griffe an, bis Sie ein Objekt ähnlich dem in folgender Abbildung haben.

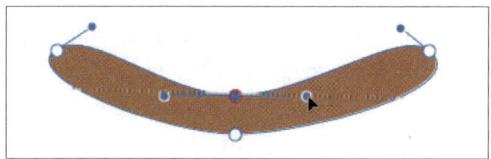

Abb. 7.20: Die Untertasse ist fast fertig.

Die Tasse selber besteht ebenfalls aus einem angepassten Kreis. Erstellen Sie wieder mit dem Werkzeug ELLIPSE einen Kreis (⇧-Taste gedrückt halten!) mit einem kleineren Durchmesser und platzieren Sie diesen mithilfe des Werkzeugs VERSCHIEBEN oberhalb der Untertasse.

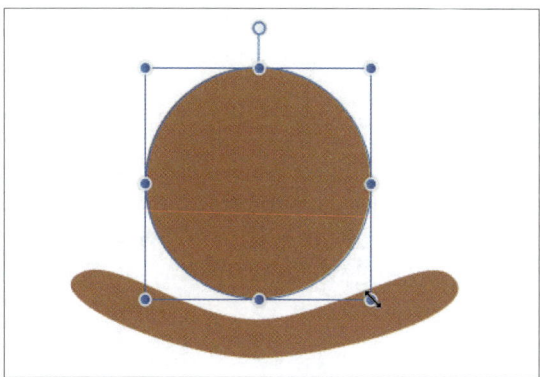

Abb. 7.21: Der erste Schritt zur Tasse

Wandeln Sie den Kreis wieder in Kurven um, nehmen Sie das Werkzeug Knoten und gestalten Sie den Kreis wie in folgender Abbildung ersichtlich.

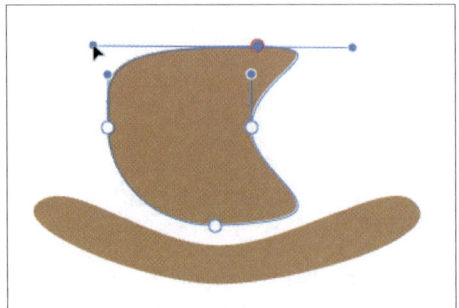

Abb. 7.22: Die Tasse gestalten

Auch der Henkel – Sie ahnen es schon – besteht aus einem abgewandelten Kreis. Erstellen Sie diesen und platzieren Sie ihn wie in der folgenden Abbildung ersichtlich.

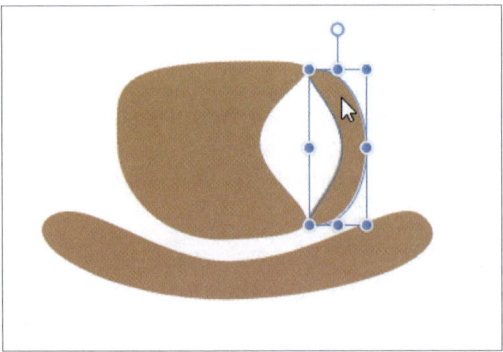

Abb. 7.23: Der Henkel wird platziert.

Bleibt nur noch der Kaffeedampf übrig. Auch dafür nehmen Sie wieder das Werkzeug Ellipse und passen es mithilfe des Werkzeugs Knoten an. Abschließend kopieren Sie das Objekt mit ⌈Strg⌉ + ⌈C⌉ und fügen mit ⌈Strg⌉ + ⌈V⌉ eine Kopie ein. Diese verkleinern, drehen und platzieren Sie mithilfe des Werkzeugs Verschieben wie in folgender Abbildung ersichtlich.

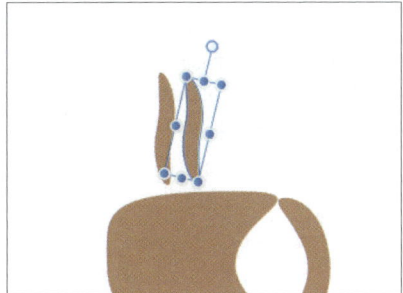

Abb. 7.24: Die letzten Feinarbeiten

Wiederholen Sie diese Schritte für die dritte Dampfwolke.

Zum Schluss sollten Sie noch ein einheitliches Objekt erstellen. Ziehen Sie mit dem Werkzeug Verschieben ein Auswahlrahmen um alle Objekte und betätigen Sie ⌈Strg⌉ + ⌈G⌉, um diese zu gruppieren.

Abschließend peppen Sie die Tasse noch mit den Ebeneneffekten Schatten nach aussen und 3D auf.

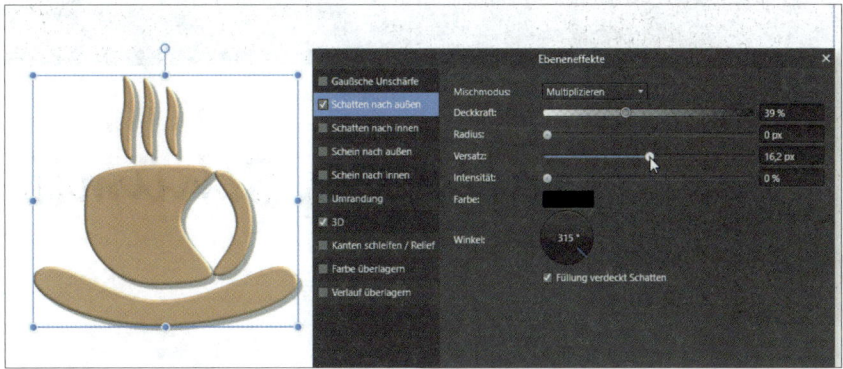

Abb. 7.25: Das Logo ein bisschen mit Ebeneneffekten aufpeppen

Zum Schluss soll das Logo noch mit der Firmenfarbe versehen werden. Rufen Sie dazu im Panel Farbfelder im Panelmenü den Eintrag Palette importieren auf, wählen die entsprechende Datei aus und fügen diese der Palette hinzu. Anschließend markieren Sie das Logo und klicken auf das gerade eben importierte Farbfeld.

Schriftzug

Der Firmenschriftzug setzt sich aus dem Logo und Buchstaben zusammen. Aktivieren Sie das Werkzeug GRAFIKTEXT und ziehen Sie mit gedrückter Maustaste den Vorgabebuchstaben A in der gewünschten Größe auf.

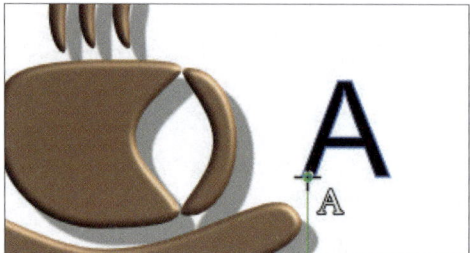

Abb. 7.26: Mit dem Werkzeug GRAFIKTEXT den Schriftzug anlegen

Anschließend geben Sie den restlichen Text afehaus Schümli ein (das C wird durch die Tasse symbolisiert) und formatieren den Text mit der gewünschten Schriftart.

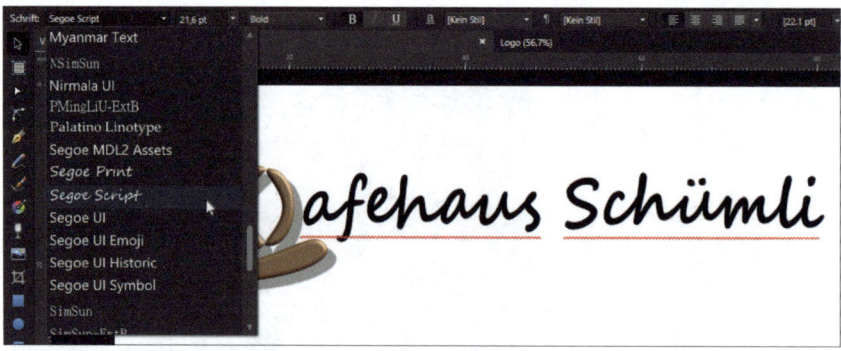

Abb. 7.27: Den Schriftzug formatieren

Versehen Sie den Text abschließend noch mit der Firmenfarbe und den gleichen Ebeneneffekten, die Sie für die Tasse angewendet haben.

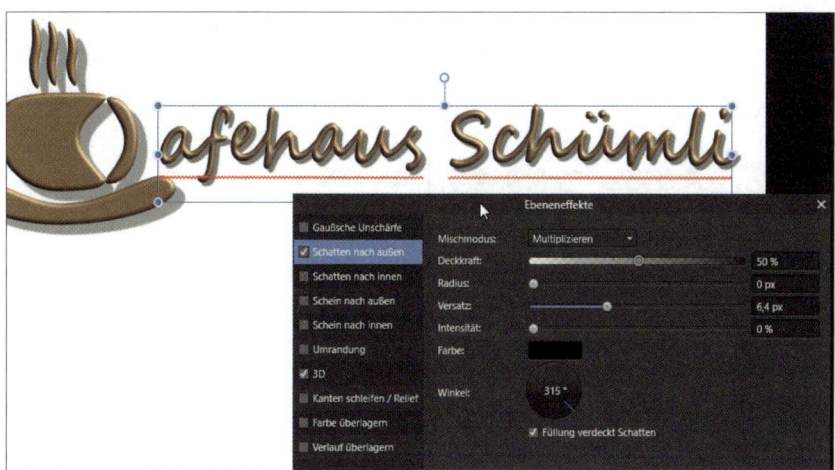

Abb. 7.28: Den Text anpassen

Unserer Visitenkarte fehlen nur noch die Angaben, die den eigentlichen Sinn einer Visitenkarte ausmachen: Name, Berufsbezeichnung, Anschrift, Telefonnummer usw. Ziehen Sie mit dem Werkzeug RAHMENTEXT ein entsprechend großes Textfeld auf und geben Sie die Daten (für das Beispiel etwa die Angaben aus der folgenden Abbildung) ein.

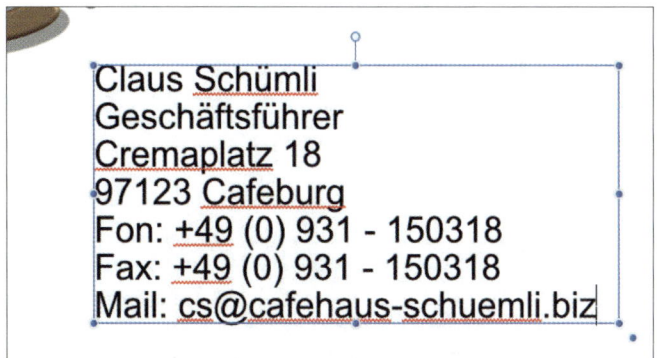

Abb. 7.29: Die Daten eingeben

Diese Angaben werden abschließend noch formatiert. In unserem Beispiel wurden zunächst alle Elemente in der Schriftart *Verdana* und die einzelnen Texte entsprechend

ihrer Gewichtung mit unterschiedlichen Texthöhen versehen. Um den Text ein bisschen besser lesbar zu gestalten, wurde zudem der ZEILENABSTAND IN ABSATZ angepasst.

Abb. 7.30: Die Vorderseite der formatierten Visitenkarte

Die Rückseite

Für die Rückseite kopieren Sie einfach das ArtBoard der Vorderseite *Visitenkarte vorn*.
Dazu müssen Sie lediglich das ARTBOARD-WERKZEUG aktivieren und in der Kontextleiste
auf die Schaltfläche ARTBOARD EINFÜGEN klicken.

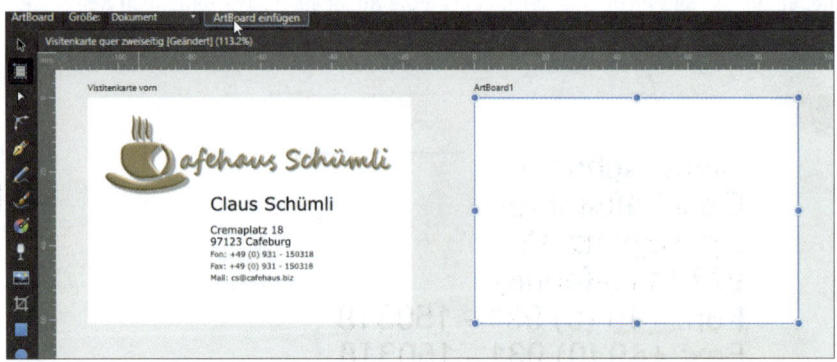

Abb. 7.31: Die Rückseite der Visitenkarte wird durch ein weiteres ArtBoard definiert.

Es wird ein weiteres ArtBoard mit den gleichen Maßen erstellt. Wie Sie bemerken,
werden dabei allerdings nicht die Ränder übernommen. Deshalb müssen Sie noch
über das Dialogfenster DOKUMENTEINSTELLUNG nach Aktivierung des Kontrollkästchen IN-
KLUSIVE SEITENRÄNDER die Ränder auf jeweils 3 mm einstellen.

Benennen Sie das ArtBoard anschließend noch im Panel EBENEN in Visitenkarte
hinten um.

Auf der Rückseite soll lediglich eine Grafik platziert werden. Rufen Sie dazu die Menüfolge Datei / Platzieren auf und wählen Sie die gewünschte Grafik aus. Bewegen Sie sich mit dem veränderten Mauszeiger in die linke obere Ecke und ziehen Sie die Grafik bis über die rechte untere Ecke auf.

Abb. 7.32: Eine Grafik platzieren

Mithilfe des Werkzeugs Verschieben können Sie die Grafik noch ins rechte Licht rücken. Die Bildabschnitte, die dabei über den Seitenrand herausragen, werden dann beim späteren Druck abgeschnitten.

Abb. 7.33: Die platzierte Grafik kann noch angepasst werden.

Ausgabe

Die meisten Druckereien nehmen für den Ausdruck eine .pdf-Datei an. In diesem Fall rufen Sie die Menüfolge DATEI / EXPORTIEREN auf und wählen im Listenfeld VORGABE den Eintrag PDF (FÜR DRUCK).

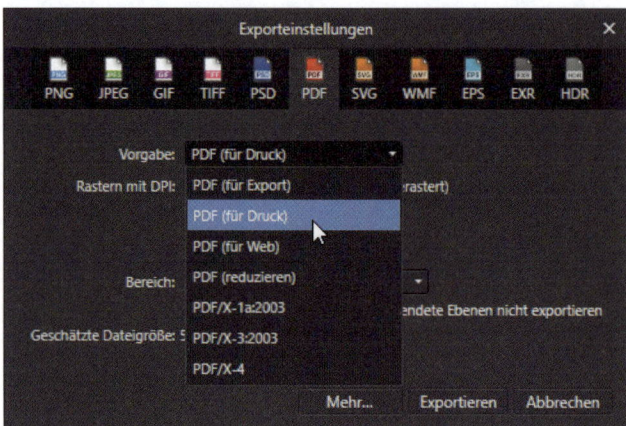

Abb. 7.34: Die Vorgaben für das PDF einstellen

Im Feld BEREICH wählen Sie aus, ob Sie die Vorder- oder die Rückseite oder gleich das ganze Dokument ausdrucken wollen.

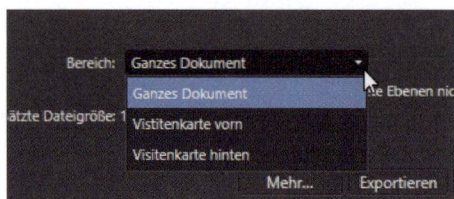

Abb. 7.35: Welchen Bereich möchten Sie drucken?

Hier erkundigen Sie sich am besten, wie es Ihre Druckerei damit hält und nehmen die entsprechende Einstellung vor. Zum Schluss klicken Sie noch auf die Schaltfläche EXPORTIEREN, stellen den Speicherort ein und schon macht sich Affinity Designer an die Arbeit.

Hinweis

Schnittmarken müssen im Regelfall nicht aktiviert werden, da die meisten Druckereien das problemlos ohne handhaben bzw. sogar darauf hinweisen, dass man die entsprechenden Optionen herausnehmen soll. Im Affinity Designer können Sie diese Einstellungen nach Anklicken der Schaltfläche MEHR kontrollieren.

Puzzle

Im Folgenden werden Sie sehen, wie man mithilfe von kombinierten Objekten und einem Foto ein Puzzle erstellen kann.

Das Grundgerüst des Puzzles besteht aus vier Quadraten mit den Maßen 100 mal 60 Millimeter. Erstellen Sie das erste Rechteck mit dem gleichnamigen Werkzeug und stellen Sie die entsprechende Größe über das Panel TRANSFORMIEREN ein.

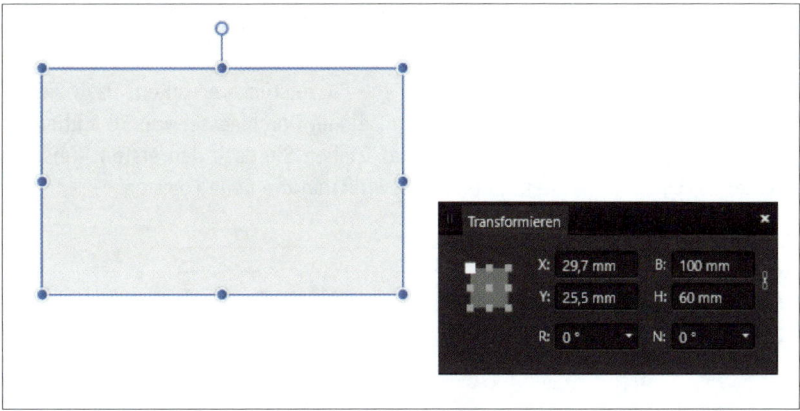

Abb. 7.36: Das erste Rechteck erstellen

Von diesem Rechteck benötigen Sie noch drei weitere, so dass Sie es mithilfe der Tastenkombination ⌈Strg⌉ + ⌈C⌉ kopieren und dann dreimal über die Tastenkombination ⌈Strg⌉ + ⌈V⌉ einfügen.

Damit Sie im Folgenden nicht den Überblick verlieren, sollten Sie den Rechtecken, wie auch später den Kreisen, jeweils eine andere Füllfarbe geben.

Abb. 7.37: Die Rechtecke liegen parat.

Die Objekte müssen anschließend bündig aneinander ausgerichtet werden. Achten Sie darauf, dass die magnetische Ausrichtung eingeschaltet und im entsprechenden Dialogfenster das Kontrollkästchen Nur an sichtbaren Objekten ausrichten aktiviert ist.

Jetzt müssen Sie die Verbindungszapfen für die Puzzelstücke erstellen. Dazu ziehen Sie mit dem Hilfsmittel Ellipse einen Kreis mit einem Durchmesser von 30 Millimeter auf. Kopieren Sie den Kreis ebenfalls dreimal. Ziehen Sie dazu den ersten Kreis mit gedrückter ⎡Alt⎤-Taste (was ein Kopieren bewirkt) an die neue Position.

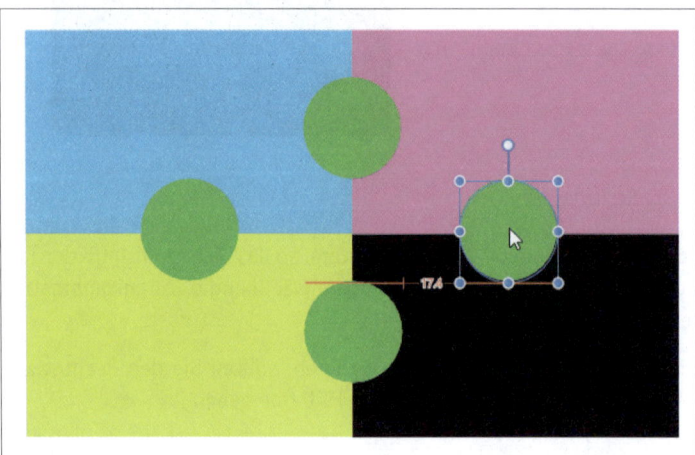

Abb. 7.38: Die Verbindungszapfen anordnen

Im Folgenden müssen die so ausgerichteten Objekte auf besondere Art und Weise miteinander verbunden bzw. verschmolzen werden.

Markieren Sie das erste Rechteck mit dem ersten Punkt und klicken Sie in der Symbolleiste auf die Schaltfläche HINZUFÜGEN.

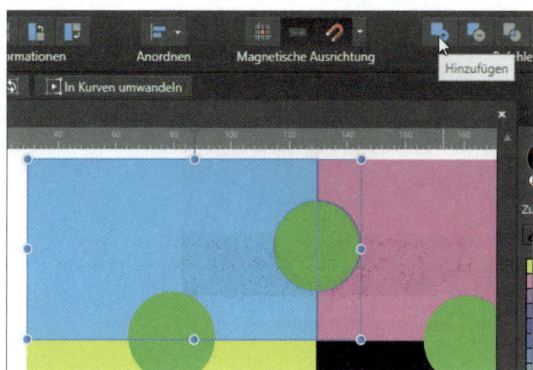

Abb. 7.39: Die ersten beiden Objekte zu einem verschmelzen

Dadurch entsteht ein neues Objekt, weil die Objekte an den Stellen, an denen sie sich berühren, miteinander verbunden werden. Das neue Objekt erhält die Umriss- und die Füllfarbe des zuerst markierten Objekts.

Da beim nächsten Schritt dieses Objekt gelöscht wird, erstellen Sie zunächst eine Kopie, denn das Objekt wird noch gebraucht. Dann markieren Sie beide Objekte mit dem Werkzeug VERSCHIEBEN und klicken dieses Mal auf die Schaltfläche SUBTRAHIEREN ZU.

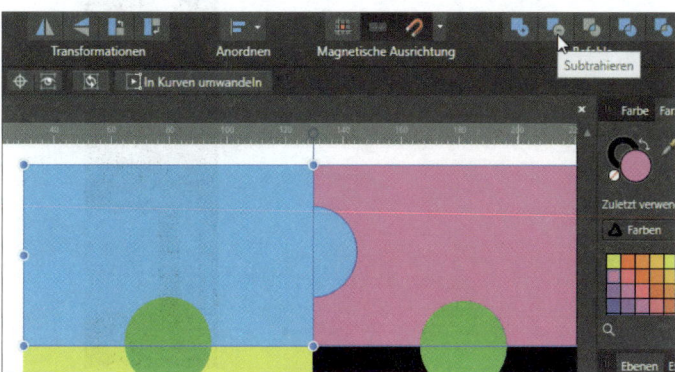

Abb. 7.40: Die Objekte zuschneiden

Das duplizierte Objekt wird nun gelöscht und die ersten beiden Puzzleteile sind fertig. Um das Ergebnis an dieser Stelle besser zu verstehen, sollten Sie das erste Objekt einmal mit dem Werkzeug VERSCHIEBEN ein wenig wegbewegen. Jetzt müssten Sie deutlich den ausgeschnittenen Teil sehen.

Abb. 7.41: Die Objekte probeweise einmal auseinanderziehen

Jetzt sollten Sie das erste Puzzleteil ausmachen können.

Damit kennen Sie alle Schritte, die notwendig sind das Puzzle fertig zu stellen.

Betätigen Sie [Strg] + [Z], um diesen Schritt wieder rückgängig zu machen, denn nun müssen Sie diese Schritte für die restlichen Teile wiederholen. Wenn Sie fertig sind, muss das Puzzle von der Farbe befreit werden. Danach sollte sich Ihnen folgendes Bild bieten:

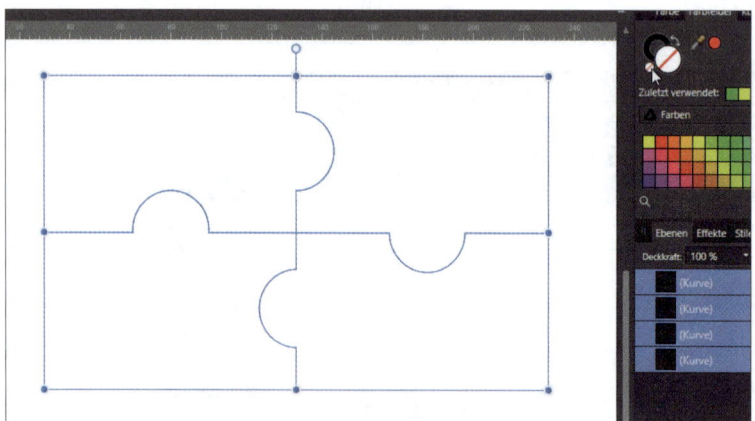

Abb. 7.42: Die Teile wurden von der Farbe befreit.

Nun kommt sozusagen der krönende Abschluss des Puzzles: Die Teile werden mit einer Bitmapgrafik versehen. Dazu rufen Sie das Werkzeug VERLAUF auf und wählen in der Kontextleiste im Listenfeld TYP den Eintrag BITMAP an.

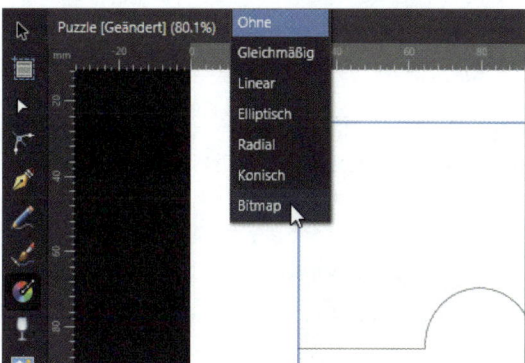

Abb. 7.43: Den Verlauf mit einer Bitmap definieren

Im folgenden Dialogfenster ÖFFNEN wählen Sie die gewünschte Bitmapgrafik an ihrem Speicherort aus und bestätigen mit einem Klick auf die Schaltfläche ÖFFNEN.

Die Bitmapgrafik wird im gesamten Puzzle platziert und angezeigt. Nun müssen Sie die Gruppierung durch Anklicken der Schaltfläche GRUPPE AUFLÖSEN, die Sie in der Kontextleiste finden, wieder aufheben. Danach können Sie die einzelnen Puzzleteile mithilfe des Werkzeugs VERSCHIEBEN herausziehen und ein bisschen austauschen.

Abb. 7.44: Dann puzzeln Sie mal schön!

Tipp

Sie suchen noch ein nettes Geschenk für Ihre(n) Liebsten? Dann gestalten Sie so viele Teile, wie Sie mögen, platzieren ein entsprechendes Foto, drucken das Puzzle aus, scheiden die Teile zu und verschenken es.

Plakat

Für das Cafehaus soll ein kleines Plakat für dessen Frühstücksangebot entworfen werden. Damit Sie sich schon mal ein Bild machen können, gleich vorab das Ergebnis.

Abb. 7.45: Das fertige Plakat

Dann wollen wir mal!

Dokument

Wählen Sie zunächst die Menüfolge DATEI / NEU oder betätigen Sie Strg + N und verwenden Sie im folgenden Dialogfenster NEUES DOKUMENT die Vorgaben der folgenden Abbildung.

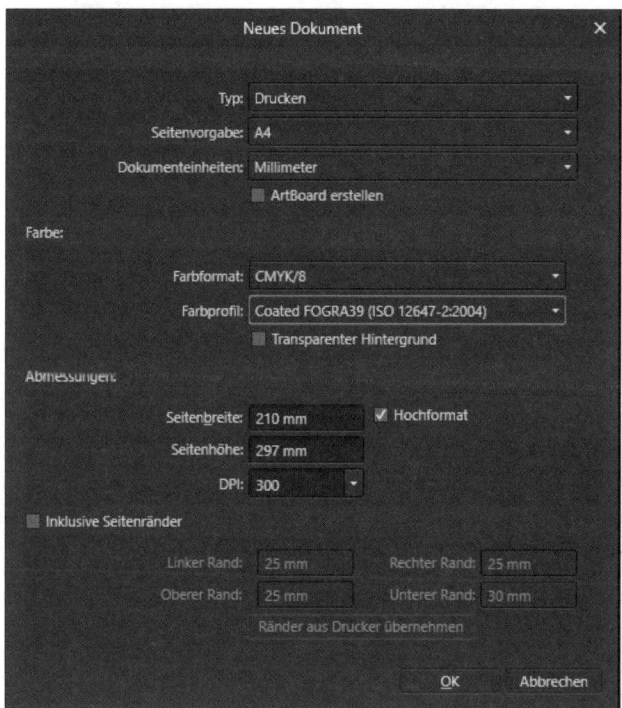

Abb. 7.46: Die Angaben für das Plakat

Die RÄNDER übernehmen Sie nach Aktivierung des Kontrollkästchen INKLUSIVE SEITENRÄNDER über die Schaltfläche RÄNDER AUS DRUCKER ÜBERNEHMEN. Nach einem Bestätigungsklick auf OK kann es mit der Gestaltung losgehen.

Hinweis

Häufig haben Plakate die Formate DIN A1 bzw. DIN A0. Im ersten Fall stellen Sie über die Felder die BREITE auf 594 mm und die HÖHE auf 841 mm ein. Entscheiden Sie sich für das Format A0, beträgt die BREITE 841 mm und die HÖHE 1189 mm.

Da in diesem Beispiel wieder die Firmenfarbe zum Einsatz kommt, rufen Sie im Panel FARBFELDER im PANEL-Menü den Eintrag PALETTE IMPORTIEREN auf, wählen die entsprechende Datei aus und fügen diese der Palette hinzu.

Ebenen

Bei dem Plakat werden Ebenen eingesetzt. Diese haben ja den Vorteil, dass sie verschiedene Objekte enthalten können, die man separat voneinander bearbeiten kann, ohne dass sich das auf andere Bereiche auswirkt. Im konkreten Fall hat das zudem ein effektives Arbeiten zur Folge, da man problemlos Texte oder Bilder austauschen und den einmal erstellten Entwurf mehrmals verwenden kann. Dementsprechend wird das Plakat vier Ebenen enthalten: eine Hintergrundebene, eine für grafische Elemente, eine für den Text und eine für einen ganz speziellen Effekt.

Der Hintergrund

Im ersten Schritt geht es um die Gestaltung des Hintergrundes. Dieser soll auf einer eigenen Ebene platziert werden. Klicken Sie deshalb im Panel EBENEN auf das Symbol EBENE EINFÜGEN.

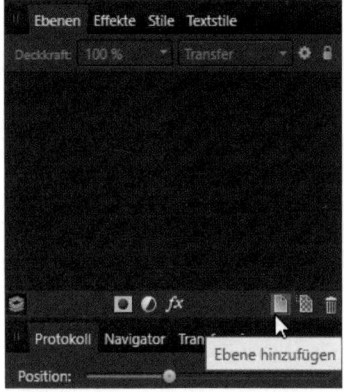

Abb. 7.47: Eine Ebene für den Hintergrund anlegen

Führen Sie einen Doppelklick auf die Bezeichnung EBENE1 aus und ändern Sie die Bezeichnung in Hintergrund. Bestätigen Sie mit ⏎.

Zunächst wird ein flächendeckender Hintergrund erstellt werden. Aktivieren Sie das Werkzeug RECHTECK. Führen Sie den Mauszeiger an die obere linke Ecke der Rahmenbegrenzung und drücken Sie die linke Maustaste. Ziehen Sie diagonal bis zur unteren rechten Rahmenbegrenzung über die gesamte Fläche ein Rechteck auf.

Um dieses mit einem Verlauf zu versehen, müssen Sie zunächst diese Option einstellen. Aktivieren Sie das Werkzeug Füllung und stellen Sie einen elliptischen Verlauf ein. Ändern Sie den rechten Farbpunkt auf die importierte Firmenfarbe Schümli ab.

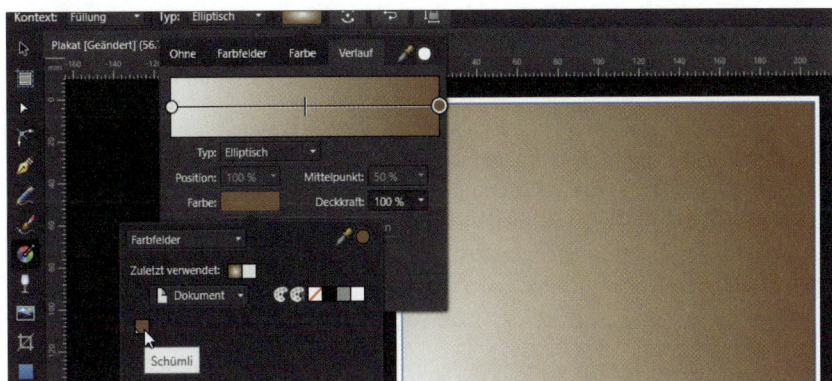

Abb. 7.48: Den Verlauf definieren

Richten Sie den Verlauf mithilfe der Anfasser wie in folgender Abbildung aus.

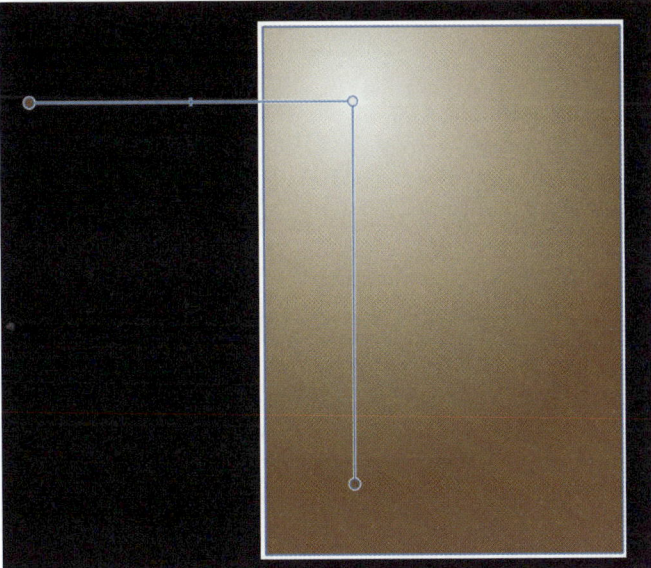

Abb. 7.49: Den Verlauf ausrichten

Der Hintergrund ist damit erledigt. Sperren Sie die Ebene noch durch Anklicken der Schaltfläche Schützen/Schutz aufheben.

Speichern Sie das bisherige Ergebnis an dieser Stelle zur Sicherheit mit Strg + S.

Das Logo

Als Nächstes soll das Logo der Firma platziert werden. Dieses wird oben links seinen Platz finden und wird ebenfalls auf einer eigenen Ebene erstellt.

Nachdem Sie die Ebene erstellt und benannt haben, öffnen Sie die Datei mit der Visitenkarte, markieren die Tasse und den Schriftzug und nehmen diese mit Strg + C in die Zwischenablage. Schließen Sie die Visitenkartendatei. Achten Sie darauf, dass die Ebene Logo markiert ist, und fügen Sie die Objekte mit Strg + V ein. Richten Sie diese mit dem Werkzeug Verschieben entsprechend aus.

Abb. 7.50: Die Elemente der Visitenkarte verwenden

Auch hier sollten Sie die Ebene schützen.

Stil-Objekte

Auf die nächste Ebene mit der Bezeichnung Objekte werden einige Stil-Objekte platziert.

Ziehen Sie zunächst an Position 140 mm eine horizontale Hilfslinie. Aktivieren Sie das Werkzeug Rechteck und ziehen Sie damit über die gesamte Seite einen ca. 20 mm hohen Balken auf. Richten Sie diesen an der Hilfslinie aus und färben Sie ihn abschließend über das Panel Farbfelder mit der Firmenfarbe.

Abb. 7.51: Der platzierte und gefärbte Balken

Anschließend aktivieren Sie das Werkzeug Eʟʟɪᴘsᴇ und erzeugen eine Ellipse mit einer Breite von 90 mm und einer Höhe von 40 mm. Platzieren Sie diese wie in folgender Abbildung ersichtlich.

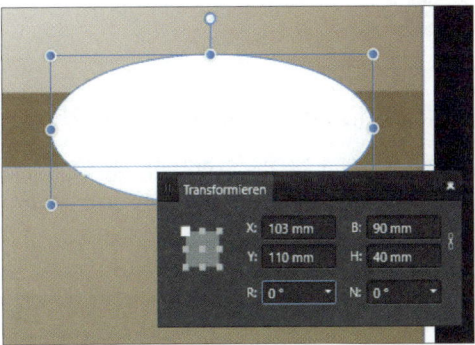

Abb. 7.52: Die erste Ellipse

Kopieren Sie mit Strg + C diese Ellipse und fügen Sie eine Kopie mit Strg + V ein. Betätigen Sie die Taste Alt + Strg und ziehen Sie einen der Eckpunkte der oberen Ellipse nach innen.

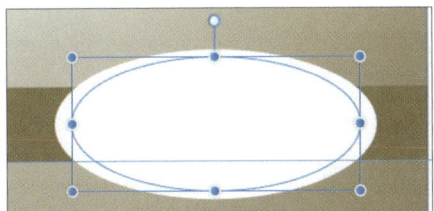

Abb. 7.53: Die kopierte Ellipse nach innen ziehen

Versehen Sie beide Ellipsen mit einer schwarzen Kontur von 1 pt.

Klicken Sie mit dem Werkzeug Grafiktext auf die Ellipse und stellen Sie die Schrift Arial mit der Auszeichnung Bold und einer Texthöhe von 30 pt ein. Geben Sie dann den Text Frühstück ein, betätigen die ⏎-Taste und schreiben ab 6 Uhr. Klicken Sie in der Kontextleiste auf die Schaltfläche Zentrieren und platzieren Sie mit dem Werkzeug Verschieben den Textzug wie in folgender Abbildung ersichtlich.

Abb. 7.54: Der fertige Text

Jetzt fehlt noch der Werbeslogan, der auf dem Balken platziert wird.

Wählen Sie wieder das Werkzeug Grafiktext. Stellen Sie die Schriftart Arial ein und wählen Sie eine Texthöhe von 22 pt ein. Geben Sie dann den Text Cafe und mehr ... ein und färben Sie diesen Schriftzug mit weißer Farbe.

Abb. 7.55: Der Slogan

Zum Schluss müssen noch die Angebote erstellt werden. Dazu verwenden Sie einen Textrahmen und gestalten den Text mithilfe von Tabulatoren.

Aktivieren Sie das Werkzeug Rahmentext und ziehen Sie mit gedrückter Maustaste einen rechteckigen Textrahmen auf. Stellen Sie die Schriftart Arial in der Größe 18 pt ein und geben Sie den Text wie in folgender Abbildung ersichtlich ein. Achten Sie dabei darauf, vor dem Geldbetrag die Tab-Taste zu betätigen.

Markieren Sie dann die Absätze, in denen Sie Tabulatoren setzen wollen. Klicken Sie in der Kontextleiste auf die Schaltfläche Absatz und fügen Sie im Bereich Tabstopps einen rechtsbündigen Tabulator ein.

Abb. 7.56: Die mithilfe von Tabulatoren ausgerichteten Angebote

Auf der letzten Ebene soll ein Bild platziert werden.

Erstellen Sie diese Ebene und benennen Sie diese mit Foto. Aktivieren Sie das Werkzeug BILD PLATZIEREN und wählen Sie im folgenden Dialogfenster die einzufügende Grafik. Zeigen Sie mit dem veränderten Cursor an die linke obere Stelle, an der die Grafik beginnen soll, und ziehen Sie mit gedrückter linker Maustaste die Grafik auf.

Abb. 7.57: Das Bild platzieren

Abschließend müssen Sie es noch hinter den Balken platzieren. Dazu muss lediglich die Reihenfolge der Ebenen geändert werden.

Zeigen Sie im Panel EBENEN auf die Ebene FOTO und ziehen Sie diese unter die Ebenen OBJEKTE und LOGO.

Abb. 7.58: Die Reihenfolge der Ebenen ändern

Feinschliff

Das Plakat ist nun fast fertig. Betrachten Sie Ihr Werk einmal in der Gesamtansicht. Betätigen Sie einmal ⌐Strg⌐ + ⌐0⌐, um das Plakat komplett zu überblicken.

Vermutlich wird der Hintergrund zu erdrückend wirken. Deshalb werden wir das zum Schluss noch ändern. Markieren Sie im Panel Ebenen die Ebene Hintergrund und regeln Sie den Schieber Deckkraft etwas herunter.

Abb. 7.59: Die Deckkraft des Hintergrundes reduzieren

Danach sollte es passen. Speichern Sie die Datei noch einmal ab und machen Sie erst einmal ein kleines (Kaffee-)Päuschen.

Index

Index

Winfried Seimert

Affinity Photo
Praxiswissen für Einsteiger

Die beliebte Bildbearbeitungs-Alternative Schritt für Schritt erklärt

Von der Installation und den richtigen Einstellungen bis hin zu fachmännischer Fotoretusche

Der Einsatz von Ebenen, Filtern, Stapelverarbeitung und das Aufzeichnen von Makros

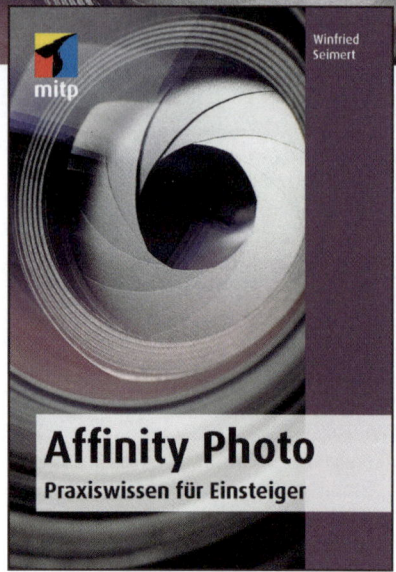

Winfried Seimert zeigt Ihnen ausführlich, wie Sie Affinity Photo bestmöglich nutzen und eigene Fotos bearbeiten können. Der Schwerpunkt liegt dabei auf elementaren Arbeitsweisen, die im Alltag am häufigsten eingesetzt werden. Dabei geht der Autor Schritt für Schritt vor und erklärt alles anhand von leicht verständlichen Beispielen.

Zuerst zeigt er, wie Sie Fotos aus Ihrer Kamera oder von Ihrer Festplatte einlesen und mit ein paar schnellen Klicks optimieren können. Danach lernen Sie u.a., wie Sie Ihre Bilder freistellen, um nur bestimmte Bereiche zu bearbeiten und wie Sie sinnvoll mit Ebenen arbeiten. Sie lernen Gradationskurven zu lesen und die Belichtung, den Kontrast und den Weißabgleich Ihrer Fotos zu verbessern. Außerdem demonstriert Winfried Seimert Ihnen, wie Sie trübe Himmel aufhübschen oder rote Augen sowie unerwünschte Bildteile wie Pickel & Co entfernen.

Sie erhalten eine Fülle an grundlegendem und strukturellem Wissen, so dass Sie zukünftig problemlos selbstständig mit Affinity Photo arbeiten und Ihrer Kreativität freien Lauf lassen können.

ISBN 978-3-95845-739-3

Probekapitel und Infos erhalten Sie unter:
www.mitp.de/739